월 20달러로

비즈니스 글쓰기
with 챗GPT

누구나 프로처럼, 생활 AI

월 20달러로 비즈니스 글쓰기 with 챗GPT

블로그, SNS 콘텐츠, 프레젠테이션, 책 쓰기까지 업무에 바로 쓰고 싶다면

초판 1쇄 발행 2024년 8월 5일

지은이 홍순성 / **펴낸이** 전태호
펴낸곳 한빛미디어(주) / **주소** 서울시 서대문구 연희로2길 62 한빛미디어(주) IT출판2부
전화 02-325-5544 / **팩스** 02-336-7124
등록 1999년 6월 24일 제25100-2017-000058호 / **ISBN** 979-11-6921-279-3 93000

총괄 송경석 / **책임편집** 홍성신 / **기획 · 편집** 이희영 / **교정** 임수정
디자인 표지 윤혜원 내지 최연희 / **전산편집** 다인
영업 김형진, 장경환, 조유미 / **마케팅** 박상용, 한종진, 이행은, 김선아, 고광일, 성화정, 김한솔 / **제작** 박성우, 김정우

이 책에 대한 의견이나 오탈자 및 잘못된 내용은 출판사 홈페이지나 아래 이메일로 알려주십시오.
파본은 구매처에서 교환하실 수 있습니다. 책값은 뒤표지에 표시되어 있습니다.

한빛미디어 홈페이지 www.hanbit.co.kr / **이메일** ask@hanbit.co.kr

지금 하지 않으면 할 수 없는 일이 있습니다.
책으로 펴내고 싶은 아이디어나 원고를 메일(writer@hanbit.co.kr)로 보내주세요.
한빛미디어(주)는 여러분의 소중한 경험과 지식을 기다리고 있습니다.

월 20달러로

비즈니스 글쓰기
with 챗GPT

홍순성 지음

한빛미디어
Hanbit Media, Inc.

들어가며

2002년부터 꾸준히 책을 집필하여 지금까지 11권을 출간했지만, 여전히 글을 쓰는 것은 어렵고 힘든 여정입니다. 집필을 시작할 때마다 '창작 활동의 어려움을 극복하고 글쓰기를 지속할 수 있다면 얼마나 좋을까?'라는 생각을 늘 해 왔는데, 이제 그런 시대가 도래했습니다.

저 역시 글을 쓸 수 있다는 사실에 이끌려 챗GPT에 도전했습니다. 그러나 원하는 수준의 글을 완성하는 것은 쉽지 않았습니다. 끊임없이 프롬프트를 다시 작성해 보고 맞춤형 지침을 바꾸는 등의 시행착오를 거듭하면서 이제는 생각을 정확히 글로 표현하고 세심하게 다듬는 데 적응하게 되었습니다. 이 과정을 통해 챗GPT와 소통하는 방법을 익혔으며, 저만의 글쓰기 방식을 찾는 데 도움을 받았습니다. 또, 인간의 창작 능력과 기술력을 결합하는 과정에서 새로운 통찰력도 얻을 수 있었습니다. 이는 다양한 주제를 향한 관심으로 확장되었고 덕분에 짧은 시간에 5권에 달하는 전자책을 집필하게 되었습니다. 이전까지 책 1권을 집필하는 데 거의 1년이란 시간이 걸렸던 것과 비교해 보면 챗GPT가 가져온 변화는 실로 놀라울 정도입니다.

『출판사 에디터가 알려주는 책쓰기 기술』(카시오페아, 2018)에서도 양춘미 에디터는 이와 유사한 견해를 제시합니다.

"많은 사람이 글을 잘 쓰는 것에 관심을 가지고 있습니다.

글쓰기는 감성이나 느낌의 문제라기보다는 기술의 문제로 여겨집니다.

이 기술을 익히면 누구나 훌륭한 글을 쓸 수 있게 됩니다.

여기에 개인만의 감성과 느낌을 더하면 더욱 멋진 글이 탄생할 수 있습니다."

글쓰기는 단순히 글자를 나열하는 행위가 아니라 자신의 생각과 감정을 전달하고 아이디어를 구체화하는 과정입니다. 이를 위해서는 '기술'과 '감성'의 완벽한 조화가 필수입니다. 감성은 있지만 글쓰기 기술이 부족해서 글을 써야 하는 순간을 피해왔다면 이제 챗GPT의 도움을 받아 문제를 해결할 수 있다는 의미입니다. 글쓰기의 기술적인 부분은 챗GPT가 담당하고, 인간은 어떤 글을 어떤 방향으로 누구를 위해 써야 할지에만 집중할 수 있죠. 이제 챗GPT는 글을 쓰는 과정에서 빼놓을 수 없는 최적의 도구가 된 것입니다.

글쓰기 외에도 챗GPT와 같은 생성 AI는 의료, 교육, 제조, 서비스 심지어 예술까지 다양한 분야에서 놀라운 성과를 보여 주고 있습니다. 그만큼 우리 사회 전반에 걸쳐 AI가 영향력을 넓히고 있음을 의미합니다. 가장 가까운 곳인 사무실에서도 AI 활용이 점차 보편화되고 있습니다. 기업에서는 기획, 마케팅 문서 작성, 심지어 개인 비서 역할까지 AI를 다양하게 활용하고 있습니다. 그러나 업무 효율성 향상에 AI를 활용하는 직원이 있는 반면 여전히 새로운 도구를 받아들이는 게 낯선 직원이 있어 업무 성과 격차가 발생하고 있습니다. 이에 따라 기업들은 AI 활용 확대 방안을 모색하는 한편, 모든 직원의 AI 활용 능력 향상에 주목하고 있습니다.

이 책의 목표는 바로 여기에 있습니다. 직군을 막론하고 누구에게나 필요한 역량 중 하나인 '글쓰기'에 AI 도구, 즉 챗GPT를 활용해 업무 효율성을 높이고자 했습니다. 이런 변화의 흐름에 맞춰 이 책은 챗GPT로 글을 작성하는 데 필요한 프롬프트와 맞춤형 지침을 전략적으로 작성하는 방법은 물론이고 글을 쓰는 데 필요한 기본 역량과 보고서, SNS 콘텐츠, 프레젠테이션 슬라이드 등 업무에서 자주 쓰는 다양한 문서를 챗GPT로 작성하는 방법까지 알려 줍니다. 이 과정에서 여러분은 아이디어와 주제를 도출하고, 독자의 관심을 사로잡는 제목과 이해하기 쉬운 본문 구조를 만드는 기법, 문서 템플릿을 활용해 효율성을 높이는 방법, 핵심 내용을 요약하는 방법, 필요한 정보를 수집하고 이를 시각화하는 방법까지 습득할 수 있습니다.

AI 시대에 발맞춰 나가기 위해서는 AI와 함께 성장하려는 자세가 필수입니다. 이 책을 통해 여러분도 AI와 함께 새로운 가능성을 열기를 바랍니다.

– 홍순성

이 책의 구성

이 책은 다음과 같이 총 4개의 파트, 17개의 챕터로 구성했습니다.

먼저 **PART 1 맞춤형 챗GPT 만들기**에서는 생성 AI가 글쓰기라는 창작 분야에 가져온 변화와 챗GPT의 기본 기능을 살펴봄으로써 챗GPT를 어떻게 활용할지 감을 잡을 수 있습니다. 그런 다음 챗GPT를 사용자에게 맞게 설정하고 최적화하는 프롬프트와 맞춤형 지침에 대해 자세히 설명합니다. 사용자는 자신만의 글쓰기 스타일에 맞춘 최적의 챗GPT 환경을 구축할 수 있습니다.

PART 2 챗GPT와 글쓰기에서는 아이디어 도출부터 초안 작성과 수정 그리고 최종 교정까지 글쓰기의 각 단계에 챗GPT를 활용해 효율성과 품질을 높이는 방법을 안내합니다. 이 과정에서 프롬프트를 어떻게 작성해야 원하는 응답을 얻을 수 있는지 파악하게 됩니다.

PART 3 챗GPT와 글쓰기 실력 키우기에서는 글이라는 콘텐츠에서 중요한 요소인 매력적인 제목, 서론, 결론을 작성하는 데 챗GPT를 활용하는 방법을 다룹니다. 더불어 자신의 글쓰기 스타일을 개발하기 앞서 베스트셀러 작가들의 스타일을 데이터로, 글을 분석하고 자신의 글에 적용하는 방법까지 살펴봅니다.

PART 4 실무에 바로 쓰는 비즈니스 글쓰기는 비즈니스 환경에서 챗GPT를 활용해 다양한 글쓰기 작업을 수행하는 방법을 다룹니다. 뉴스 검색, 문서 요약, 프레젠테이션 슬라이드 작성, 보고서 작성 등 실무에서 직접 활용할 수 있는 실질적인 글쓰기 방법을 제시합니다.

AI를 제대로 활용하려면 단순히 사용법을 아는 것만으로는 부족합니다. 체계적인 학습과 지속적인 반복이 필요합니다. 이 책은 실제 업무에 바로 적용할 수 있는 실용적인 구성으로 여러분의 AI 활용 능력을 한 단계 업그레이드할 수 있는 중요한 기회가 될 것입니다.

저자 소개

홍순성 AI 개인 컨설턴트, 생산성 전문가

AI 시대 이전부터 매년 한 권씩 책을 집필해온 베스트셀러 작가로, 지금까지 총 11권의 책을 출간했습니다. AI 기술을 접목한 새로운 방식의 글쓰기를 통해 개인의 삶을 변화시키고, 실천을 통한 자기 혁신을 이루어 나가고 있습니다. AI 글쓰기 작가로 활동하는 동시에 AI 기술을 활용해 개인의 전문성 개발을 돕고, 맞춤형 문제 해결 서비스를 설계하는 일도 하고 있습니다. 이 독특한 경험과 전문성을 바탕으로 AI 시대에 일하는 방식을 혁신하고 발전시켜 나가는 방향성을 제시합니다.

20여 년간 국내 대기업, 중소기업, 공공기관에 교육과 컨설팅 등의 활발한 활동을 하고 있습니다. 대표 저서로는 『WORK: 오늘부터 실패하지 않게 일하는 법』, 『생각하고 계획하고 일하라』, 『나는 1인 기업가다』, 『에버노트 사용설명서』 등이 있습니다. 이 책들은 개인과 조직의 생산성 향상과 효율적인 업무 방식에 대한 깊이 있는 통찰을 제공합니다.

AI 시대에 맞춰 개인과 조직의 생산성과 업무 효율성 극대화를 위한 방법을 연구하며 실천하고 있습니다. 그동안의 풍부한 경험과 전문 지식을 토대로 온라인 콘텐츠와 교육 자료를 만들고 있습니다. 특히 중소기업과 소상공인을 위해 제공하는 업무 생산성 향상 프로그램과 개인 맞춤형 컨설팅 서비스는 많은 사람에게 그 가치를 인정받고 있습니다.

주요 저서

『WORK: 오늘부터 실패하지 않게 일하는 법』(애드앤미디어, 2024년)

『생각하고 계획하고 일하라』(영진닷컴, 2018년)

『에버노트 사용설명서 2nd Edition』(영진닷컴, 2018년)

『나는 1인 기업가다』(세종서적, 2017년)

『프로들의 에버노트』(영진닷컴, 2015년)

『에버노트 사용설명서』(영진닷컴, 2013년)

『에버노트 라이프』(영진닷컴, 2012년)

『스마트 워킹 라이프』(영진닷컴, 2011년)

『트위터 200% 활용 7일 만에 끝내기』(살림출판사, 2010년)

『아이패드 200% 활용 7일 만에 끝내기』(살림출판사, 2010년)

『윈도우 2000 재난 복구 및 복원』(디지탈유통, 2002년)

『ASP 3.0 Bible』(홍순성, 손호성, 안우길, 영진닷컴, 2000년)

그외 MCSE 자격증 도서 번역 및 감수(15권) 등(2001년)

목차

들어가며   4

이 책의 구성   7

저자 소개   9

목차   11

PART 1 맞춤형 챗GPT 만들기

Chapter 01 챗GPT가 바꾼 글쓰기 패러다임

🖋 유능한 새로운 펜, 챗GPT   19

🖋 챗GPT를 활용한 글쓰기 전략   25

Chapter 02 챗GPT 사용 가이드

🖋 챗GPT로 할 수 있는 것들   31

🖋 챗GPT 인터페이스 살펴보기   37

🖋 GPTs 소개   39

🖋 GPTs 멘션 기능 기능 활용하기   41

Chapter 03 **챗GPT를 200% 활용하는 프롬프트 가이드**

🪶 프롬프트 사용자 가이드 45

🪶 관점을 확장하는 프롬프트 가이드 55

🪶 글쓰기 단계별 프롬프트 활용 예시 60

Chapter 04 **맞춤형 지침 작성 가이드**

🪶 표준 지침과 맞춤형 지침의 차이 69

🪶 맞춤형 지침 작성하기 ① 1번 지침 79

🪶 맞춤형 지침 작성하기 ② 2번 지침 83

🪶 맞춤형 지침 수정 및 개선하기 87

🪶 작업 환경에 따른 맞춤형 지침 사례 95

PART 2 **챗GPT와 글쓰기**

Chapter 05 **아이디어 도출 및 초안 작성하기**

🪶 아이디어 도출하기 101

🪶 문제 해결 능력을 향상시키는 역질문 요청하기 105

🪶 주제 설정 및 정교화하기 109

Chapter 06 **초안 작성하기**

🪶 단순 프롬프트와 구조화된 프롬프트의 차이 115

🪶 글의 구조를 잡는 3가지 질문 125

Chapter 07 **초안 수정하기**

✎ 글의 완성도를 높이는 단계별 수정 전략　　133

✎ 구조와 논리를 점검하는 질문형 프롬프트　　136

✎ 빠르고 정확하게 수정하는 괄호 프롬프트　　139

✎ 세부 수정을 위한 부분 수정 프롬프트　　145

✎ 원고 분량 조절하기　　151

Chapter 08 **피드백과 교정으로 원고 마무리하기**

✎ 가상의 독자와 편집자, 챗GPT에게 원고 피드백받기　　159

✎ 언어의 정확성을 확보하는 원고 교정하기　　170

✎ 가독성과 흐름을 개선하는 윤문하기　　176

PART 3 **챗GPT와 글쓰기 실력 키우기**

Chapter 09 **눈을 사로잡는 매력적인 제목 뽑기**

✎ 주제와 핵심 메시지가 드러난 제목 만들기　　187

✎ 검색 시 노출이 잘되는 제목 만들기　　191

✎ 관심을 끄는 제목 만들기　　195

✎ 동영상 클릭률을 높이는 제목 만들기　　199

Chapter 10 **매력적이고 기억에 남는 서론·결론 작성하기**

✎ 매력적인 서론 작성하기　　203

✎ 기억에 남는 결론 작성하기　　208

Chapter 11 챗GPT로 글쓰기 스타일 개발하기

🖊 챗GPT에 나의 글쓰기 스타일 학습시키기   213

🖊 챗GPT로 나만의 글쓰기 스타일 개발하기   221

🖊 베스트셀러 작가들의 글쓰기 스타일 분석하기   226

PART 4 실무에 바로 쓰는 비즈니스 글쓰기

Chapter 12 챗GPT로 책 쓰기

🖊 주제 선정하기   239

🖊 목차 작성하기   242

🖊 본문 작성하기   250

Chapter 13 SNS, 블로그 콘텐츠 작성하기

🖊 페이스북에 업로드할 게시글과 이미지 생성하기   255

🖊 사진을 활용한 인스타그램 게시글 작성하기   259

🖊 템플릿을 활용해 꾸준히 블로그에 글쓰기   262

Chapter 14 정보 검색·수집·요약하기

🖊 웹 브라우징 기술로 최신 정보 검색하기   273

🖊 수집한 정보 요약 및 보고서 작성하기   282

Chapter 14 **보고서 작성하기**

✎ 시장 조사 보고서 작성하기   291

✎ 신제품 소개서 작성하기   308

✎ 활동 보고서 작성하기   317

Chapter 15 **프레젠테이션 만들기**

✎ 프레젠테이션 구조 설계하기   321

✎ 프레젠테이션 시각화하기   330

✎ 작성된 원고를 슬라이드로 제작하기   333

Chapter 16 **챗GPT를 활용한 데이터 분석 및 시각화하기**

✎ 데이터 분석 & 시각화하기   337

✎ 추가 질문으로 상세 분석하기   347

✎ 데이터 분석 결과를 활용해 보고서 작성하기   352

APPENDIX 부록

A-1 **목적에 따른 맞춤형 지침**

✎ 콘텐츠 제작을 위한 맞춤형 지침   363

✎ 문서 작성 및 관리를 위한 맞춤형 지침   366

✎ 온라인 마케팅을 위한 맞춤형 지침   368

A-2 비즈니스 글쓰기를 위한 프롬프트 모음

🖋 초안 작성을 위한 프롬프트   371

🖋 괄호 안의 내용 변경하기   373

🖋 부분 수정을 위한 프롬프트   375

🖋 디테일을 더하는 옵션 프롬프트   378

🖋 원고 분량을 조정하는 프롬프트   381

🖋 피드백 및 교정을 위한 프롬프트   383

🖋 윤문 작업을 위한 프롬프트   386

🖋 서론 및 결론 작성을 위한 프롬프트   388

🖋 소개글 작성을 위한 프롬프트   390

🖋 SNS 게시글 작성을 위한 프롬프트   392

🖋 프레젠테이션용 슬라이드 제작을 위한 프롬프트   394

🖋 보고서 작성을 위한 프롬프트   396

찾아보기   398

PART 1

맞춤형 챗GPT 만들기

Chapter 01

챗GPT가 바꾼 글쓰기 패러다임

챗GPT의 등장은 의료, 교육, 예술 등 여러 분야에 새로운 패러다임을 가져왔습니다. AI와의 협업이 인간의 창의적 활동에 어떤 영향을 미치는지, 챗GPT가 글을 쓰는 방식을 어떻게 변화시켰는지 여러 사례를 통해 살펴보겠습니다.

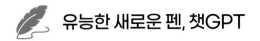 # 유능한 새로운 펜, 챗GPT

2022년 11월 오픈AI에서 챗GPT를 처음 선보인 이후 AI의 글쓰기 능력이 급속도로 발전하기 시작하자 인간의 영역이라 여겨왔던 창작 활동을 AI가 대체할 수 있을지 이목이 집중되었습니다. 그로부터 1년 반이 지난 2024년 1월, 일본의 권위 있는 문학상인 '아쿠타가와상' 수상작인 『도쿄 동정 타워(東京都同情塔)』의 일부를 AI가 집필한 것으로 밝혀져 큰 논란이 일었습니다. 수상자인 구단 리에九段理江는 소설의 약 5%를 챗GPT가 생성한 문장을 사용했다고 밝혔습니다. 그녀는 챗GPT와 개인적인 문제에 대해서도 많은 대화를 하고 교감을 나누었다면서 앞으로도 AI를 창작 활동에 활발히 활용하고 싶다는 포부를 드러냈습니다. 이 사례는 AI 시대에 창작 활동이 어떻게 변화할 것인지 창의성을 바라보는 새로운 관점에 대한 논의를 촉발하는 동시에 저작권 문제 등 다양한 쟁점들이 부상하는 계기가 되었습니다.

2022년 12월 토론토대학 심리학 교수 조던 피터슨Jordan Bernt Peterson은 한 인터뷰에서 챗GPT에게 자신의 저서인 『질서 너머: 인생의 다음 단계로 나아가는 12가지 법칙』(웅진지식하우스, 2021)에 더할 13번째 규칙을 킹 제임스 성경과 도덕경을 결합한 스타일로 작성해달라고 요청하자 불과 3초 만에 완벽한 에세이를 작성했다며 AI 기술이 앞으로 인류에게 얼마나 큰 영향을 미칠지 설명했습니다. 그는 "앞으로 2년 뒤에는 챗GPT가 당신보다 훨씬 더 똑똑해질 것"이라고 경고했습니다.

조던 피터슨의 강의(출처: 유튜브 채널 〈The Democracy Fund〉)

조던 피터슨의 말처럼 챗GPT와 함께 글을 쓰는 시대가 빠르게 다가오고 있습니다. 이전까지 글쓰기는 많은 작가가 산고의 고통에 비유할 정도로 창의성이 요구되는 쉽지 않은 영역이었으나 이제는 챗GPT와 같은 생성 AI의 도움을 받으면 작업 속도도 빨라지고 품질도 향상시키는 등 이전과는 사뭇 다른 경험을 할 수 있습니다. 이는 글쓰기의 패러다임이 현재 급격히 변화하고 있음을 시사합니다.

챗GPT의 등장으로 글쓰기의 진입 장벽이 낮아지고, 보다 많은 사람이 자신의 생각과 아이디어를 글로 표현할 수 있게 되었습니다. 이는 지식과 정보의 공유를 촉진하고, 창의적인 아이디어의 확산을 가속화할 것으로 기대됩니다. 동시에 생성 AI 기술의 발전은 기존의 글쓰기 방식과 작가의 역할에 대한 근본적인 질문을 제기하고 있습니다. 앞으로 AI와 인간의 협업이 어떤 형태로 진화할지 그리고 창작의 지형도를 어떻게 바꿀지 주목해야 할 것입니다.

특히 챗GPT는 우리 일상에 가장 밀접한 생성 AI 중 하나로, 사용자가 늘어나면서 직장인의 업무 효율성 향상에도 상당한 기여를 하고 있습니다. 2023년 7월 MIT 연구 팀이 발표한 〈생성 AI의 생산성 효과에 대한 실험적 증거(Ex perimental evidence on the productivity effects of generative artificial intelligence)〉(출처: science.org/doi/10.1126/science.adh2586)라는 보고서에 따르면 주어진 과제 해결에 챗GPT 사용을 지시받은 그룹의 과제 수행 시간이 40%나 단축되었다고 합니다. 뿐만 아니라 외부 평가자의 객관적인 평가를 통해 결과물의 품질도 18%가 향상된 것으로 확인되었습니다. 흥미로운 점은 챗GPT를 활용한 그룹에서 글쓰기 실력의 격차가 줄었다는 사실입니다.

전통적인 글쓰기와 챗GPT를 활용한 글쓰기

아무리 많은 정보와 지식을 가지고 있어도 그것을 글로 옮기는 것은 결코 쉬운 작업이 아닙니다. 또, 나를 드러내는 문장을 쓰는 것에 막연한 두려움을 가진 사람들도 있죠. 챗GPT는 사용자의 입력을 바탕으로 학습하고 반응하는 인공지능 모델입니다. 따라서 쓰고자 하는 글의 목적이나 자신의 글쓰기 스타일을 챗GPT에게 학습시키는 과정을 거친다면 직접 글을 쓰는 것보다 훨씬 많은 시간을 줄이고 빠르게 결과를 얻을 수 있습니다.

기존의 전통적인 글쓰기 방식과 챗GPT로 글을 쓰는 방식의 가장 큰 차이는 주제 기획부터 자료 조사, 초고 작성 심지어 교정 과정까지 챗GPT가 관여한다는 것입니다. 각 단계에 챗GPT가 어떤 도움을 줄 수 있는지 전통적인 글쓰기 방식과 비교하면 다음과 같습니다.

	전통적인 글쓰기	챗GPT로 글쓰기
주제 기획	작가가 주제를 선정하고 아이디어를 구상함	사용자의 입력에 따라 챗GPT가 다양한 주제와 아이디어를 제공하며 주제에 대한 개요를 제안함
자료 조사	책, 논문, 인터넷 등 다양한 경로를 통해 자료를 조사함	입력된 주제와 관련된 정보를 제공하고 핵심 내용을 요약하여 제시함

초고 작성	문장을 구성하고 초안을 작성함	사용자의 요청에 따라 초안을 작성하며 다양한 문체와 스타일을 반영할 수 있음
수정 작업	작성한 초고를 여러 번 수정하며 완성도를 높임	사용자 피드백을 반영하여 초고를 수정하고 문장 구조와 내용을 쉽게 변경할 수 있음
교정 작업	전체 원고를 읽으면서 맞춤법, 문법, 문장 구조 등을 교정해 최종 원고를 완성함	맞춤법, 문법 오류를 자동으로 감지하고 수정하며 스타일과 일관성을 검토함

즉, 챗GPT를 활용한 글쓰기의 가장 큰 장점은 효율성입니다. 챗GPT가 가진 방대한 데이터를 바탕으로 창의적인 아이디어와 주제를 선정하는 데 도움을 받을 수 있습니다. 무엇보다 단순 반복 작업을 줄일 수 있는 것은 물론이고 시간이 많이 들고 다양한 경로를 탐색해야 하는 자료 수집 과정을 챗GPT로 해결함으로써 작가는 창의적인 영역이나 완성된 초안을 섬세하게 다듬는 시간을 더 가질 수 있습니다.

챗GPT가 가져온 글쓰기 영역의 변화

챗GPT를 활용한 글쓰기 작업은 점점 대중화되고 있습니다. 이는 이전에 없던 새로운 형태의 작품과 새로운 작가의 탄생으로 이어질 것입니다. 하지만 이런 변화에도 잊지 말아야 할 것이 있습니다. 바로 글쓰기의 본질입니다. 아무리 기술이 발전해도 글쓰기의 핵심은 여전히 글을 쓰는 사람의 생각과 감성을 담는 것입니다. 챗GPT는 효율성을 높이고 창작의 장벽을 낮추는 데 큰 도움을 줄 수 있지만, 작가의 역할을 완전히 대체할 수는 없습니다. 챗GPT는 유능한 도구로 활용할 뿐 최종 결정은 사람이 해야 합니다. 자신만의 고유한 생각과 감성을 더해 글에 생명을 불어넣어야 합니다. 이렇게 기술과 감성이 조화를 이룰 때 비로소 진정한 의미의 글쓰기가 가능해질 것입니다.

글쓰기에서 단계별 챗GPT의 역할

전통적인 글쓰기와 챗GPT를 활용한 글쓰기는 각각 장점을 지니고 있습니다. 전통적인 글쓰기는 깊이 있는 연구와 개인의 창의성을 반영할 수 있는 반면, 챗GPT를 활용하면 효율성과 창의성을 결합하여 글쓰기 과정을 더 신속하고 효과적으로 진행할 수 있습니다. 이 책의 목표는 두 방식의 장점을 모두 가져가는 것입니다. 챗GPT를 활용해 전통적인 글쓰기의 깊이 있는 연구와 창의성도 가져가고 속도와 효율성이라는 장점도 챙길 것입니다.

이후 이 책에서 글을 쓰는 과정을 ① 주제 선정 및 기획, ② 자료 조사, ③ 초고 작성, ④ 수정 작업, ⑤ 교정 및 최종 점검이라는 5단계로 나누어 살펴볼 예정입니다. 이는 전통적인 글쓰기에서도 어떤 형태든 원고를 완성하는 구성과 같습니다. 단계별 챗GPT를 어떻게 활용하는지 정리하면 다음과 같습니다.

1. 주제 선정 및 기획: 브레인스토밍을 위해 챗GPT에게 주제와 관련된 다양한 아이디어를 요청합니다. 예를 들어 "인공지능의 미래에 대해 글을 쓰고 싶습니다. 어떤 주제를 다루면 좋을까요?"라고 질문할 수 있습니다. 이렇게 챗GPT가 제안한 아이디어 중 흥미롭거나 유용한 주제를 선택하고 구체적인 글쓰기 목표와 방향을 설정합니다.

2. **자료 조사**: 주제와 관련된 기본 정보를 얻고 관련 논문, 기사, 책 등을 추천받습니다. 예를 들어, "인공지능의 역사에 대해 간단히 설명해 주세요." 또는 "인공지능의 미래에 대한 논문을 추천해 주세요."라고 요청할 수 있습니다. 이렇게 챗GPT가 제공한 자료로 더 심도 있는 조사를 진행합니다. 필요한 경우 도서관이나 논문 데이터베이스를 활용하는 것도 좋습니다.

3. **초고 작성**: 글의 구조를 잡고 초안을 작성합니다. 초안은 세부적으로 챕터를 나눠서 작성합니다. 예를 들어, "인공지능의 역사 챕터를 작성해 주세요." 라고 요청한 다음 챗GPT가 작성한 초안을 검토하고 자신의 스타일을 반영하여 수정합니다. 필요하다면 추가 자료를 삽입하거나 내용을 보완합니다.

4. **수정 작업**: 오탈자나 비문, 오류를 교정하고 문장 구조와 흐름에 대한 개선을 요청합니다. 예를 들어 "이 문단의 문법과 맞춤법을 교정해 주세요." 또는 "문장 구조가 어색한 부분을 수정해 주세요."라고 요청할 수 있습니다. 챗GPT의 제안을 바탕으로 글의 논리적 일관성과 깊이를 더하기 위해 내용을 재구성하고, 중요한 부분을 강조하거나 설명을 덧붙입니다.

5. **교정 및 최종 점검**: 최종 원고의 스타일 검토 및 일관성 오류를 수정합니다. 예를 들어 "이 글의 전체적인 스타일과 일관성을 점검해 주세요."라고 요청할 수 있습니다. 그런 다음 글의 최종 수정을 거쳐 완성하거나 필요하다면 주변 사람의 피드백을 받는 것도 도움이 됩니다.

이처럼 챗GPT의 장점을 활용하되 사용자의 색깔도 빠뜨리지 않고 보완한다면 효율성을 높이면서도 깊이 있는 나만의 글을 쓸 수 있습니다. 이러한 접근 방식은 시간과 노력이라는 비용을 절약하면서도 창의성과 전문성을 겸비한 글을 완성하는 데 큰 도움이 될 것입니다.

챗GPT를 활용한 글쓰기 전략

이 책의 목표는 글쓰기에 챗GPT를 활용하면서 사용자만의 스타일을 구축하는 것입니다. 이를 위해 사용자는 맞춤화된 프롬프트를 개발해야 합니다. 이는 작가의 의도를 명확히 전달하고 독자에게 가치 있는 내용을 제공하는 데 핵심 역할을 합니다. 이 책에서는 이 목적을 다음 순서로 달성할 것입니다.

1단계 전략적 프롬프트 활용

챗GPT와의 협업에서 프롬프트를 어떻게 활용하느냐는 무척 중요합니다. 단순히 질문을 던지는 것을 넘어서 정교하고 목적 지향적으로 챗GPT와 상호 작용하는 과정을 의미합니다. 잘 작성한 프롬프트는 원하는 결과를 더 정확하고 효과적으로 얻을 수 있습니다. 예를 들어 특정 주제에 대한 깊이 있는 분석을 요청하거나, 특정 형식으로 글을 작성하도록 지시하는 등의 방법을 사용할 수 있습니다. 이 접근 방식은 글의 주제 선정부터 초안 작성 그리고 수정 단계에 이르기까지 전 과정에 적용할 수 있습니다. 이는 결과적으로 글의 질을 높이는 방법이기도 합니다.

또, 사용자는 개인화된 글쓰기 전략으로 GPT 앱을 활용할 수 있습니다. GPT 앱은 사용자가 보다 세부적으로 작업을 진행할 수 있도록 다양한 도구와 지원을 제공해 더 전문적인 도움을 받을 수 있습니다.

2단계 사용자 맞춤형 지침 설정

챗GPT는 매우 유연하고 강력한 언어 모델이지만, 단순히 "글을 써주세요."라고만 요청한다면 원하는 결과를 얻기 어려울 수 있습니다. 예를 들어, 어떤 글은 친근한 어조를 원하고, 다른 글은 매우 전문적인 어조를 원할 수 있습니다. 이에 챗GPT는 '맞춤형 지침Custom Instructions'이라는 기능을 제공해 개개인의 스타일에 맞는 글쓰기 환경을 구축할 수 있도록 도와줍니다.

ChatGPT 맞춤 설정

맞춤형 지침 ⓘ

ChatGPT가 더 나은 응답을 제공해 드리기 위해 사용자님에 대해 알아두어야 할 것이 있다면 무엇인가요?

0/1500

ChatGPT가 어떻게 응답했으면 하시나요?

0/1500

새 채팅에 사용 ⬤   취소   저장

맞춤형 지침을 활용한 글쓰기 개인화 전략

맞춤형 지침이란 특정 요구 사항에 맞는 글을 생성할 수 있도록 사용자가 챗GPT에 입력하는 구체적이고 명확한 지시 사항입니다. 이는 마치 로봇 청소기에게 집의 설계도를 제공한 다음 방마다 다른 청소 방식을 적용하는 것과 유사

합니다.

맞춤형 지침에서 사용자는 가상의 독자, 즉 페르소나를 설정하고, 프롬프트 사용 방식을 전반적으로 개선하여 더 나은 결과를 얻는 과정입니다. 이는 사용자가 글을 읽을 독자를 명확히 정의하고, 이를 바탕으로 프롬프트 사용 전략을 최적화하는 것을 목표로 합니다. 맞춤형 지침은 글의 톤, 구조, 어휘 선택, 문장 길이 등 스타일을 만드는 요소까지 모두 포함해야 합니다. 예를 들어 "글의 일관성을 유지하며 리듬과 템포를 간결하게 조절하되 문장의 길이를 적절하게 유지한다." 라는 맞춤형 지침을 적용하면, 문장 길이를 조정하는 동시에 전체 글의 질을 높일 수 있습니다.

이러한 접근 방식을 통해 사용자는 더욱 개인화된 글쓰기 경험을 할 수 있고 독창적이고 일관된 스타일의 글을 작성할 수 있습니다. 블로그 글쓰기를 예로 들면 포스팅할 글의 주제, 독자층, 글의 스타일과 어조 등을 고려해 지침을 제시해야 합니다. 또, 프롬프트를 매번 입력하고 수정할 필요가 없으므로 불필요한 작업을 최소화하고 생산성을 크게 향상시킬 수 있습니다. 챗GPT의 맞춤형 지침은 사용자의 특정 요구 사항과 목표에 따라 응답을 최적화하는 데 사용됩니다. 맞춤형 지침을 사용했을 때 장점을 정리하면 다음과 같습니다.

맞춤형 지침의 장점

- 일관된 표현과 구조를 유지해 독자의 이해를 돕고 명료한 글 작성
- 프롬프트 요청 횟수를 최소화하여 불필요한 작업 감소로 생산성 향상
- 시간을 절약해 더 많은 양과 품질 높은 글쓰기 가능

맞춤형 지침은 크게 구조와 피드백이라는 2가지 관점에서 작성할 수 있습니다. 구조적 지침은 '서론, 본론, 결론의 구조'를 따르도록 구성하는 것입니다.

예를 들어 서론에서는 주제를 설명하고, 본론에서는 최소 3가지 소제목과 해당 내용을 통해 자세한 정보를 제공하며, 결론에서는 글의 주요 내용을 요약하는 식입니다. 피드백 지침은 챗GPT의 응답이 만족스럽지 않거나 개선이 필요한 부분이 있다면 구체적인 예시나 문장을 인용하여 어느 부분이 개선되어야 하는지 명확히 지적하고, 가능하다면 구체적인 개선 제안이나 대안을 포함하는 것입니다. 피드백의 목적과 우선순위를 명시하고, 긍정적이고 건설적인 언어로 의견을 공유하도록 합니다.

이러한 맞춤형 지침을 통해 사용자는 자신의 글쓰기 스타일을 챗GPT에게 효과적으로 전달할 수 있습니다. 맞춤형 지침에 대한 더 상세한 내용은 이후 자세히 다루겠습니다.

3단계 사용자 역량 강화

챗GPT를 활용한 글쓰기는 단순히 생성 AI의 답변을 받아들이는 것을 넘어 사용자가 적극적으로 참여하여 글쓰기 능력을 향상시키는 과정입니다. 이 과정은 크게 3단계로 나눌 수 있습니다.

첫째, 챗GPT의 응답을 비판적으로 검토하고 수정하는 것입니다. 사용자는 챗GPT가 제공한 내용의 정확성과 타당성을 평가하고 필요한 경우 추가 정보를 요청하거나 직접 수정합니다. 예를 들어 추상적인 내용에 구체적인 데이터나 사례를 추가하여 글의 질을 높일 수 있습니다.

둘째, 사용자 피드백을 적극적으로 활용합니다. 챗GPT의 응답에 대해 구체적인 피드백을 제공하여 원하는 방향으로 글을 발전시킵니다. 이 과정은 여러 차례 반복할 수 있으며 사용자가 만족할 때까지 내용을 다듬어 나갑니다.

마지막으로 셋째, 사용자는 자신의 고유한 글쓰기 스타일을 챗GPT에 학습시킵니다. 이전에 작성한 글이나 어투, 문체를 챗GPT에게 제공하여 개인화된 콘텐츠를 생성할 수 있습니다. 이를 통해 챗GPT의 도움을 받되 결과물은 사용자의 개성을 반영한 작품이 됩니다.

이러한 과정을 통해 사용자는 단순히 챗GPT의 결과물을 받아들이는 것이 아니라 자신의 글쓰기 능력을 향상시켜 더욱 정교하고 완성도 높은 글을 작성할 수 있게 됩니다. 결과적으로 이는 글쓰기에 대한 자신감 향상과 독창적인 스타일 발전으로 이어집니다. 따라서 챗GPT를 효과적으로 활용하기 위해서는 사용자의 적극적인 참여와 지속적인 역량 강화가 필수적입니다.

Chapter 02

챗GPT 사용 가이드

챗GPT는 오픈AI에서 개발한 강력한 자연어 처리 모델로, 다양한 주제에 대해 글을 작성하거나 아이디어를 제시할 수 있습니다. 이를 제대로 활용하기 위해 먼저 챗GPT에는 어떤 기능이 있는지 인터페이스와 GPTs, 멘션 기능 등 챗GPT의 기본적인 사용 가이드를 살펴보겠습니다.

 **챗GPT로 할 수 있는 것들**

챗GPT는 사람과 이야기를 나누듯 자연스러운 대화가 가능한 대화형 AI 모델입니다. 방대한 데이터를 학습하여 다양한 주제에 답변할 수 있는 것은 물론이고 콘텐츠를 생성할 수 있어 글쓰기, 코딩, 번역 등 다양한 용도로 활용할 수 있습니다.

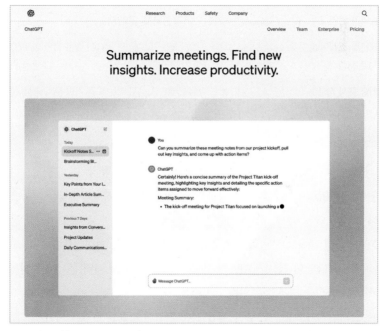

챗GPT 소개(출처: openai.com)

사용자는 대화를 나누듯이 말을 건네는 방식으로 텍스트, 즉 프롬프트Prompt를 입력해 챗GPT와 상호 작용합니다. 챗GPT를 활용할 수 있는 영역은 무궁무진합니다. 대표적으로 일상에서 활용할 수 있는 범위는 다음과 같습니다.

챗GPT 활용 영역

- **글쓰기**Writing: 소설, 에세이, 블로그 포스팅, 보고서, 이메일 등 다양한 종류의 문서 작성

- **검색**Searching: 사용자가 필요한 정보를 빠르게 찾을 수 있도록 정보 제공

- **리서치**Researching: 학습된 대량의 데이터와 웹을 활용해 필요한 정보를 찾고 정리 및 요약

- **아이디어 생성**Thinking: 브레인스토밍, 문제 해결 방안, 프로젝트 제안 등

- **요약**Summarizing: 긴 문서나 회의록을 요약하여 핵심 내용 전달

- **분석**Analyzing: 데이터, 텍스트, 사례 연구 분석을 통해 인사이트 도출

- **합성**Synthesizing: 다양한 정보원에서 얻은 지식을 통합하고 서로 다른 아이디어를 결합

- **조언**Advising: 업무 전략, 커리어 계획, 의사 결정 과정에 대한 조언 제공

- **통역과 번역**Interpreting and Translating: 다양한 언어의 통역 및 번역 지원

- **교육과 트레이닝**Education and Training: 교육 자료 개발, 퀴즈 생성, 학습자 질문 답변 등 학습 자료 생성

- **기술 문서 작성**Technical Documentation: 소프트웨어 개발, 사용자 매뉴얼 등 기술 문서 작성

챗GPT 시작하기

2024년 5월부터 챗GPT는 회원 가입 없이도 무료로 사용할 수 있게 되었습니다. 단, 회원 가입 시 더욱 빠르고 정교한 응답, 파일 업로드 등 다양한 기능을 비롯해 최신 모델인 GPT-4o의 기능 일부를 무료로 사용할 수 있고 3시간 동안 최대 10건의 프롬프트 입력이 가능합니다(해당 내용은 업데이트에 따라 변경될 수 있습니다). 이 책은 챗GPT와 응답을 주고받으면서 여러 분야의 콘텐츠를 완성하는 과정을 다루므로 원활한 진행을 위해 회원 가입을 하겠습니다. 가입은 매우 직관적이고 간단한 몇 단계만 거치면 쉽게 완료할 수 있습니다.

먼저 검색 엔진에서 "챗GPT" 또는 웹 브라우저 주소 입력창에 chatgpt.com을 입력해 이동하면 다음과 같은 메인 화면을 볼 수 있습니다. 화면 왼쪽 하단에서 [회원 가입] 또는 [로그인]을 클릭해 진행할 수 있습니다.

[회원 가입]을 클릭하면 다음과 같이 이메일로 계정을 생성하거나 구글, 마이크로소프트, 애플 계정을 활용해 간편하게 가입을 진행할 수 있습니다.

가입 방식에 따라 필요한 정보를 입력합니다.

가입을 완료하면 다음과 같이 챗GPT 메인 화면을 볼 수 있습니다. 이 책은 챗GPT의 사용자 맞춤 환경이 필요하므로 플랜 업그레이드가 필요합니다. 화면 왼쪽 하단의 [플랜 업그레이드]를 클릭합니다.

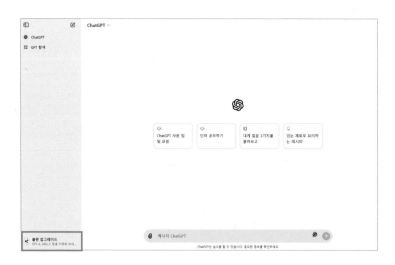

오픈AI에서 제공하는 챗GPT의 플랜은 다음과 같이 3가지입니다. 무료 플랜에서는 GPT-3.5와 GPT-4o를 제한적으로 이용할 수 있고, Plus 플랜에서는 모든 최신 버전을 이용할 수 있으며 월 20달러의 비용이 듭니다(부가가치세 별도). 여러 명이 이용할 경우 1인당 월 25달러로 Team 플랜을 구독할 수 있습니다.

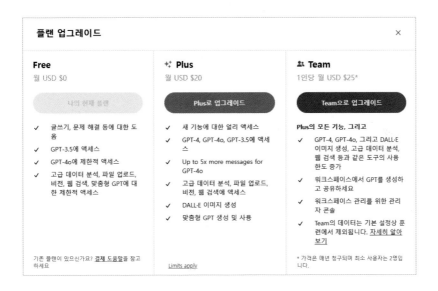

[Plus로 업그레이드]를 클릭하면 결제 화면으로 이동합니다. 결제할 카드 정보를 입력하면 간단하게 플랜을 구독할 수 있습니다. 무료 플랜과 유료 플랜에는 기능, 일일 사용량 등의 차이가 있습니다. 무료 플랜은 기본 기능을 제공하며 일일 사용량 제한과 일부 고급 기능이 제한되는 반면, 유료 플랜은 고급 기능을 제공하고 사용량이 3시간에 80건, 빠른 응답 시간과 우선 지원을 제공합니다. 즉, 사용량이 많고 고급 기능이 필요하다면 유료 플랜을 활용하는 것이 좋습니다. 다음은 플랜에 따른 기능 차이입니다(해당 기능은 추후 업데이트 시 변경될 수 있습니다).

기능	무료 플랜	유료 플랜(Plus)
기본 기능 제공 여부	제공	제공
사용량 제한	일일 사용량 제한 있음	제한(3시간 80건)
응답 시간	느림	빠름
접근 제한	사용량이 많을 때 접근 제한	언제든지 접근 가능
텍스트 길이 및 품질	제한 있음	더 긴 텍스트와 높은 품질의 텍스트 생성 가능
우선 접근 권한	없음	있음
우선 지원 및 새로운 기능 접근	없음	있음
가격	무료	월 $20

챗GPT 인터페이스 살펴보기

챗GPT의 사용자 인터페이스User Interface는 사용하기 쉽게 직관적으로 설계되어 있습니다. 크게 5가지 영역으로 구분해서 하나씩 살펴보겠습니다.

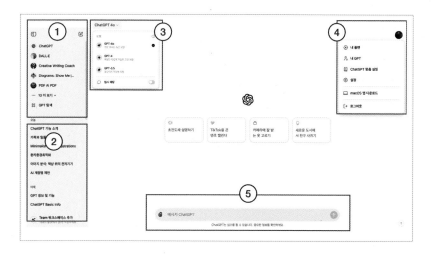

① **사이드바 앱 추가:** 왼쪽 사이드바에서 위쪽은 GPTs 영역입니다. GPTs란 GPT Store, 즉 기본 GPT 모델을 활용해 여러 기업 또는 개인이 제작한 GPT 앱을 탐색하고 활용할 수 있는 공간입니다. 챗GPT 외에도 오픈AI에서 개발한 이미지 생성 AI인 DALL·E를 비롯해 프로그래밍, 교육, 연구 및 분석 등 다양한 분야에 특화된 GPT 앱을 만날 수 있습니다. 이곳에 자주 사용하는 GPT 앱을 추가하여 사용할 수 있습니다.

② **채팅 창 관리 목록:** 왼쪽 사이드바 아래쪽은 최신 대화부터 이전 대화까지 챗GPT와 나눈 모든 대화의 목록을 제공합니다. 각 대화의 오른쪽 옵션 아이콘 [···]을 클릭하면 볼 수 있는 옵션 중 [이름 바꾸기]를 클릭하면 이름을 지정

할 수 있습니다. 한 채팅 창에서 대화를 지속적으로 이어간다면 채팅 창의 이름을 지정해 두는 것이 나중에 찾기 쉽습니다. 또, 대화별로 개별 링크를 제공하므로 쉽게 관리할 수 있습니다.

③ **모델 및 채팅 기능**: 사용하는 GPT 버전을 지정할 수 있습니다. 사용자의 플랜에 따라 사용할 수 있는 모델이 다릅니다. 임시 채팅 기능은 간단한 질문을 할 때 사용할 수 있지만 대화 목록에 저장되지 않습니다.

④ **사용자 정보 메뉴**: 설정 및 사용자 맞춤형 지침을 설정할 수 있는 공간입니다. 사용자 정보와 관련된 대부분 기능은 이곳에서 설정할 수 있습니다.

- **설정 메뉴**: 계정, 알림, 언어 등을 관리할 수 있는 메뉴로, 50개 이상의 언어를 지원하며 사용자 환경을 다국어로 쉽게 설정할 수 있습니다.

⑤ **채팅 창**: 챗GPT와 대화를 주고받는 공간으로 가장 많이 활용하게 될 영역입니다. 단, 일부 기능은 플랜에 따라 제한적으로 사용할 수 있습니다.

 ## GPTs 소개

GPTs는 챗GPT와 같은 AI 모델을 기반으로 사용자가 개발한 맞춤형 AI 앱을 의미합니다. 최근 오픈AI는 이러한 사용자 맞춤형 GPT 앱들을 한곳에서 탐색하고 사용할 수 있는 'GPT Store'를 도입했습니다. GPT 앱은 챗GPT 메인 화면에서 왼쪽 사이드바 [GPT 탐색]을 클릭하면 확인할 수 있습니다.

🔗 GPTs 웹 페이지: chatgpt.com/gpts

챗GPT의 맞춤형 버전 GPTs

GPT 앱은 제작자의 의도에 따라 글쓰기, 프로그래밍, 교육 등 특정 분야에 전문화되어 있어 마치 전문가의 도움을 받는 것처럼 활용할 수 있다는 장점이 있습니다. GPTs의 주요 기능과 특징 그리고 활용 예시는 다음과 같습니다.

GPTs의 주요 기능과 특징

- **맞춤형 대화형 AI**: 사용자는 자신의 필요에 따라 챗GPT의 기능을 맞춤화할 수 있습니다. 예를 들어, 특정 업무에 필요한 AI 비서를 만들거나, 특정 질문에 대한 답변을 강화하는 지식을 추가할 수 있습니다.

- **다양한 카테고리의 GPT 앱**: GPT Store에서는 글쓰기, 그림 그리기, 프로그래밍, 교육, 라이프스타일 등 다양한 카테고리의 GPT 앱들을 탐색할 수 있습니다. 예를 들어, Canva의 디자인 도구, Khan Academy의 코딩 튜터, AllTrails의 맞춤형 트레일 추천 GPT 등이 있습니다.

- **사용자와 기업을 위한 맞춤형 솔루션**: 기업은 자신의 업무에 맞춘 GPT를 만들어 활용할 수 있으며, 팀과 엔터프라이즈 고객을 위한 전용 GPT Store 섹션도 제공합니다. 이를 통해 업무 효율성을 높일 GPT를 만들거나 외부와 공유할 GPT를 관리할 수 있습니다.

GPTs의 활용 예시

- **글쓰기**: 블로그 포스트, 소설, 광고 문구 등을 작성하는 데 도움을 받을 수 있습니다. 특히 창의적인 글쓰기 작업에 많은 관심을 받고 있습니다.

- **그림 그리기**: 이미지 생성 AI인 DALL·E와 같은 도구를 사용하여 이미지 생성 작업을 수행할 수 있습니다.

- **코드 작성**: 프로그래밍 관련 질문에 답변하거나 코드를 작성 및 디버깅하는 데 도움을 받을 수 있습니다.

- **교육**: 학생들이 수학과 과학을 배우는 데 도움을 줄 수 있는 교육용 GPT 앱이 있습니다.

GPT 앱의 이러한 기능을 활용하면 보다 전문적인 기술과 정보를 제공받을 수 있어 유용합니다.

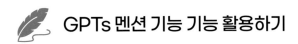

GPTs 멘션 기능 기능 활용하기

GPTs의 핵심 기능 중 하나는 '멘션Mention'입니다. 예시로 사용자의 글쓰기 기술을 향상시키기 위해 코칭 서비스를 제공하는 'Creative Writing Coach'라는 앱을 살펴보겠습니다.

멘션 기능을 활용하려면 해당하는 GPT 앱이 사이드바에 고정되어 있어야 합니다. 먼저 GPT 앱 메인 페이지에서 "Creative Writing Coach"를 검색합니다.

GPT 앱을 선택하고 [채팅 시작]을 클릭합니다.

GPT 앱의 채팅 창이 뜨면 왼쪽 상단의 앱 이름을 클릭한 다음 [사이드바에 유지]를 선택해 사이드바에 해당 앱을 고정합니다.

이제 챗GPT의 어떤 채팅 창에서든 이 앱을 활용할 수 있습니다. 멘션 기능은 채팅 창에서 '@' 기호를 입력한 후 원하는 GPTs를 검색하여 선택함으로써 사

용할 수 있습니다. 챗GPT 메인 채팅 창으로 돌아간 다음 "@"를 입력하면 사이드바에 고정해 둔 GPT 앱들을 볼 수 있습니다. 여기서 'Creative Writing Coach'를 선택합니다.

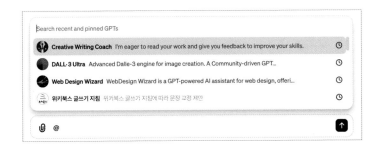

'Creative Writing Coach'를 선택하면 메시지 입력창 상단에 고정되는 것을 볼 수 있습니다. 이제 입력하는 프롬프트에는 챗GPT가 아닌 'Creative Writing Coach'가 응답을 합니다.

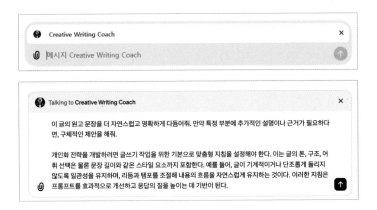

이처럼 멘션 기능을 활용하면 GPT 앱마다 가진 장점을 하나의 채팅 창에서 불러와 활용할 수 있습니다.

Chapter 03

챗GPT를 200% 활용하는 프롬프트 가이드

대화형 생성 AI인 챗GPT는 사용자가 입력한 지시 사항, 즉 프롬프트를 통해 응답을 도출합니다. 즉, 챗GPT의 잠재력을 최대한 활용하기 위해서는 프롬프트를 전략적으로 활용할 수 있어야 합니다. 이번 챕터에서는 효과적인 프롬프트 작성 방법과 전략을 살펴보고 글쓰기의 모든 단계에 프롬프트를 어떻게 활용하는지 구체적인 예시와 함께 설명합니다.

 프롬프트 사용자 가이드

프롬프트Prompt는 챗GPT와 대화의 시작점이자 응답을 받기 위한 지시 사항입니다. 사용자가 프롬프트를 입력하면 챗GPT는 이를 바탕으로 반응하여 응답을 생성합니다. 프롬프트는 간단한 질문부터 복잡한 요청, 주제 설명, 특정 작업 수행 지시까지 다양한 형태로 작성할 수 있습니다. 예를 들어 "챗GPT의 프롬프트란 무엇인가?"라는 질문도 프롬프트의 일종입니다. 챗GPT는 이러한 프롬프트를 기반으로 정보를 제공하거나 사용자의 요청을 이해해 적절한 응답을 생성합니다. 응답 아래 [응답 다시 생성하기] 버튼을 클릭하면 같은 프롬프트에서 또 다른 응답을 받을 수도 있습니다.

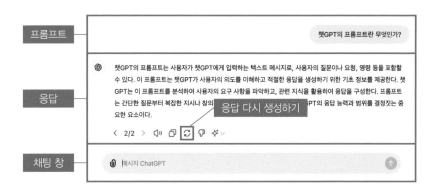

프롬프트를 작성하는 가장 기본적인 방법은 크게 3가지로 나눌 수 있습니다.

① 구체적인 맥락과 정보 제시

프롬프트의 핵심은 명확한 커뮤니케이션입니다. 사용자는 의도를 분명히 전달할 수 있는 프롬프트를 작성해야 합니다. 이때 중요한 것은 명확성과 구체성입니다. 예를 들어 "간단한 재료로 만들 수 있는 한국 요리 레시피를 알려 주세요."와 같은 프롬프트는 챗GPT에게 특정 주제에 대한 구체적인 정보를 요구하는 반면 "요리 레시피를 작성해 주세요."와 같이 맥락이 명확하지 않은 프롬프트는 답변의 품질을 떨어뜨릴 수 있습니다. 이처럼 맥락을 제공하는 것은 질문의 의도, 필요한 정보의 범위 그리고 어떤 형식으로 응답을 원하는지 등을 명시하므로 더 정확하고 유용한 정보를 얻을 수 있습니다.

프롬프트 사용 시 명확한 질문을 제시하는 것은 정보를 정확하게 얻기 위한 첫걸음입니다. 이 과정은 분명하고 구체적인 질문으로 시작해야 합니다. 예를 들어, 특정 주제에 대한 질문을 할 때는 그 주제의 핵심을 명확하게 포함시키고 무엇을 알고 싶은지 직접적으로 표현해야 합니다.

다음으로, 질문의 맥락이나 필요한 배경 정보를 제공하는 것이 중요합니다. 이는 질문이 특정 상황에 기반하고 있을 때 특히 그렇습니다. 배경 정보를 명확히 제공함으로써 챗GPT는 더 정확하고 관련성 높은 정보를 제공할 수 있습니다.

명확하지 않은 프롬프트

 요리 레시피를 알려 주세요.

 요리 레시피 작성을 위해 구체적인 요리 종류나 주제를 말씀해 주시면 더욱 적합한 레시피를 제공할 수 있습니다. 예를 들어, 한식, 양식, 중식 등 특정한 종류나, 디저트, 메인 요리, 간단한 간식 등 주제를 지정해 주시면 좋습니다.

명확하게 요청한 프롬프트

 간단한 재료로 만들 수 있는 한국 비빔밥 레시피를 알려 주세요.

 비빔밥을 만들기 위해 간단한 재료로 할 수 있는 레시피를 소개할게요. 천천히 따라 해 보세요.

재료

밥 1공기

시금치 한 줌

당근 1/2개

애호박 1/2개

콩나물 한 줌

계란 1개

소고기 다진 것 100g(옵션)

고추장 1큰술

참기름 1작은술

참깨 약간

소금 약간

간장 1작은술

다진 마늘 1작은술

준비

시금치: 깨끗이 씻고, 끓는 물에 살짝 데친 후 찬물에 헹구어 물기를 짜고, 소금과 참기름을 조금 넣고 무친다.

당근: 얇게 채 썰어 약간의 소금과 함께 볶는다.

애호박: 얇게 채 썰어 약간의 소금과 함께 볶는다.

콩나물: 끓는 물에 데친 후 찬물에 헹구어 물기를 짜고, 소금과 참기름을 조금 넣고 무친다.

소고기(옵션): 다진 마늘과 간장, 참기름으로 양념하여 볶는다.

계란: 프라이팬에 반숙으로 굽는다.

조리 방법

그릇에 밥을 담는다.

밥 위에 준비한 시금치, 당근, 애호박, 콩나물을 예쁘게 올린다.

> (옵션) 볶은 소고기도 함께 올린다.
> 반숙 계란을 밥 위에 올린다.
> 고추장과 참기름을 넣고, 참깨를 뿌린다.
> 잘 섞어서 먹는다.
>
> 맛있게 드세요!

이처럼 명확하지 않은 프롬프트에는 레시피 제공을 하지 않고, 가입 시 제공한 정보를 바탕으로 한국 사용자라는 것을 인식하여 한국 음식을 무작위로 추천하거나 챗GPT가 다시 질문을 하기도 합니다. 원하는 답을 한 번에 얻기 어려워 여러 차례 프롬프트를 작성해야 할 수 있습니다. 반면 명확한 프롬프트에는 '간단한 재료'와 '비빔밥'이라는 키워드에 맞는 정확한 정보를 제공하는 것을 볼 수 있습니다.

② 원하는 정보 제시

기대하는 결과나 정보의 유형을 구체적으로 설명하면 챗GPT는 사용자의 요구 사항을 더 정확하게 이해하고, 기대에 부합하는 답변을 제공합니다. 예를 들어, 특정 주제에 대한 심층 분석을 원한다면 그 주제에 대한 구체적인 예시를 제시하고 어떤 정보나 데이터를 기대하는지 명확히 명시해야 합니다.

구체적인 응답 유형을 제시한 프롬프트

 간단한 재료로 만들 수 있는 한국 비빔밥 레시피를 알려 주세요. 재료 목록과 단계별 조리 방법, 준비 시간, 양념 소스 준비 방법, 대체 재료, 요리 팁 및 주의 사항을 포함해 주세요.

간단한 재료로 만들 수 있는 비빔밥 레시피를 소개할게요. 아래 내용을 참고해 보세요.

재료
밥 1공기
시금치 한 줌
당근 1/2개
애호박 1/2개
콩나물 한 줌
계란 1개
소고기 다진 것 100g(옵션)
고추장 1큰술
참기름 1작은술
참깨 약간
소금 약간
간장 1작은술
다진 마늘 1작은술
소스 준비
고추장 2큰술
참기름 1작은술
설탕 1작은술
간장 1작은술
다진 마늘 1/2작은술
물 1큰술
모든 소스 재료를 잘 섞어서 준비해 둔다.

준비 시간
약 30분
조리 방법
시금치 준비: 시금치를 깨끗이 씻고, 끓는 물에 1-2분간 데친 후 찬물에 헹구어 물기를 짜낸다.
소금과 참기름을 조금 넣고 무친다.

당근 준비: 당근을 얇게 채 썬다. 프라이팬에 약간의 기름을 두르고, 약간의 소금을 뿌려서 볶는다.

애호박 준비: 애호박을 얇게 채 썬다.

프라이팬에 약간의 기름을 두르고, 약간의 소금을 뿌려서 볶는다.

콩나물 준비: 콩나물을 깨끗이 씻고, 끓는 물에 3~4분간 데친 후 찬물에 헹구어 물기를 짜낸다.

소금과 참기름을 조금 넣고 무친다.

소고기 준비(옵션): 다진 소고기에 다진 마늘, 간장, 참기름을 넣고 양념한 후 프라이팬에 볶는다.

계란 준비: 프라이팬에 기름을 두르고, 계란을 반숙으로 굽는다.

비빔밥 만들기

그릇에 밥을 담는다.

밥 위에 준비한 시금치, 당근, 애호박, 콩나물을 예쁘게 올린다.

(옵션) 볶은 소고기도 함께 올린다.

반숙 계란을 밥 위에 올린다.

준비한 소스를 고루 뿌린다.

참기름과 참깨를 조금 뿌린다.

잘 섞어서 먹는다.

대체 재료

소고기 대신 닭고기나 돼지고기를 사용할 수 있다.

시금치 대신 다른 녹색 채소(예: 케일, 미나리)로 대체할 수 있다.

고추장 대신 간장으로 만든 소스를 사용할 수 있다.

요리 팁 및 주의 사항

채소를 데칠 때 너무 오래 데치지 않도록 주의한다. 식감이 살아있도록 짧게 데치는 것이 좋다.

소고기를 볶을 때 너무 오래 익히지 않도록 주의한다. 부드럽게 익혀야 맛있다.

고추장은 기호에 따라 양을 조절할 수 있다. 매운맛을 좋아하면 더 많이 넣고, 덜 매운 것을 원하면 적게 넣는다.

맛있게 드세요!

이처럼 구체적으로 어떤 응답을 원하는지 제시하면 챗GPT가 보다 정확하고 유용한 답변을 제공할 수 있습니다.

③ 원하는 응답 형태 제시

응답을 어떤 형태로 제공받고 싶은지 명시하면 필요한 정보를 원하는 방식으로 정확하게 전달받을 수 있습니다.

응답 형태를 제시한 프롬프트

 간단한 재료로 만들 수 있는 한국 비빔밥 레시피를 알려 주세요. 재료 목록과 단계별 조리 방법은 표로 정리하고 준비 시간, 양념 소스 준비 방법, 대체 재료, 요리 팁 및 주의 사항은 불릿을 사용해 리스트로 정리해 주세요.

 비빔밥 레시피 재료 및 준비 방법
재료 준비 방법

재료	준비 방법
밥	1공기, 따뜻하게 준비
시금치	한 줌, 깨끗이 씻고 끓는 물에 데친 후 찬물에 헹구어 물기를 짜고 소금과 참기름으로 무침
당근	1/2개, 얇게 채 썰어 소금과 함께 볶음
애호박	1/2개, 얇게 채 썰어 소금과 함께 볶음
콩나물	한 줌, 깨끗이 씻고 끓는 물에 데친 후 찬물에 헹구어 물기를 짜고 소금과 참기름으로 무침
계란	1개, 프라이팬에 반숙으로 구움
소고기 다진 것 (옵션)	100g, 다진 마늘, 간장, 참기름으로 양념하여 볶음
고추장	1큰술
참기름	1작은술
참깨	약간
소금	약간
간장	1작은술
다진 마늘	1작은술

소스 준비

소스 재료	준비 방법
고추장	2큰술
참기름	1작은술
설탕	1작은술
간장	1작은술
다진 마늘	1/2작은술
물	1큰술

모든 소스 재료를 잘 섞어서 준비해 둔다.

준비 시간
- 약 30분

비빔밥 조리
- 그릇에 밥을 담는다.
- 밥 위에 준비한 시금치, 당근, 애호박, 콩나물을 예쁘게 올린다.
- (옵션) 볶은 소고기도 함께 올린다.
- 반숙 계란을 밥 위에 올린다.
- 준비한 소스를 고루 뿌린다.
- 참기름과 참깨를 조금 뿌린다.
- 잘 섞어서 먹는다.

요리 정보
대체 재료:
- 소고기 대신 닭고기나 돼지고기를 사용할 수 있다.
- 시금치 대신 다른 녹색 채소(예: 케일, 미나리)로 대체할 수 있다.
- 고추장 대신 간장으로 만든 소스를 사용할 수 있다.

요리 팁:
- 채소를 데칠 때 너무 오래 데치지 않도록 주의한다. 식감이 살아있도록 짧게 데치는 것이 좋다.
- 소고기를 볶을 때 너무 오래 익히지 않도록 주의한다. 부드럽게 익혀야 맛있다.

- 고추장은 기호에 따라 양을 조절할 수 있다. 매운맛을 좋아하면 더 많이 넣고, 덜 매운 것을 원하면 적게 넣는다.

주의 사항:
- 채소는 신선한 것을 사용하는 것이 좋다.
- 모든 재료는 깨끗이 씻어서 사용한다.
- 밥은 너무 차갑지 않게 따뜻하게 준비한다.

이처럼 표와 불릿을 사용해 정보 정리를 요청할 수도 있고 글의 흐름이 길어질 때는 서론, 본론, 결론 구조로 정리해달라거나 요약, 체크리스트, 플로 차트 등 여러 응답 형태를 요청할 수 있습니다.

- 서론, 본론, 결론 구조: 글의 흐름을 명확히 할 수 있습니다.
- 리스트 형식: 단계별로 정보를 명확하게 나열할 수 있습니다.
- 불릿: 간결하게 주요 사항을 나열할 수 있습니다.
- 표: 데이터를 비교하거나 정리할 수 있습니다.
- 플로 차트: 데이터를 시각화해서 한눈에 볼 수 있습니다.
- 체크리스트: 각 요소를 체크리스트 형태로 볼 수 있습니다.
- 요약: 긴 응답을 요약해서 볼 수 있습니다.
- Q&A: 질문과 답변을 통해 정보를 명확하게 전달할 수 있습니다.

이처럼 프롬프트를 제대로 사용하는 대표적인 3가지 방법을 살펴봤습니다. 이러한 접근 방식은 사용자와 챗GPT 사이의 명확한 커뮤니케이션을 촉진해 효율적으로 유용한 정보를 교환할 수 있습니다.

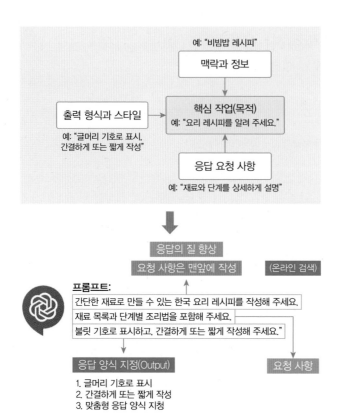

예: "비빔밥 레시피"

맥락과 정보

핵심 작업(목적)
예: "요리 레시피를 알려 주세요."

출력 형식과 스타일
예: "글머리 기호로 표시,
간결하게 또는 짧게 작성"

응답 요청 사항
예: "재료와 단계를 상세하게 설명"

응답의 질 향상

요청 사항은 맨앞에 작성   (온라인 검색)

프롬프트:
간단한 재료로 만들 수 있는 한국 요리 레시피를 작성해 주세요.
재료 목록과 단계별 조리법을 포함해 주세요.
불릿 기호로 표시하고, 간결하게 또는 짧게 작성해 주세요."

응답 양식 지정(Output)   요청 사항

1. 글머리 기호로 표시
2. 간결하게 또는 짧게 작성
3. 맞춤형 응답 양식 지청

챗GPT 프롬프트 가이드라인 및 구조

관점을 확장하는 프롬프트 가이드

챗GPT는 생성 AI라는 특성상 동일한 질문을 해도 매번 다른 답변을 제공합니다. 즉, 프롬프트에 대한 응답을 반복해서 재생성하면 질문을 구체화하거나 점진적으로 관점을 넓히면 하나의 주제를 다양하게 해석할 기회를 얻게 됩니다. 이는 마치 다양한 독자의 의견을 듣는 것과 같은 효과를 낼 수 있습니다. 응답 재생성 방법은 간단합니다. 챗GPT의 답변 아래 [응답 다시 생성하기] 아이콘을 클릭하는 것입니다.

> **You**
> 프롬프트란 무엇인가?
> ‹ 2 / 3 ›
>
> **ChatGPT**
> 프롬프트는 일반적으로 사용자에게 정보 입력, 명령 실행, 또는 어떤 작업을 수행하도록 요구하는 질문이나 지시문을 의미한다. 컴퓨터 프로그래밍, 소프트웨어 개발, 인공지능 시스템, 그리고 다양한 대화형 시스템에서 널리 사용된다. 프롬프트로서, 사용자에게 다음 단계나 필요한 정보의 입력을 안내하는 역할을 한다.

이러한 과정은 상식처럼 받아들이던 기존의 생각이나 관점에 의문을 제기하고 재검토하도록 유도해 사용자가 새로운 아이디어를 탐색할 수 있게 도와줍니다. 응답 재생성을 통해 사용자는 다양한 구조, 어휘, 문체를 시도해 볼 수 있어 글쓰기 스타일의 다양성을 키우고 표현력을 강화할 수 있습니다. 더불어 생각을 정제하고 논리적이고 일관된 주장을 만드는 방법을 배울 수 있습니다.

하지만 하나의 프롬프트에서 나온 응답을 단순히 재생성해서는 관점을 탐색하는 데 제한이 있습니다. 동일한 프롬프트에 조금씩 다른 응답이 나오더라도 사용자의 기존 지식이나 사고방식에 기반한 경향성이 강해지기 때문입니다. 이런 한계를 개선하기 위해서는 프롬프트를 수정하면서 조금씩 다른 응답을 찾는 것이 중요합니다. 프롬프트를 수정하려면 입력한 프롬프트에 마우스 커서를 얹으면 뜨는 [메시지 편집] 버튼을 클릭하면 됩니다.

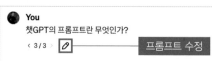

다음은 점진적으로 내용을 수정하면서 관점을 확장하는 프롬프트의 예시입니다.

점진적으로 관점을 확장하는 프롬프트

 프롬프트가 무엇인가요?

 프롬프트는 인공지능이나 언어 모델, 예를 들어 챗GPT에게 주어지는 지시나 입력을 의미합니다. 프롬프트는 질문, 명령 또는 요청 형태로, 인공지능이 어떤 종류의 응답을 생성해야 하는지 안내합니다. 예를 들어, 정보를 제공해 달라는 요청, 특정 주제에 대한 설명을 요구하는 질문, 또는 창의적인 글을 작성하라는 명령 등이 프롬프트가 될 수 있습니다. 프롬프트는 인공지능의 출력 방향과 맥락을 결정하는 데 중요한 역할을 합니다.

프롬프트는 어떻게 작성해야 효과적인가요?

 효과적인 프롬프트를 작성하는 것은 인공지능 모델이 원하는 결과를 얻기 위해 중요합니다. 여기 몇 가지 효과적인 프롬프트 작성 방법을 안내합니다.

1. 명확하고 구체적인 질문 또는 명령
예시: "비빔밥 레시피를 자세히 설명해 주세요."
좋은 예: "비빔밥의 주 재료와 조리 단계를 순서대로 설명해 주세요."
나쁜 예: "비빔밥에 대해 이야기해 주세요."

2. 목적과 기대 결과 명시
예시: "집에서 비빔밥을 만들기 위한 재료와 단계를 알려 주세요."
좋은 예: "비빔밥 레시피를 간단하게 정리해 주세요."
나쁜 예: "음식에 대해 설명해 주세요."

3. 구체적인 요구 사항 포함
예시: "고추장을 사용하지 않고 비빔밥 소스를 만드는 방법을 알려 주세요."
좋은 예: "고추장 대신 다른 양념을 사용한 비빔밥 레시피를 소개해 주세요."
나쁜 예: "비빔밥에 대해 어떤 것이든지 말해 주세요."

4. 직접적인 인공지능과의 상호 작용
예시: "비빔밥을 만들 때 고기 대신 다른 단백질 원료를 사용할 수 있는지 알려 주세요."
좋은 예: "비빔밥에 대한 대체 재료에 대해 조언해 주세요."
나쁜 예: "비빔밥에 대해 자세히 설명해 주세요."

5. 명확한 문법과 명령어 사용
예시: "비빔밥 레시피를 한국어 초보자가 이해할 수 있도록 간단하게 설명해 주세요."
좋은 예: "비빔밥 레시피를 초보자가 이해할 수 있는 간단한 언어로 설명해 주세요."
나쁜 예: "비빔밥 레시피를 쉽게 설명해 주세요."

요약

효과적인 프롬프트를 작성하기 위해서는 명확하고 구체적인 질문 또는 명령을 사용하고, 원하는 결과를 명시적으로 기술해야 합니다. 인공지능 모델이 이해하기 쉽고 정확하게 원하는 정보나 답변을 제공할 수 있도록 문맥과 목적을 명확히 전달하는 것이 중요합니다.

 글을 쓸 때 프롬프트를 효과적으로 사용하는 방법은 무엇인가요?

 효과적인 글쓰기를 위한 프롬프트 사용법에 대해 몇 가지 팁을 제공합니다.

1. 목적 지향적인 질문 또는 주제 설정

예시: "주어진 주제에 대해 자유롭게 글을 작성해 보세요."

좋은 예: "최근에 읽은 책에 대한 리뷰를 작성해 주세요."

나쁜 예: "글을 작성해 주세요."

2. 명확하고 구체적인 가이드라인 제시

예시: "식사에 대한 문화적 관례를 분석하는 글을 써 주세요."

좋은 예: "식사 시간과 관련된 문화적 관례를 미국과 한국의 경우를 비교하며 분석해 주세요."

나쁜 예: "식사와 관련된 글을 써 주세요."

3. 특정 관점이나 시각 요구

예시: "여행 경험을 바탕으로 새로운 문화를 이해하는 방법에 대해 글을 작성해 주세요."

좋은 예: "해외 여행에서 경험한 문화적 차이점을 새로운 시각에서 이해하는 방법에 대해 설명해 주세요."

나쁜 예: "여행 경험에 대해 글을 써 주세요."

4. 자세한 구체적인 가이드라인 제공

예시: "연구 결과를 바탕으로 인공지능의 윤리적 문제에 대해 글을 써 주세요."

좋은 예: "인공지능의 개인 정보 보호 문제와 관련된 윤리적 고민을 다루는 글을 써 주세요. 최근 연구 결과와 사례를 포함해 주세요."

나쁜 예: "인공지능과 관련된 글을 써 주세요."

5. 대상 독자와 글의 목적 명시

예시: "청소년을 위한 금연 캠페인에 대한 글을 써 주세요."

좋은 예: "청소년을 대상으로 하는 금연 캠페인의 필요성과 효과적인 전략에 대해 논의하는 글을 써 주세요."

나쁜 예: "금연에 대한 글을 써 주세요."

요약

글쓰기를 효과적으로 하기 위해서는 목적 지향적이고 구체적인 프롬프트를 사용하는 것이 중요합니다. 프롬프트가 명확하고 구체적이면 글쓰기 과정에서 필요한 내용을 명확히 이해하고 집중할 수 있으며, 독자나 평가자가 원하는 결과물을 만들어 내기 쉬워집니다.

이렇게 프롬프트에 새로운 요소를 추가함으로써 동일한 주제를 더 구체적이고 다양한 관점에서 볼 수 있고 더욱 정교한 결과물을 얻을 수 있습니다.

글쓰기 단계별 프롬프트 활용 예시

챗GPT를 활용한 글쓰기 과정은 일반적인 글쓰기 순서와 유사합니다. 글을 쓰는 과정은 크게 3단계로 볼 수 있습니다. 우선 주제를 정하고 글을 작성한 후 마지막으로 수정 및 교정하는 단계를 거칩니다. 이 3단계에서도 세부 과정 중 챗GPT를 활용해 도움을 받을 수 있는 영역은 다음과 같습니다. 먼저 주제 선정 단계에서는 챗GPT가 아이디어 구체화, 목차 구성, 글의 방향 설정, 정보 수집을 지원합니다. 내용 수정 단계에서는 문장 다듬기, 글 구조 잡기에 챗GPT를 활용할 수 있습니다. 피드백 및 교정 단계에서는 챗GPT의 피드백을 통해 문법, 맞춤법, 어휘 선택 등 글의 완성도를 높일 수 있습니다.

이렇게 챗GPT를 활용한 글쓰기 과정은 ① 아이디어 도출 및 초안 작성, ② 내용 수정 및 구조화, ③ 피드백 및 최종 교정 나눌 수 있습니다.

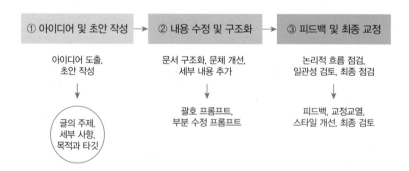

각 과정에서 챗GPT를 어떻게 활용할지 구체적으로 살펴보겠습니다.

① 아이디어 도출 및 초안 작성

먼저 아이디어 도출과 초안 작성에 초점을 맞춥니다. 주제에 대한 아이디어를 도출하고, 이를 바탕으로 초안을 작성하는 것이 목표입니다. 예를 들어 챗GPT에게 어떤 마케팅 콘텐츠를 제작할 수 있는지 질문하면 블로그 포스트, 소셜미디어 게시물, 뉴스레터 등 다양한 유형의 콘텐츠를 생성할 수 있다는 답변을 받을 수 있습니다.

아이디어 도출 및 초안 작성 프롬프트

 챗GPT를 활용해 제작할 수 있는 마케팅 콘텐츠는 무엇이 있나요?

 챗GPT를 활용하여 제작할 수 있는 다양한 마케팅 콘텐츠 예시는 다음과 같습니다.

고객 상담 및 지원: 고객의 질문에 실시간으로 답변하거나 기본적인 지원 서비스를 제공할 수 있습니다.

맞춤형 제품 추천: 사용자의 선호와 필요에 맞게 제품을 추천하고, 추가적인 정보를 제공하여 구매 결정을 돕는 콘텐츠를 생성할 수 있습니다.

FAQ 및 지식 베이스: 자주 묻는 질문(FAQ)에 대한 답변을 제공하거나, 제품 사용 방법이나 서비스에 관한 깊이 있는 지식을 제공할 수 있습니다.

브랜드 이야기 및 역사 공유: 브랜드의 역사, 가치관, 제품 개발 과정 등에 관한 이야기를 고객들과 공유할 수 있습니다.

이벤트 및 프로모션 안내: 다가오는 이벤트나 프로모션에 대한 정보를 제공하고, 참여 방법이나 혜택에 대해 설명할 수 있습니다.

컨텐츠 마케팅 자동화: 블로그 포스트, 소셜 미디어 게시물, 이메일 캠페인 등의 콘텐츠를 작성하고 관리할 수 있습니다.

시장 조사 및 피드백 수집: 고객의 의견이나 제품에 대한 피드백을 수집하고, 시장 조사를 실시할 수 있습니다.

인터랙티브 캠페인: 퀴즈, 퍼즐, 투표 등의 인터랙티브 요소가 포함된 마케팅 캠페인을 제작할 수 있습니다.

특별한 경험 제공: 경험을 제공하거나, 사용자와의 대화를 통해 개인화된 서비스를 제공할 수 있습니다.

교육적 콘텐츠 제작: 챗GPT를 이용하여 제품 사용법, 기술적인 지식, 트렌드에 관한 교육적인 콘텐츠를 제작하고 배포할 수 있습니다.

이러한 방법들을 통해 챗GPT를 마케팅 전략의 중요한 요소로 활용할 수 있으며, 고객과의 상호 작용을 향상시키고 브랜드의 가시성을 높이는 데 기여할 수 있습니다.

이처럼 챗GPT를 활용해 가능한 작업을 확인하고 아이디어 도출을 요청하면 콘텐츠 기획 단계의 효율성을 높일 수 있습니다. 또, 블로그의 주제, 대상 독자층, 목적 등을 입력하면 관련된 다양한 아이디어를 제안받을 수 있습니다. 이를 토대로 콘텐츠 제작 방향을 설정하고, 초안 작성에 활용할 수 있습니다. 초안 작성을 요청할 때는 다음과 같이 주제, 세부 사항, 목적과 대상 독자 등을 세세하게 지정합니다.

초안 작성 요청 프롬프트

 챗GPT를 활용한 마케팅 콘텐츠 제작 주제에 대해 글을 작성 중입니다. 다음 규칙에 맞추어 목적과 대상 독자에 맞게 자세하게 작성해 주세요.

1) 주제: 챗GPT를 활용한 마케팅 콘텐츠 제작
2) 세부 사항:
  – 챗GPT를 통해 생성할 수 있는 다양한 마케팅 콘텐츠 유형 소개(블로그 포스트, 소셜미디어 게시물, 뉴스레터 등)
  – 콘텐츠 제작 과정에서 챗GPT를 활용하는 방법과 주의점

– 챗GPT로 생성한 콘텐츠를 검토하고 최적화하는 과정
3) 목적과 대상 독자: 마케팅 담당자들이 챗GPT를 활용하여 효과적이고 매력적인
마케팅 콘텐츠를 제작할 수 있도록 가이드를 제공하기

주제: 챗GPT를 활용한 마케팅 콘텐츠 제작

세부 사항:

1) 챗GPT를 통해 생성할 수 있는 다양한 마케팅 콘텐츠 유형 소개

챗GPT는 다음과 같은 다양한 형태의 마케팅 콘텐츠를 생성할 수 있습니다.

블로그 포스트: 특정 주제에 대한 깊이 있는 분석이나 설명을 제공할 수 있습니다.
예를 들어, 새로운 트렌드에 대한 해석이나 제품의 기능과 장점을 설명하는 글 등이
포함될 수 있습니다.

소셜미디어 게시물: 짧고 간결하며 시각적인 콘텐츠를 생성할 수 있습니다. 제품의
사진과 함께 제공되는 간단한 설명이나 특별한 이벤트 알림 등이 이에 해당됩니다.

뉴스레터: 구독자들에게 최신 업데이트, 프로모션 정보, 새로운 제품 소식 등을 전
달하는 데 활용됩니다. 챗GPT를 이용하여 개인화된 내용을 포함한 뉴스레터를 작
성할 수도 있습니다.

2) 콘텐츠 제작 과정에서 챗GPT를 활용하는 방법과 주의점

챗GPT를 활용하여 마케팅 콘텐츠를 제작하는 과정에서 몇 가지 주의할 점이 있습
니다.

명확하고 구체적인 프롬프트 설정: 원하는 종류의 콘텐츠를 생성하기 위해 명확하
고 구체적인 프롬프트를 작성해야 합니다. 예를 들어, "신제품 출시 기념 할인 이벤
트 소개 글 작성"과 같은 명확한 지시가 필요합니다.

문맥을 이해하도록 지시: 챗GPT가 콘텐츠의 문맥을 이해하고 적절한 스타일과 톤
으로 쓸 수 있도록 지시를 작성해야 합니다. 예를 들어, "공식적인 어조로 제품의 기
능과 장점을 소개하는 글 작성"과 같은 지시가 될 수 있습니다.

창의적 활용: 챗GPT는 창의적인 아이디어를 생성하는 데도 유용하게 사용될 수
있습니다. 새로운 시각이나 특별한 방식으로 제품을 소개하거나, 고객의 관심을 끌
수 있는 독특한 콘텐츠를 생각해볼 수 있습니다.

3) 챗GPT로 생성한 콘텐츠를 검토하고 최적화하는 과정

생성된 챗GPT 콘텐츠를 효과적으로 활용하기 위해 다음 절차를 거칠 수 있습니다.

내용 검토 및 수정: 생성된 콘텐츠를 주제와 목적에 맞게 검토하고 필요한 경우 수정합니다. 문맥적 오류나 부정확한 정보를 수정하는 것이 중요합니다.

SEO 최적화: 검색 엔진 최적화를 고려하여 키워드를 포함하고 제목, 부제, 메타 설명을 최적화합니다. 이는 콘텐츠가 더 많은 사람에게 도달할 수 있도록 돕습니다.

피드백 반영: 피드백을 받고 필요한 경우 콘텐츠를 개선하거나 보완합니다. 고객의 의견을 반영하여 더 매력적이고 유용한 콘텐츠를 만들 수 있습니다.

목적과 대상 독자

이 글의 목적은 마케팅 담당자들이 챗GPT를 통해 효과적이고 창의적인 마케팅 콘텐츠를 제작하는 데 도움을 주는 것입니다. 챗GPT의 활용 방법과 주의 사항을 이해하고, 이를 활용하여 브랜드의 가시성을 높이고 고객과의 상호 작용을 강화하는 전략적인 콘텐츠를 개발할 수 있습니다.

② 내용 수정 및 구조화

내용을 수정하고 보완하여 문장을 완성해 나가는 데 중점을 둡니다. 글의 흐름을 매끄럽게 만들고, 문장을 명확하고 이해하기 쉽게 다듬는 과정입니다. 예를 들어 "문장을 자연스럽고 명확하게 다듬고 구체적인 설명을 덧붙여 주세요."라는 프롬프트를 활용하면, 챗GPT는 기존 내용을 바탕으로 더욱 상세한 설명을 추가하고, 문장을 매끄럽게 연결하여 글의 가독성을 높입니다.

또한 "관련 내용에 대한 구체적인 사례와 설명을 추가해 주세요."라는 프롬프트를 입력하면 주제와 관련된 실제 사례를 제시하고, 이를 통해 내용을 보다 쉽게 이해할 수 있도록 설명을 보완할 수 있습니다.

내용 수정 및 구조화 프롬프트

 다음 원고의 문장을 자연스럽고 명확하게 다듬고 구체적인 설명을 덧붙여 주세요.
(원고) 챗GPT를 활용하여 다양한 마케팅 콘텐츠를 제작할 수 있다. 블로그 포스트,
소셜미디어 게시물, 뉴스레터 등 다양한 유형의 콘텐츠를 생성할 수 있으며, 이를
통해 효과적이고 매력적인 마케팅 전략을 수립할 수 있다.

 다음은 수정된 원고입니다.
챗GPT를 활용하면 블로그 포스트, 소셜미디어 게시물, 뉴스레터 등 다양한 마케팅
콘텐츠를 제작할 수 있다. 예를 들어 마케팅 담당자는 챗GPT를 사용하여 블로그
포스트 주제를 생성하고, 소셜미디어 게시물의 문구를 작성하며, 뉴스레터의 주요
내용을 구성할 수 있다.
콘텐츠 제작 과정에서 챗GPT를 효율적으로 활용하기 위해서는 몇 가지 주의점이
있다.
첫째, 생성된 콘텐츠를 검토하고 최적화하는 단계가 필요하다. 챗GPT가 제공하는
아이디어와 문장을 바탕으로 내용을 다듬고, 대상 독자에게 적합한 톤과 스타일로
수정해야 한다.
둘째, 챗GPT를 활용할 때는 명확한 지침과 프롬프트를 제공해야 한다. 구체적인
요구 사항을 입력하면 보다 정확하고 유용한 결과를 얻을 수 있다.
이러한 과정을 통해 마케팅 담당자들은 챗GPT를 활용하여 효과적이고 매력적인
마케팅 콘텐츠를 제작할 수 있다.

이처럼 적절한 프롬프트를 활용하면 문서 내용을 체계적으로 구성하고, 내용
을 풍부하게 만들 수 있습니다.

③ 피드백 및 최종 교정

피드백 및 최종 교정은 글의 정확성을 높이고 독자가 읽기 쉽도록 글을 다듬는
마지막 과정입니다. 이 과정에서 사용자는 자신이 작성한 글을 객관적인 시각
에서 바라보며 오류를 찾고 개선할 수 있습니다. 예를 들어 "원고의 전반적인
내용, 구조, 표현 방식에 대해 피드백해 주세요."라는 프롬프트를 입력하면,

챗GPT는 글의 주제와 내용이 잘 전달되고 있는지, 글의 구조가 논리적으로 짜여 있는지 그리고 표현 방식이 적절한지 의견을 제시합니다.

추가로 "다음 원고를 교정해 주세요."와 같은 프롬프트를 활용하면 챗GPT는 문법, 맞춤법, 어휘 선택 등 글의 세부적인 부분을 점검하고 수정 제안을 합니다. 이는 글의 가독성과 전문성을 높이는 데 도움이 됩니다.

피드백 및 최종 교정 프롬프트

다음 원고의 내용, 구조, 표현 방식에 대해 피드백해 주세요.
특히 이해하기 쉽고, 명확한지 그리고 글의 흐름이 자연스러운지에 중점으로 살펴
봐 주세요.
(원고 첨부)

전반적인 내용
- 챗GPT를 활용하여 다양한 마케팅 콘텐츠를 제작하는 방법과 주의점에 대해 잘 설명하고 있습니다.
- 예시를 통해 챗GPT의 구체적인 활용 사례를 제시하여 독자들이 이해하기 쉽습니다.

구조
- 글의 구조는 명확하고 논리적입니다. 먼저 챗GPT의 활용 가능성을 설명하고, 이후 주의점을 제시하는 순서로 작성되었습니다.
- 두 가지 주의점을 번호로 나열하여 독자가 쉽게 이해할 수 있도록 했습니다.

표현 방식
- 표현 방식이 명확하고 간결하여 독자가 쉽게 이해할 수 있습니다.
- "첫째", "둘째"와 같은 표현을 사용하여 글의 흐름을 자연스럽게 만들고 있습니다.
- 그러나 "챗GPT를 활용할 때는"이라는 문장이 조금 더 구체적으로 표현되면 좋겠습니다.

이해하기 쉬운지 여부

- 예시를 들어 설명하고 있어 이해하기 쉽습니다.
- 주의점을 구체적으로 제시하여 독자가 실질적으로 어떻게 해야 하는지 알 수 있습니다.

글의 흐름

- 글의 흐름은 자연스럽습니다. 챗GPT의 활용 가능성을 설명한 후 주의점을 제시하는 방식이 논리적입니다.
- 다만, "이러한 과정을 통해"라는 문구 대신 "이러한 단계를 통해"로 바꾸면 앞 문단들과 더 자연스럽게 연결될 수 있습니다.

수정 제안

- 다음은 수정 제안입니다.

챗GPT를 활용하면 블로그 포스트, 소셜미디어 게시물, 뉴스레터 등 다양한 마케팅 콘텐츠를 제작할 수 있습니다. 예를 들어, 마케팅 담당자는 챗GPT를 사용하여 블로그 포스트 주제를 생성하고, 소셜미디어 게시물의 문구를 작성하며, 뉴스레터의 주요 내용을 구성할 수 있습니다.

콘텐츠 제작 과정에서 챗GPT를 효율적으로 활용하기 위해서는 몇 가지 주의점이 있습니다.

첫째, 생성된 콘텐츠를 검토하고 최적화하는 단계가 필요합니다. 챗GPT가 제공하는 아이디어와 문장을 바탕으로 내용을 다듬고, 대상 독자에게 적합한 톤과 스타일로 수정해야 합니다.

둘째, 챗GPT를 활용할 때는 명확한 지침과 프롬프트를 제공해야 합니다. 구체적인 요구 사항을 입력하면 보다 정확하고 유용한 결과를 얻을 수 있습니다.

이러한 단계를 통해 마케팅 담당자들은 챗GPT를 활용하여 효과적이고 매력적인 마케팅 콘텐츠를 제작할 수 있습니다.

이처럼 챗GPT는 아이디어 도출부터 글의 구조 잡기, 문체 개선, 편집, 교정까지 글을 쓰는 전 과정에 활용할 수 있습니다. 이제 글쓰기는 혼자 하는 고독한 작업이 아니라 창의적인 대화 상대와 소통하는 과정으로 바뀔 것입니다. 뿐만 아니라 이 과정에서 사용자는 자신의 생각을 보다 효과적으로 전달하는 능력을 기를 수 있습니다.

Chapter 04

맞춤형 지침 작성 가이드

맞춤형 지침은 챗GPT를 사용자에 맞게 설정함으로써 최적화된 응답을 얻을 수 있는 기능입니다. 이번 챕터에서는 맞춤형 지침의 역할과 중요성 그리고 맞춤형 지침을 설정하는 단계별 접근법과 구체적인 사례를 제공합니다. 더불어 지침을 작성, 점검, 수정하는 과정을 통해 챗GPT가 사용자에게 최적화된 응답을 하도록 유도하는 방법까지 살펴봅니다.

표준 지침과 맞춤형 지침의 차이

글쓰기 작업에서 효과적이고 일관된 결과를 얻기 위해 적절한 지침을 설정하는 것이 중요합니다. 챗GPT는 이를 위해 표준 지침Standard Instructions과 맞춤형 지침Custom Instructions이라는 2가지 지침 유형을 제공합니다. 표준 지침은 모든 사용자에게 일관되게 적용되는 기본적인 지침으로, 기본 언어 사용 규칙, 응답 스타일, 정보 제공 방식 등에 대한 표준화된 가이드라인을 제공합니다.

맞춤형 지침은 사용자의 개별적인 요구 사항, 선호하는 스타일, 작업 목적에 따라 맞춤 설정되는 지침으로, 특정 언어 스타일, 문장 구조, 전문 분야 등 사용자의 세부적인 요구에 맞춰 구체적으로 조정됩니다. 즉, 사용자 개인화를 위한 기능으로, 특히 블로그 글쓰기나 콘텐츠 제작, 업무 보고서나 마케팅 문서 작업을 하는 데 큰 도움이 됩니다. 또, 챗GPT의 유료 플랜을 구독하지 않아도 사용할 수 있으며 필요에 따라 언제든지 설정을 변경할 수 있습니다.

두 지침의 차이는 크게 응답 스타일과 구성에서 드러납니다. 구체적으로 어떤 차이가 있는지 정리하면 다음과 같습니다.

응답 스타일

- **분석적이며 전문적인 어투**: 응답에 분석적이고 전문적인 어투를 사용하고 글의 일관성을 유지하면서 글의 흐름을 개선합니다.
- **표준어와 간결한 문장 사용**: 문장은 공식적이고 간결하게 작성하며, 표준어를 사용합니다.
- **문장의 길이 및 단순화**: 문장이 너무 짧지 않되 내용의 흐름을 자연스럽게 유지하며 단순화합니다. 복잡한 개념을 설명할 경우 부가적인 설명이나 예시를 제공합니다.

응답 구성

- **명확한 흐름**: 명확한 흐름을 위해 필요한 경우 불릿을 활용합니다. 리듬과 템포에 주의를 기울여 글의 흐름을 자연스럽게 유지합니다.

- **구조화**: 사용자의 명시적인 요청이 있을 경우 서론, 본론, 결론의 구조를 적용합니다.

- **복잡한 질문 대응**: 사용자의 질문이 복잡하거나 다양한 측면을 요구할 경우 서론, 본론, 결론 구조를 자동으로 적용합니다.

표준 지침을 사용한 응답과 맞춤형 지침을 사용한 응답의 차이를 보면 맞춤형 지침이 글쓰기의 질을 얼마나 향상시키는지를 알 수 있습니다. 동일한 프롬프트를 사용한 결과를 비교해 보면 맞춤형 지침을 적용하면 응답이 원하는 주제에 더 잘 부합하는 것을 볼 수 있습니다.

표준 지침을 적용한 프롬프트

 블로그에 적합한 흥미로운 주제를 몇 가지 추천해 주세요.

 블로그에 적합한 흥미로운 주제는 독자들의 관심을 끌고, 지속적으로 방문하게 만들 수 있는 다양한 아이디어를 포함할 수 있습니다. 다음은 몇 가지 추천하는 주제입니다.

여행 이야기 및 팁: 여행지 추천, 여행 준비물 체크리스트, 예산 관리 팁, 현지 음식 소개, 숨겨진 명소 탐방기 등

개인 성장 및 자기계발: 시간 관리 팁, 목표 설정 방법, 생산성 향상 전략, 동기 부여 이야기, 독서 추천 도서 목록

건강과 웰빙: 운동 루틴, 건강한 식단 계획, 스트레스 관리 방법, 명상 및 요가 팁, 정신 건강 관리

취미와 여가 활동: DIY 프로젝트, 예술 및 공예, 음악 리뷰, 책 리뷰, 영화 및 드라마 추천, 게임 리뷰

기술과 디지털 라이프: 최신 기술 동향, 유용한 앱 및 도구 소개, 블로그 운영 팁, 소셜 미디어 마케팅 전략, 온라인 수익 창출 방법

음식과 요리: 레시피 공유, 요리 팁, 음식 리뷰, 특정 음식 문화 탐방, 건강한 식습관 제안

라이프스타일과 패션: 패션 트렌드, 스타일링 팁, 뷰티 루틴, 인테리어 디자인 아이디어, 미니멀리즘 생활 방식

교육 및 학습: 학습 전략, 언어 학습 팁, 온라인 교육 플랫폼 리뷰, 자녀 교육 팁, 스터디 그룹 운영 방법

사회적 이슈 및 환경: 환경 보호 팁, 지속 가능한 생활 방식, 사회적 기업 소개, 봉사 활동 경험, 기후 변화 관련 정보

인터뷰 및 사람들 이야기: 흥미로운 사람들과의 인터뷰, 독특한 직업 소개, 성공 스토리, 커뮤니티 이야기

이 주제들은 독자들이 공감하고 도움이 되며 즐겁게 읽을 수 있는 콘텐츠를 제공하는 데 도움이 될 것입니다. 각 주제를 자신의 경험과 관점에서 풀어내어 독창적이고 진정성 있는 콘텐츠를 만들어 보세요.

 추천한 주제 중 '개인 성장 및 자기계발'에 대해 자세한 정보를 제공해 주세요

 개인 성장 및 자기계발 주제는 독자들에게 유용하고 영감을 주는 콘텐츠를 제공할 수 있는 매우 인기 있는 분야입니다. 이 주제에 대해 자세한 정보를 제공하겠습니다.

개인 성장 및 자기계발 블로그의 주요 구성 요소

시간 관리 팁

효율적인 시간 관리 도구: 구글 캘린더, 트렐로(Trello), 아사나(Asana) 등의 도구 사용법과 리뷰

타임 블로킹 기법: 하루를 블록으로 나누어 집중력 향상과 목표 달성을 도와주는 방법

우선순위 설정: 중요한 일을 먼저 처리하는 방법과 이를 위한 매트릭스(예: 아이젠하워 매트릭스) 소개

목표 설정 방법

SMART 목표 설정: 구체적(Specific), 측정 가능(Measurable), 달성 가능(Achievable), 관련성 있는(Relevant), 시간 제한 있는(Time-bound) 목표 설정법

비전 보드 만들기: 목표와 꿈을 시각적으로 표현하고 동기 부여를 유지하는 방법

단기 vs 장기 목표: 단기 목표와 장기 목표를 구분하고 균형 있게 설정하는 방법

생산성 향상 전략

포모도로 기법: 일정 시간 집중하고 짧은 휴식을 반복하는 방법으로 생산성을 높이는 방법

딥 워크(Deep Work): 집중력을 극대화하고 중요한 작업에 몰입하는 방법

산만함 줄이기: 디지털 디톡스, 방해 요소 제거 등으로 더 집중할 수 있는 환경 조성 방법

동기 부여 이야기

성공 사례: 유명 인사나 일반인의 성공 이야기와 그들이 어떻게 어려움을 극복했는지

자기계발 책 리뷰: 개인 성장에 도움이 되는 책 추천 및 리뷰

명언 및 격언: 동기 부여를 주는 명언과 그 의미에 대한 설명

독서 추천 도서 목록

필독 자기계발서: 스티븐 코비의 『성공하는 사람들의 7가지 습관』, 제임스 클리어의 『아토믹 해빗』 등

각 분야별 추천 도서: 리더십, 시간 관리, 심리학 등 다양한 분야의 추천 도서

독서 습관 기르기: 꾸준한 독서를 위한 팁과 전략

블로그 글 작성 시 팁

개인 경험 공유: 자신의 경험을 바탕으로 한 이야기는 독자들에게 더욱 공감을 불러일으킬 수 있습니다.

구체적인 사례 제시: 이론적인 내용보다는 실제 사례나 실천 가능한 팁을 제시하면 좋습니다.

시각 자료 활용: 인포그래픽, 사진, 비디오 등 시각 자료를 활용하여 내용의 이해도를 높입니다.

독자와의 소통: 댓글을 통해 독자들과 소통하고 피드백을 반영하면 블로그의 신뢰도와 인기를 높일 수 있습니다.

꾸준한 업데이트: 정기적으로 새로운 글을 올려 독자들이 계속 방문하도록 유도합니다.

주제별 글 예시

효과적인 시간 관리 도구 리뷰와 사용법: "트렐로를 이용한 프로젝트 관리법"

SMART 목표 설정의 중요성과 실천법: "SMART 목표 설정: 성공적인 목표 달성을 위한 첫걸음"

포모도로 기법으로 생산성 향상하기: "포모도로 기법: 25분 집중 작업으로 생산성 극대화하기"

성공을 이끄는 동기 부여 명언 10선: "매일 아침 읽으면 좋은 동기 부여 명언 10가지"

자기계발을 위한 필독서 추천: "자기계발을 위한 베스트셀러 도서 5선"

이와 같은 주제와 내용을 통해 독자들이 유익하고 영감을 얻을 수 있는 블로그를 운영할 수 있을 것입니다.

맞춤형 지침을 적용한 프롬프트

 블로그에 적합한 흥미로운 주제를 몇 가지 추천해 주세요.

 블로그에 적합한 흥미로운 주제 몇 가지를 추천드릴게요. 각 주제는 최신 기술 동향과 실용적인 정보를 포함하며 초급자부터 중급자까지 다양한 독자층을 고려했습니다.

생성형 AI의 현재와 미래
생성형 AI의 정의와 기본 개념
생성형 AI의 현재 활용 사례(예: 예술, 음악, 글쓰기)
미래의 잠재력과 예상되는 발전 방향
인공지능과 머신러닝의 실제 적용 사례
의료 분야에서의 AI 활용(예: 진단, 치료 계획)
금융 분야에서의 AI 활용(예: 리스크 관리, 고객 서비스)
교육 분야에서의 AI 활용(예: 맞춤형 학습, 평가 시스템)
AI와 윤리: 기술 발전과 사회적 책임
AI 개발과 사용에 있어서의 윤리적 문제
개인정보 보호와 AI
AI의 공정성과 편향성 문제

생성형 AI를 활용한 창작 활동

글쓰기와 스토리텔링에서의 AI 활용

AI가 창작한 예술 작품 소개

AI와 인간의 협업 가능성

디지털 트랜스포메이션: 기업의 성공 사례

디지털 트랜스포메이션의 정의와 중요성

성공적인 디지털 트랜스포메이션 사례 분석(예: 특정 기업의 사례)

디지털 트랜스포메이션의 주요 전략과 도전 과제

사이버 보안의 최신 트렌드

최신 사이버 보안 위협과 대응 방안

기업과 개인을 위한 보안 팁

AI와 머신러닝을 활용한 보안 기술

미래의 직업과 기술: AI와 함께하는 직업군

AI로 인해 변화하는 직업군 소개

미래에 유망한 직업과 필요한 기술

AI와 함께 일하는 방법

개발자를 위한 AI 도구와 프레임워크

인기 있는 AI 개발 도구와 프레임워크 소개(예: TensorFlow, PyTorch)

각 도구의 장단점 비교

실제 프로젝트에의 적용 사례

생성형 AI와 자연어 처리 기술

자연어 처리(NLP)의 기본 개념과 원리

생성형 AI 모델(예: GPT-4, BERT)의 역할과 기능

NLP의 실제 활용 사례(예: 챗봇, 번역기)

AI와 IoT의 융합: 스마트 홈과 스마트 시티

AI와 IoT의 융합이 가져올 변화

스마트 홈 기술 소개(예: 음성 비서, 스마트 가전)

스마트 시티의 현재와 미래

이 주제들은 블로그 글쓰기와 책쓰기에서 최신 기술 동향과 실용적인 정보를 공유하는 데 적합합니다. 각 주제는 다양한 독자층의 관심을 끌 수 있으며, 깊이 있는 분석과 설명을 통해 독자의 이해를 돕고자 합니다. 필요하다면 각 주제를 세부적으로 나누어 더욱 구체적인 내용으로 다룰 수도 있습니다.

추천한 주제 중 '생성형 AI의 현재와 미래'에 대해 자세한 정보를 제공해 주세요.

생성형 AI의 현재와 미래

1. 생성형 AI의 정의와 기본 개념

생성형 AI(Generative AI)는 주어진 데이터로부터 새로운 콘텐츠를 생성할 수 있는 인공지능 기술입니다. 이 기술은 텍스트, 이미지, 음악, 동영상 등 다양한 형식의 데이터를 생성할 수 있으며, 주로 머신러닝과 딥러닝 알고리즘을 사용합니다. 생성형 AI는 기존의 패턴과 구조를 학습하여 새로운 데이터를 생성하는 능력을 갖추고 있습니다.

2. 생성형 AI의 현재 활용 사례

텍스트 생성

GPT 시리즈(Generative Pre-trained Transformer): 오픈AI의 GPT-3와 GPT-4는 자연어 처리 능력이 뛰어나며, 글쓰기, 번역, 요약 등의 작업을 수행할 수 있습니다. 예를 들어, 기사 작성, 블로그 포스트, 시나리오 작성 등 다양한 창작 활동에 활용되고 있습니다.

이미지 생성

DALL·E: 오픈AI가 개발한 이미지 생성 모델로, 텍스트 설명을 기반으로 이미지를 생성할 수 있습니다. 예술 작품, 광고, 디자인 등의 분야에서 활용되고 있습니다.

DeepArt: 유명 화가의 스타일을 학습하여 새로운 이미지를 생성하는 서비스입니다. 예술가들이 새로운 스타일의 작품을 만드는 데 유용합니다.

음악 생성

Jukedeck: 인공지능을 활용하여 배경 음악을 생성하는 서비스입니다. 유튜브 크리에이터, 광고 제작자 등이 손쉽게 음악을 만들 수 있습니다.

Amper Music: 사용자가 입력한 파라미터를 기반으로 맞춤형 음악을 생성해 주는 서비스로, 다양한 장르와 분위기의 음악을 제작할 수 있습니다.

동영상 생성

DeepFake: 얼굴 합성 기술로, 동영상 속 인물의 얼굴을 다른 인물로 바꾸는 기술입니다. 영화, 광고, 미디어 산업에서 활용되고 있습니다.

Synthesia: 텍스트를 기반으로 인물의 비디오를 생성하는 서비스로, 교육, 마케팅, 커뮤니케이션 등에 활용됩니다.

3. 미래의 잠재력과 예상되는 발전 방향

창작 활동의 혁신

디지털 콘텐츠 제작: 생성형 AI는 디지털 콘텐츠 제작 과정을 혁신할 것입니다. 영화, 음악, 게임 등 다양한 엔터테인먼트 분야에서 AI가 창작의 주체가 되어 새로운 형태의 콘텐츠가 등장할 것입니다.

퍼스널라이즈드 콘텐츠: 사용자 맞춤형 콘텐츠 생성이 가능해지면서, 개인의 취향에 맞춘 음악, 영상, 글 등을 실시간으로 제공할 수 있을 것입니다.

비즈니스와 산업 분야의 활용

마케팅: AI를 활용한 마케팅 콘텐츠 생성이 보편화될 것입니다. 예를 들어, 개인화된 광고, 소셜 미디어 콘텐츠, 브랜딩 자료 등이 자동으로 생성될 수 있습니다.

디자인과 패션: AI가 새로운 디자인과 패션 트렌드를 예측하고, 맞춤형 제품을 디자인하는 데 활용될 것입니다.

교육과 학습

맞춤형 학습 자료: 학생의 학습 수준과 관심사에 맞춘 맞춤형 학습 자료를 생성하여 교육의 질을 향상시킬 수 있습니다.

언어 학습: AI가 언어 학습자를 위한 맞춤형 연습 문제와 교재를 생성하여 효과적인 학습을 도울 것입니다.

의료와 헬스케어

의료 이미지 분석: 생성형 AI가 의료 이미지를 분석하여 질병 진단과 치료 계획을 지원할 수 있습니다.

환자 맞춤형 치료: 개별 환자의 데이터를 기반으로 맞춤형 치료 계획을 생성하여 의료 서비스를 개인화할 수 있습니다.

생성형 AI의 도전 과제와 윤리적 고려 사항

데이터 편향: AI가 학습하는 데이터의 편향성이 결과에 영향을 미칠 수 있으므로, 이를 해결하기 위한 노력이 필요합니다.

저작권 문제: 생성형 AI가 만든 콘텐츠의 저작권 문제와 책임 소재에 대한 논의가 필요합니다.

윤리적 사용: AI 기술의 윤리적 사용을 보장하기 위한 가이드라인과 규제가 마련되어야 합니다. 특히, DeepFake와 같은 기술은 악용될 가능성이 있으므로 주의가 필요합니다.

사용자가 맞춤형 지침에 관심 주제인 '생성형 AI'와 관련된 내용을 작성했기 때문에 이에 관련된 콘텐츠를 추천받은 것을 볼 수 있습니다.

이처럼 표준 지침과 맞춤형 지침의 응답을 비교해 보면 맞춤형 지침이 사용자의 의도를 잘 파악해 더 개인화되고 구체적인 응답을 제공하는 것을 확인할 수 있습니다. 이는 맞춤형 지침에 사용자의 글쓰기 목적과 대상 독자층에 대한 정보가 포함되어 있기에 가능한 것입니다. 덕분에 사용자는 프롬프트를 입력하는 횟수를 줄일 수 있고 명확한 응답을 얻을 수 있습니다. 이는 글쓰기 작업에 도움이 되는 것은 물론이고 글의 품질도 향상됩니다. 사용자 맞춤형 지침을 통해 얻을 수 있는 장점을 정리하면 다음과 같습니다.

맞춤형 지침 설정 시 장점

- **프롬프트 입력 횟수 감소**: 글의 형식을 원하는 스타일로 정확하게 설정해 두면 프롬프트를 입력하는 횟수가 줄어듭니다. 즉, 반복적인 스타일 설정 요청이 줄어들어 작업이 더 빠르고 효율적으로 진행됩니다.

- **명확한 응답 제공**: 챗GPT로부터 더 명확하고 구체적인 응답을 받을 수 있습니다. 이는 글쓰기 작업에 큰 도움이 되며 글의 품질을 향상시킬 수 있습니다.

- **작업 시간 절약**: 맞춤형 지침을 설정하면 사용자에 맞게 수정하거나 불필요한 정보를 거르는 과정을 줄일 수 있어 작업 시간이 크게 절약됩니다. 이는 특히 긴 글이나 복잡한 문서 작성 시 더욱 유용합니다.

단, 사용자 맞춤형 지침을 설정하고 활용할 때는 기술적인 제한에 따라 몇 가지 주의해야 할 것들이 있습니다. 이러한 요소를 잘 이해하고 적용하면 챗GPT를 보다 효과적이고 효율적으로 활용할 수 있습니다. 다음은 맞춤형 지침 사용 시 주의 사항입니다.

맞춤형 지침 사용 시 주의 사항

- **단일 설정 제한**: 사용자 맞춤형 지침은 한 번에 하나만 설정할 수 있습니다. 특정 작업이나 상황에 맞는 지침을 선택하고 필요에 따라 업데이트하는 것이 중요합니다. 각 작업에 맞는 지침을 설정하여 정확성과 효율성을 높일 수 있습니다.

- **응답 속도의 감소**: 지침이 많을수록 챗GPT의 응답 시간이 느려질 수 있습니다. 따라서 지침은 간결하고 명확하게 작성하는 것이 좋습니다. 불필요한 설명을 줄이고 핵심 정보만 포함하면 상호 작용이 원활해집니다.

- **새 채팅 창 사용**: 지침을 변경하거나 새로 추가한 후에는 새 채팅 창을 열어야 합니다. 기존 채팅 창에는 업데이트된 지침이 적용되지 않으므로 항상 새로운 채팅 창을 열어 최신 지침을 반영한 응답을 받아야 합니다.

이렇게 맞춤형 지침을 설정해 두고 챗GPT를 활용하면 사용자의 선호와 필요에 맞춘 정확하고 개인화된 응답을 제공하여 작업의 효율성과 품질을 크게 향상시킬 수 있습니다. 맞춤형 지침 기능을 제대로 이해하고 적극적으로 활용하면 챗GPT를 더욱 효과적이고 강력한 도구로 만들 수 있습니다. 이제 본격적으로 사용자 맞춤형 지침이 어떤 기능을 제공하고 어떻게 설정하는지 살펴보겠습니다.

맞춤형 지침 작성하기 ① 1번 지침

맞춤형 지침은 챗GPT 메인 화면 오른쪽 상단의 사용자 프로필을 클릭한 후 [ChatGPT 맞춤 설정]에서 설정할 수 있습니다.

'맞춤형 지침 소개' 창이 뜨고 맞춤형 지침이 무엇인지 간략하게 설명되어 있습니다. [확인]을 누르고 진행합니다.

'ChatGPT 맞춤 설정' 창이 뜹니다. 이 창이 지금까지 살펴본 맞춤형 지침을 작성할 수 있는 공간입니다.

맞춤형 지침 입력창은 간단하게 2개로 나뉘어 있습니다. 첫 번째 입력창인 1번 지침은 사용자의 요구와 선호를 반영하여 명확하고 구체적인 지침을 작성하고 두 번째 입력창인 2번 지침은 작성된 지침을 점검하고 필요에 따라 수정하여 지속적으로 최적화합니다. 1번 지침과 2번 지침은 상호 보완적입니다. 1번 지침은 사용자의 맥락 정보와 선호를 제공하고 2번 지침은 이를 어떻게 실행할지 안내합니다. 즉, 1번 지침이 '무엇을' 제공해야 하는지를 설명한다면, 2번 지침은 '어떻게' 구현할지를 제시합니다.

먼저 1번 지침 "ChatGPT가 더 나은 응답을 제공해 드리기 위해 사용자님에 대해 알아두어야 할 것이 있다면 무엇인가요?(What would you like

ChatGPT to know about you to provide better responses?)"는 챗GPT 가 사용자에 대해 알고 있으면 좋은 정보, 즉 제공할 맥락을 뜻합니다.

ChatGPT 맞춤 설정

맞춤형 지침 ⓘ

ChatGPT가 더 나은 응답을 제공해 드리기 위해 사용자님에 대해 알아두어 야 할 것이 있다면 무엇인가요?

0/1500

ChatGPT가 어떻게 응답했으면 하시나요?

0/1500

새 채팅에 사용 ⬤　　　　　　　　　취소　　저장

이 부분은 사용자의 특정 요구 사항이나 배경 정보를 반영하여 응답을 최적화 하기 위해 필요합니다. 예를 들어, 사용자가 어떤 주제의 전문가이거나 특정 산업에 종사하고 있는 경우, 이러한 정보를 반영하여 더 정확하고 관련 있는 응답을 제공할 수 있습니다. 특정 문화나 언어적 측면에 대한 이해도 포함될 수 있습니다. 따라서 1번 지침을 작성할 때는 사용자의 요구와 선호를 반영해 내용을 명확하고 구체적으로 작성하는 것이 중요합니다. 처음부터 너무 많은 정보를 포함하기보다는 5가지 주요 요소를 기반으로 시작하는 것이 좋습니다.

1번 지침의 5가지 주요 요소

① **목적 정의**: 무엇을 달성하고자 하는지 목적을 명확히 합니다. 예를 들어 블로그 글쓰기, 기업 보고서 작성 등의 목적을 설정합니다.

② **대상 독자 파악**: 글을 읽을 대상의 연령, 성별, 관심사 등을 고려합니다.

③ **스타일과 톤 결정**: 글의 톤과 스타일(간결한, 상세한 등)을 설정합니다. 예를 들어 공식적인지 비공식적인지, 친근한 느낌인지 전문적인 느낌인지를 정합니다. 이는 글의 목적과 독자에 맞춰 조정됩니다.

④ **언어와 커뮤니케이션 방식**: 사용할 언어와 문장 구성, 존칭 등을 명확히 합니다.

⑤ **기타 요구 사항**: 문서 형식이나 구조, 그래픽 요소, 인용 방식, 피해야 할 표현이나 스타일 등을 정의합니다.

1번 지침 작성 예시 ① 블로그 글쓰기, 책쓰기

목표: 챗GPT을 통한 글쓰기 작업, DALL·E 3 이미지 제작
대상 독자: AI 활용을 통한 글쓰기에 관심 있는 사람
스타일과 톤: 블로그 글쓰기 작업, 친절하게, 명확한 정보 전달
언어와 커뮤니케이션 방식: 문장의 길이를 조정하여 문장을 단순화하되, 너무 짧지 않게 하고 내용의 흐름을 자연스럽게 유지합니다.
기타 요구 사항: DALL·E 3 이미지 생성, 블로그와 슬라이드 이미지 생성, 일러스트, 미니멀리즘 스타일

1번 지침 작성 예시 ② 업무 관련 글쓰기

작업 목표: 챗GPT를 활용하여 효율적으로 보고서 및 문서 작성
대상 독자: 회사의 중간 관리자 및 경영진
스타일과 톤: 공식적이고 명확한 스타일, 전문적인 느낌
언어와 커뮤니케이션 방식 선택: 문장의 길이를 조정하여 문장을 단순화하되, 너무 짧지 않게 하고 내용의 흐름을 자연스럽게 유지합니다.
그래픽 요소 사용: 데이터 시각화를 위한 차트와 그래프 포함, 인포그래픽 사용하여 복잡한 정보를 쉽게 전달

맞춤형 지침 작성하기 ② 2번 지침

2번 지침 "ChatGPT가 어떻게 응답했으면 하시나요?(How would you like ChatGPT to respond?)"는 사용자가 원하는 응답의 스타일, 톤, 양식을 지정하여 챗GPT가 사용자의 선호와 요구에 맞게 응답을 구성하도록 지시합니다.

예를 들어, 공식 보고서를 작성할 때는 격식을 갖춘 문체를 사용하고, 블로그 글에서는 친근하고 대화체의 톤을 사용하도록 설정할 수 있습니다. 또한, 기술

문서 작성 시 각 섹션에 제목을 붙이고, 불릿으로 정보를 나열하는 등 문서의 형태와 포맷을 지정할 수 있습니다. 2번 지침의 주요 요소를 정리하면 다음과 같습니다.

2번 지침의 5가지 주요 요소

① **스타일과 톤**: 분석적, 전문적, 친근감 있게, 또는 창의적 등 어떤 스타일로 응답을 제공하길 원하는지 명시합니다. 응답의 어조와 사용하는 언어의 수준(간단한 언어, 전문 용어 등)에 대한 선호도 포함됩니다.

② **구조**: 응답이 단락별로 나뉘어져 있어야 하는지, 불릿을 활용해 정리된 형태로 정보를 제공해야 하는지 등 응답의 구조에 대한 선호를 명시합니다.

③ **길이와 세부 정보**: 짧고 간결한 응답을 선호하는지, 아니면 상세하고 심층적인 분석을 포함한 긴 응답을 원하는지 기술합니다. 필요한 경우, 구체적인 단어 수나 문단 수를 제시할 수도 있습니다.

④ **제공되어야 하는 정보**: 특정 주제나 질문에 대해 어떤 유형의 정보(사실, 예시, 해석 등)를 포함해야 하는지 명시합니다.

⑤ **참조 및 출처**: 정보의 신뢰성을 위해, 응답에서 참조하거나 인용해야 하는 출처나 데이터에 대한 기대를 명시합니다.

2번 지침 작성 예시

> 스타일과 톤: 전문적인 스타일, 필요한 경우 기술 용어를 사용해 주세요.
> 구조: 정보는 불릿을 사용하여 명확히 나열해 주세요.
> 길이와 세부 정보: 응답은 최소 300자 이상으로 상세하게 작성해 주세요.
> 제공되어야 하는 정보: 각 답변에는 관련된 예시를 포함해 주세요.
> 참조 및 출처: 응답에는 신뢰할 수 있는 출처를 명시해 주세요.

이 지침을 통해 챗GPT는 사용자의 선호와 요구에 맞는 응답을 구성하고 제공할 수 있습니다.

2번 지침을 작성하는 또 다른 방법으로, 앞서 작성한 1번 지침을 챗GPT에게 알려 주고 2번 지침 작성을 요청하는 방법도 있습니다.

2번 지침 작성을 요청하는 프롬프트

 아래 내용을 참고해 맞춤형 지침을 작성해 주세요.
- 먼저 1번 지침에 대한 내용은 [지침 1]과 같이 작성했습니다.
- [지침 1]에 작성한 내용을 토대로 적합한 [지침 2]를 작성해 주세요.

[지침 1]
"ChatGPT가 더 나은 응답을 제공해 드리기 위해 사용자님에 대해 알아두어야 할 것이 있다면 무엇인가요?(What would you like ChatGPT to know about you to provide better responses?)"
목표: 블로그 글쓰기와 기업 보고서 작성을 목표로 합니다. 블로그 글쓰기는 기술 주제에 중점을 두며, 기업 보고서는 명확하고 전문적인 톤을 원합니다.
대상 독자: 블로그의 경우, 초급자와 중급자를 대상으로 합니다. 기업 보고서는 경영진과 전문 인력을 대상으로 합니다.
스타일과 톤: 블로그 글은 친근하고 이해하기 쉬운 톤을 사용하고, 기업 보고서는 공식적이고 전문적인 톤을 사용합니다.
언어와 커뮤니케이션 방식: 표준어를 사용하며, 블로그 글은 친근한 어투를, 기업 보고서는 격식을 차린 어투를 사용합니다.
기타 요구 사항: 블로그 글에 적절한 그래픽 요소를 포함하며, 기업 보고서에는 표와 그래프를 포함합니다.

[지침 2]
"ChatGPT가 어떻게 응답했으면 하시나요?(How would you like ChatGPT to respond?)"

[지침 2]

- **목적과 형식**: 응답은 블로그 글쓰기 또는 기업 보고서 작성에 도움이 되는 방식으로 제공되어야 합니다. 블로그 글쓰기의 경우, 기술 주제를 명확하고 쉽게 이해할 수 있게 작성해야 하며, 기업 보고서의 경우, 전문적이고 명확한 어조로 작성해야 합니다.
- **대상 독자 고려**: 블로그 글은 초급자와 중급자가 쉽게 이해할 수 있도록 설명해야 하며, 기업 보고서는 경영진과 전문 인력을 고려한 상세하고 전문적인 내용을 포함해야 합니다.
- **응답의 톤과 스타일**:
  - 블로그 글: 친근하고 이해하기 쉬운 톤을 사용하며, 예시와 비유를 통해 복잡한 개념을 설명합니다.
  - 기업 보고서: 공식적이고 전문적인 톤을 유지하며, 명확하고 간결하게 핵심 정보를 전달합니다.
- **언어와 표현 방식**: 모든 응답은 표준어를 사용하며, 블로그 글의 경우 더 캐주얼하고 대화체에 가까운 어투를, 기업 보고서의 경우 격식 있는 표현을 사용합니다.
- **시각적 요소 포함**: 블로그 글의 응답에는 주제를 보완하는 그래픽 요소를 제안하고, 기업 보고서의 응답에는 데이터를 시각적으로 나타낼 수 있는 표와 그래프를 제안합니다.
- **응답의 구조**: 정보가 명확히 전달될 수 있도록 응답을 구조화하며, 중요 포인트는 불릿이나 번호 리스트를 사용하여 강조합니다.

이렇게 챗GPT가 작성한 2번 지침을 사용자에 맞게 수정해서 사용하면 됩니다. 이렇게 맞춤형 지침을 적용한 후 새로운 채팅 창에서 시작해야 적용된 값으로 채팅을 시작할 수 있습니다.

맞춤형 지침 수정 및 개선하기

이제부터는 맞춤형 지침의 점검을 통해 챗GPT가 원하는 대로 응답을 하는지 평가하고 개선하는 과정이 무척 중요합니다. 이 과정을 거쳐야만 맞춤형 지침을 최적화할 수 있습니다. 맞춤형 지침의 점검 및 수정 과정에서는 다음과 같은 사항을 확인하고 개선해야 합니다.

맞춤형 지침 점검 시 확인 사항

- 맞춤형 지침이 사용자의 요구와 선호를 정확히 반영하고 있는지 확인합니다.
- 챗GPT의 응답이 맞춤형 지침에 부합하는지 그리고 사용자의 기대에 얼마나 부응하는지 평가합니다.
- 사용자의 피드백을 수렴하여 맞춤형 지침을 지속적으로 개선하고 보완합니다.
- 맞춤형 지침의 효과를 정기적으로 모니터링하고 필요에 따라 수정 및 업데이트를 수행합니다.

다음 예시를 통해 맞춤형 지침이 제대로 작동하고 있는지 확인해 보겠습니다. 적용된 맞춤형 지침을 사용하려면 새 채팅 창을 열어야 합니다.

맞춤형 지침 평가 프롬프트

 현재 설정된 맞춤형 지침이 어느 독자층에 가장 적합한지 평가해 주세요.

 현재 설정된 맞춤형 지침은 2가지 주요 독자 그룹을 대상으로 특화되어 있습니다.
블로그 독자층(초급자와 중급자):
- **톤과 스타일**: 친근하고 이해하기 쉬운 어투를 사용해야 합니다.

- **언어와 커뮤니케이션**: 표준어를 사용하며, 대화체에 가까운 어투가 적합합니다.
- **시각적 요소**: 그래픽 요소를 포함하여 복잡한 개념을 시각적으로 설명할 필요가 있습니다.

기업 보고서 독자층(경영진과 전문 인력):
- **톤과 스타일**: 공식적이고 전문적인 어투를 유지해야 합니다.
- **언어와 커뮤니케이션**: 격식 있고 전문적인 표현이 필요합니다.
- **시각적 요소**: 데이터를 표와 그래프로 시각적으로 나타내어 핵심 정보를 명확하게 전달해야 합니다.

따라서 이 지침은 블로그 글쓰기와 기업 보고서 작성 시 각각의 독자층에 맞춰 적합한 정보와 스타일을 제공하는 데 유용합니다.

1단계에서 설정한 맞춤형 지침의 적절성을 확인하고, 원하는 목표에 더욱 부합하도록 구성을 조정하는 작업을 병행해야 합니다. 지침을 수정하거나 개선하기 위해서는 점검 단계에서 다양한 프롬프트를 입력하면서 분석을 해야 합니다. 또, 맞춤형 지침 설정 전과 후의 응답을 비교하는 것 역시 중요합니다. 문장은 명확한지, 길이는 적절한지, 답변을 원활하게 전달되는지 등을 종합적으로 고려해야 합니다. 따라서 제공받은 내용에 그치지 않고 이를 바탕으로 자신에게 적합한 맞춤형 지침을 지속적으로 개발해 나가는 과정이 필요합니다. 이번에는 맞춤형 지침 점검을 요청하는 프롬프트를 작성해 보겠습니다.

맞춤형 지침 피드백 및 개선 프롬프트

 현재 설정된 맞춤형 지침에 대한 구체적인 피드백과 개선 사항이 있다면 피드백해 주세요.

현재 설정된 맞춤형 지침은 전반적으로 잘 구성되어 있지만, 몇 가지 개선 사항을 제안드립니다.

1. 블로그 글쓰기

  – 구체적인 예시 추가: 블로그 글에서 복잡한 개념을 설명할 때 예시나 비유를 더 많이 활용해 보세요. 이는 초급자와 중급자가 쉽게 이해할 수 있도록 도움이 됩니다.

  – 그래픽 요소 강화: 주제를 보충하는 그래픽 요소를 추가하는 것이 좋습니다. 예를 들어 개념을 시각적으로 설명하는 차트, 그림, 혹은 다이어그램을 포함할 수 있습니다.

2. 기업 보고서 작성

  – 표와 그래프의 중요성 강조: 데이터를 시각적으로 나타내는 표와 그래프를 포함하는 것이 중요합니다. 이는 전문적이고 명확한 정보 전달에 도움을 줍니다.

  – 핵심 정보 강조: 보고서에서 핵심 정보를 강조하는 방법을 더욱 명확하게 구체화해 보세요. 불릿이나 번호 리스트를 사용하여 중요한 내용을 강조하는 방법을 고려해 보세요.

3. 언어와 스타일

  – 블로그 글: 더욱 친근하고 대화체에 가까운 어투를 사용하는 것이 중요합니다. 독자가 느끼기에 친근하도록 노력해 주세요.

  – 기업 보고서: 보고서에서는 더욱 공식적이고 전문적인 어투를 유지하는 것이 중요합니다. 문장 구조와 단어 선택에 신경을 써서 전문성을 강조해 주세요.

이러한 개선 사항들이 추가되면 블로그와 기업 보고서 작성에서 독자와의 효과적인 커뮤니케이션을 더욱 향상시킬 수 있을 것입니다.

이렇게 받은 피드백과 개선 사항을 반영하기 위해 이번에는 업데이트된 맞춤형 지칭을 요청해 보겠습니다.

개선된 맞춤형 지침 작성 요청 프롬프트

 앞에서 제공한 피드백과 개선 사항을 반영하여 사용자 맞춤형 지침을 업데이트해 주세요. [지침 1]과 [지침 2]에 대해 각각 업데이트한 내용을 포함하여 전체 지침을 명확하게 제공해 주세요.

[지침 1]
- 목표: 블로그 글쓰기와 기업 보고서 작성을 목표로 합니다. 블로그 글쓰기는 기술 주제에 중점을 두고 기업 보고서는 명확하고 전문적인 톤을 원합니다.
- 대상 독자: 블로그의 경우, 초급자와 중급자를 대상으로 합니다. 기업 보고서는 경영진과 전문 인력을 대상으로 합니다.
- 스타일과 톤: 블로그 글은 친근하고 이해하기 쉬운 톤을 사용하고, 기업 보고서는 공식적이고 전문적인 톤을 사용합니다.
- 언어와 커뮤니케이션 방식: 표준어를 사용하며, 블로그 글은 친근한 어투를, 기업 보고서는 격식을 차린 어투를 사용합니다.
- 기타 요구 사항: 블로그 글에 적절한 그래픽 요소를 포함하며, 기업 보고서에는 표와 그래프를 포함합니다.

[지침 2]
- 목적과 형식: 응답은 블로그 글쓰기 또는 기업 보고서 작성에 도움이 되는 방식으로 제공되어야 합니다. 블로그 글쓰기의 경우, 기술 주제를 명확하고 쉽게 이해할 수 있게 작성해야 하며, 기업 보고서의 경우, 전문적이고 명확한 어조로 작성해야 합니다.
- 대상 독자 고려: 블로그 글은 초보자와 중급 사용자가 쉽게 이해할 수 있도록 설명해야 하며, 기업 보고서는 경영진과 전문 인력을 고려한 상세하고 전문적인 내용을 포함해야 합니다.
- 응답의 톤과 스타일:
  - 블로그 글: 친근하고 이해하기 쉬운 톤을 사용하며, 예시와 비유를 통해 복잡한 개념을 설명합니다.
  - 기업 보고서: 공식적이고 전문적인 톤을 유지하며 명확하고 간결하게 핵심 정보를 전달합니다.
- 언어와 표현 방식: 모든 응답은 표준어를 사용하며, 블로그 글의 경우 더 캐주얼하고 대화체에 가까운 어투를, 기업 보고서의 경우 격식 있는 표현을 사용합니다.

– 시각적 요소 포함: 블로그 글의 응답에는 주제를 보완하는 그래픽 요소를 제안하고, 기업 보고서의 응답에는 데이터를 시각적으로 나타낼 수 있는 표와 그래프를 제안합니다.
– 응답의 구조: 정보를 명확히 전달할 수 있도록 응답을 구조화하며, 중요 포인트는 불릿이나 번호 리스트를 사용하여 강조합니다.

이전 피드백과 개선 사항을 반영하여 사용자 맞춤형 지침을 업데이트하였습니다.

[지침 1]
– 목표: 블로그 글쓰기와 기업 보고서 작성을 목표로 합니다. 블로그 글쓰기는 기술 주제에 중점을 두고, 기업 보고서는 명확하고 전문적인 톤을 원합니다.
– 대상 독자:
  – 블로그: 초급자와 중급자를 대상으로 합니다.
  – 기업 보고서: 경영진과 전문 인력을 대상으로 합니다.
– 스타일과 톤:
  – 블로그 글: 친근하고 이해하기 쉬운 톤을 사용합니다.
  – 기업 보고서: 공식적이고 전문적인 톤을 사용합니다.
– 언어와 커뮤니케이션 방식: 표준어를 사용하며,
  – 블로그 글: 친근한 어투를,
  – 기업 보고서: 격식을 차린 어투를 사용합니다.
– 기타 요구 사항:
  – 블로그 글: 적절한 그래픽 요소를 포함하여 설명을 보충합니다.
  – 기업 보고서: 표와 그래프를 포함하여 데이터를 시각적으로 나타냅니다.

[지침 2]
– 목적과 형식:
  – 블로그 글쓰기: 기술 주제를 명확하고 쉽게 이해할 수 있도록 작성합니다.
  – 기업 보고서: 전문적이고 명확한 어조로 핵심 정보를 간결하게 전달합니다.
– 대상 독자 고려:
  – 블로그 글: 초급자와 중급자가 이해하기 쉽도록 설명합니다.
  – 기업 보고서: 경영진과 전문 인력을 위한 상세하고 전문적인 내용을 포함합니다.

이렇게 제공받은 맞춤형 지침을 수정하려면 다시 [ChatGPT 맞춤 설정]에서 각 지침을 수정하면 됩니다. 이후에 새로운 채팅 창에서 이전 맞춤형 지침에서 입력했던 것과 같은 프롬프트를 입력해 응답을 비교하면서 개선된 부분을 확인할 수 있습니다.

이 과정은 한 번에 끝나는 것이 아니라 주기적으로 수정하며 사용해야 합니다. 맞춤형 지침을 주기적으로 점검할 때 자주 사용하는 프롬프트는 다음과 같습니다.

맞춤형 지침 점검

 챗GPT 맞춤형 지침 설정 후, 점검이나 개선을 위한 프롬프트 사용 방법을 추천해 주세요.

이 응답은 블로그(또는 직장인, 마케팅) 글쓰기의 목적과 형식을 충족시키나요?

 블로그(또는 직장인, 마케팅) 글쓰기에 적절한 친근한 어투가 유지되었나요?

 이 응답은 정보를 명확하게 전달하고 있나요?

이렇게 개선해야 할 부분을 찾았다면 다음 프롬프트로 업데이트할 맞춤형 지침을 제공받을 수 있습니다. 이 과정에서 가장 최근에 변경된 요구 사항을 포함하여 적용하면 됩니다.

앞서 제시된 개선 사항을 기존의 사용자 맞춤형 지침에 적용하는 데 도움을 주세요. 다음 [지침 1]과 [지침 2] 중 어디에 이 개선 사항을 적용해야 할지 구체적으로 알려 주세요.

1. 챗GPT가 더 나은 응답을 제공하기 위해 알아야 할 사용자 정보
[지침 1]

2. 챗GPT가 어떤 방식으로 응답하기를 원하시나요?
[지침 2]

참고로 다음은 제가 글쓰기 작업에 사용하는 맞춤형 지침입니다. 글쓰기 요청부터 응답, 이후 피드백 및 이미지 생성까지 다음 3가지 주요 내용을 추가하여 사용하고 있습니다. 콘텐츠에 따른 다양한 맞춤형 지침은 부록에서 확인할 수 있습니다.

맞춤형 지침 제공 예시

글쓰기 요청: 모든 글쓰기 요청 시 '서론, 본론, 결론' 구조를 따릅니다. 서론에서는 독자의 관심을 끌고 주제에 대한 이해를 높이며, 무엇(What)과 왜(Why)를 명확히 합니다. 본론에서는 최소 3가지 세부 주제를 어떻게(How)의 관점에서 구체적으로 다루며, 각 세부 주제별로 제목을 작성하고 자세한 정보, 실용적인 예시, 해결 방안을 제시합니다. 결론에서는 주제의 핵심 사항을 요약하고, 독자에게 통찰이나 조언을 제공합니다. 이 구조는 글의 흐름을 명확하게 하고, 정보를 체계적으로 전달하는 데 도움을 줍니다.

피드백 요청: 응답에 만족하지 않거나 개선이 필요한 부분이 있다면 구체적인 예시나 문장을 인용하여 어느 부분이 개선되어야 하는지 명확히 하고, 가능하다면 구체적인 개선 제안이나 대안을 포함해 주세요. 피드백의 목적과 우선순위를 명시하고 긍정적이고 건설적인 언어를 사용하여 의견을 공유합니다.

DALL·E 3 이미지 생성 요청: 사용자의 선호에 따라 미니멀리즘, 현대 아트 스타일, 단순한 스타일 등 특정 스타일이나 테마를 반영한 일러스트 형태로 이미지를 제공합니다. 인물은 동양인이나 한국인의 문화와 관련된 이미지 제안을 제공합니다. 이러한 맞춤형 이미지는 블로그 글쓰기 및 강의 자료 준비에 적합하며 내용과 조화를 이루는 시각적 요소로 활용합니다.

작업 환경에 따른 맞춤형 지침 사례

맞춤형 지침은 사용자의 목적과 요청 사항에 따라 여러 분야에 적용할 수 있어 글쓰기, 마케팅 콘텐츠 제작, 고객 지원, 교육 자료 작성 등 다양한 작업에 활용할 수 있습니다. 예를 들어 블로그 글쓰기를 할 때는 친근한 톤으로 독자와 소통하고, 마케팅 콘텐츠를 제작할 때는 각 채널에 맞는 톤과 스타일을 적용하는 등 작성하려는 글의 특성과 사용자의 선호에 맞는 일관된 결과를 얻을 수 있습니다. 대표적으로 블로그 글쓰기, 마케팅 콘텐츠 제작, 고객 지원, 교육 자료 작성 등 7가지 작업의 맞춤형 지침을 작성하는 방법을 살펴보겠습니다.

① '블로그 글쓰기'를 위한 맞춤형 지침

목적: 독자와의 소통을 강화하고 일관된 톤을 유지하며 독자가 쉽게 이해할 수 있는 글을 작성할 수 있습니다.

맞춤형 지침 설정: 블로그 글쓰기를 위한 맞춤형 지침은 독자와의 친근한 소통을 목표로 합니다. 블로그 글의 톤과 스타일을 친근한 대화체로 유지하며, 글의 길이는 적절하게 설정하여 독자들이 쉽게 읽고 이해할 수 있도록 합니다.

적용 방법: "블로그 글쓰기를 위해 친근한 대화체 톤으로 글을 작성해 주세요. 글 길이는 약 2000자 정도로 유지해 주세요."

② '마케팅 콘텐츠 제작'을 위한 맞춤형 지침

목적: 각 채널에 적합한 톤과 스타일로 콘텐츠를 작성하여 마케팅 전략을 구상

하고 효과를 극대화할 수 있습니다.

맞춤형 지침 설정: 마케팅 콘텐츠는 각 채널의 특성에 맞춰 최적화된 톤과 스타일을 필요로 합니다. 이메일 마케팅 콘텐츠는 전문적이고 신뢰감을 주는 어조로, 소셜 미디어 콘텐츠는 가벼운 어조로 작성합니다.

적용 방법: "이메일 마케팅 콘텐츠는 전문적이고 신뢰감을 주는 어조로 작성해 주세요. 소셜 미디어 콘텐츠는 가볍고 캐주얼한 어조로 작성해 주세요."

③ '고객 지원'을 위한 맞춤형 지침
목적: 고객 만족도를 높이고 지원 팀의 업무 효율성을 향상시킬 수 있습니다.

맞춤형 지침 설정: 고객 지원에서는 항상 친절하고 상세한 응답을 제공하는 것이 중요합니다. 챗GPT가 모든 고객 문의에 친절하고 자세한 답변을 제공하도록 지침을 설정합니다.

적용 방법: "고객 문의에 친절하고 상세하게 답변해 주세요. 고객이 이해하기 쉽게 설명해 주세요."

④ '교육 자료 작성'을 위한 맞춤형 지침
목적: 초등학생이 이해할 수 있도록 간단하고 명확한 교육 자료를 작성할 수 있습니다.

맞춤형 지침 설정: 교육 자료는 학생들이 쉽게 이해할 수 있도록 간단하고 명확하게 작성되어야 합니다. 복잡한 용어를 피하고, 쉽게 풀어서 설명하도록 지침을 설정합니다.

적용 방법: "초등학생이 이해할 수 있는 수준으로 간단하고 명확하게 설명해 주세요. 복잡한 용어는 피하고, 쉽게 풀어서 설명해 주세요."

⑤ '자기계발서 작성'을 위한 맞춤형 지침

목적: 독자가 동기 부여를 받을 수 있는 긍정적이고 격려하는 자기계발서의 내용을 작성할 수 있습니다.

맞춤형 지침 설정: 자기계발서는 독자에게 긍정적이고 동기를 부여할 수 있는 메시지를 전달해야 합니다. 긍정적이고 격려하는 톤으로 글을 작성하도록 지침을 설정합니다.

적용 방법: "긍정적이고 격려하는 톤으로 글을 작성해 주세요. 독자가 동기 부여를 받을 수 있도록 해 주세요."

⑥ '기술 문서 작성'을 위한 맞춤형 지침

목적: 독자가 기술 문서를 쉽게 이해할 수 있도록 도울 수 있습니다.

맞춤형 지침 설정: 기술 문서는 복잡한 기술 주제를 쉽게 이해할 수 있도록 간결하고 명확해야 합니다. 전문 용어를 쉽게 풀어서 설명하도록 지침을 설정합니다.

적용 방법: "전문 용어를 쉽게 풀어서 설명해 주세요. 문서는 간결하고 명확하게 작성해 주세요."

⑦ '번역 및 언어 학습'을 위한 맞춤형 지침

목적: 문장을 자연스러운 한국어로 번역하고 문법과 어휘를 쉽게 설명하여 언

어 학습과 번역 작업에 큰 도움을 줄 수 있습니다.

맞춤형 지침 설정: 언어 학습자는 번역 작업과 언어 학습을 위해 자연스러운 한국어로 번역하고, 문법과 어휘를 쉽게 설명하도록 설정합니다.

적용 방법: "한국어로 자연스럽게 번역해 주세요. 번역 시 문법과 어휘를 쉽게 설명해 주세요."

이외에도 챗GPT의 맞춤형 지침은 여러 분야의 다양한 문서를 작성할 때 큰 도움이 됩니다. 일관된 톤과 일정한 품질의 글을 작성할 수 있는 것은 물론이고 반복 작업을 줄여 효율성을 높일 수 있으므로 사용자의 작업 시간을 대폭 줄이는 데 큰 역할을 합니다. 맞춤형 지침은 챗GPT를 더욱 강력하고 유용한 도구로 만드는 기능이므로 적극 활용하는 것을 권합니다.

PART 2

챗GPT와 글쓰기

Chapter 05

아이디어 도출 및 초안 작성하기

본격적으로 챗GPT와 함께 글쓰기 작업을 시작합니다. 글쓰기의 첫 번째 단계인 아이디어를 도출하고 주제를 설정하는 과정에 챗GPT를 활용합니다. 특정 주제에 대해 질문하면 챗GPT가 다양한 콘텐츠 아이디어를 제안하여 초기 아이디어를 얻을 수 있습니다.

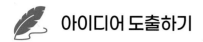 아이디어 도출하기

챗GPT는 다양한 주제의 방대한 정보를 제공하는 강력한 도구로, 창의적인 아이디어를 제공하여 사용자가 문제를 다각도로 바라보고 해결책을 찾을 수 있도록 돕습니다. 예를 들어 신제품 개발 시 챗GPT는 최신 기술 동향, 시장 트렌드, 경쟁 제품 정보를 제공하여 혁신적인 아이디어 도출에 도움을 줍니다. 뿐만 아니라 기존 아이디어를 발전시킬 수 있는 힌트를 제공하여 창의적이고 혁신적인 아이디어 개발에 큰 도움이 됩니다.

챗GPT를 활용해 아이디어를 도출하는 또 다른 장점은 높은 접근성과 즉각성입니다. 이는 긴급한 프로젝트나 갑작스러운 아이디어가 필요할 때 매우 유용합니다. 사용자는 시간과 장소에 구애받지 않고 언제든지 챗GPT와 대화하여 필요한 아이디어를 얻을 수 있습니다.

챗GPT로 아이디어를 도출하는 과정은 크게 3단계를 거칩니다.

아이디어 도출을 위한 3단계
① 구체적으로 질문하기
② 아이디어 정리 및 확장하기
③ 아이디어 정교화하기

이 단계를 따라 아이디어를 도출하는 프롬프트를 살펴보겠습니다. 가장 먼저 구체적인 질문을 하는 것이 중요합니다. 현재 당면한 문제나 관심 있는 주제에 대해 명확하고 상세한 질문을 던져야 챗GPT가 사용자의 요구 사항을 정확히 이해하고 보다 적절하고 실용적인 아이디어를 제시하는 데 도움이 됩니다.

아이디어 도출을 위한 구체적인 프롬프트

– 효과적인 새로운 마케팅 전략을 제안해 주세요.
– 2025년에 인기를 끌 최신 디자인 트렌드는 무엇인가요?
– 지속 가능한 패션 아이디어를 제안해 주세요.

다음 단계는 챗GPT의 응답을 토대로 아이디어를 정리하고 확장시키는 것입니다. 챗GPT가 제시한 아이디어 중 가장 적합한 것을 선택하고 이를 구체화하여 실행 계획을 세웁니다. 여기서 더 나아가 추가 연구를 진행하면 아이디어를 더욱 풍부하게 도출할 수 있고 완성도도 높일 수 있습니다.

아이디어 정리 및 확장

– 앞서 제안한 마케팅 전략 중 가장 적합한 것을 선택하고 이를 구체화하는 방안을
  제시해 주세요.
– 제안한 디자인 트렌드를 기반으로 구체적인 제품 콘셉트를 제공해 주세요.
– 지속 가능한 패션 아이디어를 실행에 옮기기 위한 단계별 계획을 세워주세요.

마지막으로 챗GPT의 응답에 피드백을 하면서 아이디어를 다듬는 단계입니다. 초기 아이디어를 바탕으로 챗GPT와 지속적으로 소통하며 세부 사항을 조정하고 필요한 정보를 추가하여 아이디어를 다듬어야 합니다. 이 과정에서 새로운 접근법을 모색하고 다양한 시나리오를 탐색하면서 정교화할 수 있습니다.

아이디어를 정교화하는 프롬프트

– 초기 아이디어를 바탕으로 더 구체적인 실행 계획을 마련해 주세요.
– 현재 아이디어의 세부 사항을 조정하고, 필요한 추가 정보를 제공해 주세요.
– 초기 아이디어에 대한 새로운 접근 방법을 제안해 주세요.

효과적인 아이디어 도출을 위해서는 명확하고 구체적인 질문, 다양한 시나리오 탐색, 챗GPT 피드백 반영이 핵심입니다. 이러한 방법으로 챗GPT를 활용한다면 아이디어 개발 과정이 보다 효율적이고 생산적으로 이루어질 수 있습니다.

이외에도 다양한 작업 상황, 환경에 따라 초기 아이디어를 도출하는 프롬프트 예시를 정리하면 다음과 같습니다. 먼저 가장 기본적인 업무의 효율성을 높이는 데 필요한 아이디어를 도출하기 위한 프롬프트입니다.

업무의 효율 상승을 위한 프롬프트

– 업무 생산성을 높이기 위한 최신 도구나 방법을 제안해 주세요.
– 직장에서 팀 협업을 강화할 수 있는 새로운 아이디어를 알려 주세요.
– 원격 근무 트렌드에 맞춰 현재 주목받고 있는 도구나 유용한 팁을 제안해 주세요.

챗GPT를 통해 새로운 프로젝트나 제품 개발을 위한 창의적인 아이디어를 얻을 수 있습니다. 예를 들어 새로운 앱 서비스 개발 시 챗GPT는 최신 인터페이스 트렌드, 사용자 요구 사항, 성공적인 앱 사례를 제공하여 창의적인 아이디어 도출에 도움을 줍니다. 또, 기존 문제 해결을 위한 혁신적인 접근 방법을 찾는 데에도 유용합니다.

새 프로젝트나 신제품 개발을 위한 프롬프트

- 최신 사용자 인터페이스 트렌드를 반영한 새로운 앱 서비스에 대한 아이디어를 제안해 주세요.
- 사용자 요구 사항을 만족시킬 수 있는 혁신적인 소프트웨어 기능을 알려 주세요.
- 성공한 앱의 사례를 기반으로 새로운 제품 개발 아이디어를 제공해 주세요.

새로운 관점을 위한 프롬프트

- 회사의 생산성을 높일 수 있는 혁신적인 솔루션을 제안해 주세요.
- 최근 다른 기업들이 성공적으로 해결한 문제 사례를 공유해 주세요.
- 최신 기술을 활용한 창의적인 문제 해결 방법을 알려 주세요.

챗GPT는 마케팅 전략, 콘텐츠 기획, 디자인 컨셉 등 다양한 분야의 아이디어를 제공합니다. 예를 들어 새 마케팅 캠페인 기획 시 챗GPT는 최신 트렌드, 성공 사례, 타깃에 맞는 전략을 제안하여 폭넓은 아이디어를 얻을 수 있도록 도와줍니다.

아이디어를 도출하는 프롬프트

- 최신 마케팅 트렌드를 반영한 새로운 마케팅 캠페인 아이디어를 제안해 주세요.
- 성공적인 마케팅 캠페인 사례를 기반으로 한 콘텐츠 기획 아이디어를 알려 주세요.
- 타깃에 맞춘 효과적인 마케팅 전략을 제공해 주세요.

문제 해결 능력을 향상시키는 역질문 요청하기

챗GPT에게 직접적으로 문제 해결을 요청하는 프롬프트도 충분히 효과적이지만 사용자가 보다 주제를 깊이 탐구하고 다양한 관점에서 고민할 수 있는 정보를 얻으려면 다른 관점에서 질문하는 것이 무척 유용합니다. 예를 들어 일반적으로 "A라는 문제를 어떻게 해결할까?"라고 질문한다면 관점을 다르게 해 "A라는 문제의 원인은 무엇일까?" 또는 "이 문제 해결을 위해 지금까지 시도하지 않았던 방법은 무엇인가?"라고 질문하는 것입니다. 일반적인 질문은 단순히 정보나 답변을 얻는 데 그치지만, 이 질문 방식은 사용자 스스로 질문을 만들고 답을 찾아가는 과정을 통해 더욱 깊이 있는 사고를 가능하게 합니다.

이렇게 질문 방식을 바꾸는 것은 사용자의 생각과 가정을 재평가하고 새로운 관점을 고려하도록 유도합니다. 이는 기존의 접근 방식을 넘어서 새로운 가능성을 모색하도록 이끕니다. 하지만 관점을 단번에 바꾸는 것은 쉽지 않습니다. 이때 챗GPT에게 역질문을 요청하는 방법이 있습니다. 챗GPT에게 어떤 아이디어가 필요한지 알려 준 다음 역질문을 요청하고 역질문의 예시까지 알려 주는 방식입니다. 다음은 예시 프롬프트입니다.

제품 개발 아이디어에 관한 역질문 요청 프롬프트

 새로운 제품을 개발하려고 하는데, 혁신적인 아이디어가 필요합니다. 저에게 질문을 던져서 스스로 생각해 볼 수 있게 도와주세요.

역질문 예시:

질문 1: "현재 시장에서 주목받고 있는 트렌드는 무엇인가요?"

질문 2: "고객들이 가장 원하는 제품 기능은 무엇인가요?"

질문 3: "기존 제품의 어떤 점을 개선하면 더 나은 사용자 경험을 제공할 수 있을까요?"

 좋아요, 새로운 제품을 개발하는 데 도움이 될 수 있는 몇 가지 질문을 드릴게요. 이 질문들을 통해 아이디어를 떠올리고, 구체화하는 데 도움이 되길 바랍니다.

1. 현재 시장에서 어떤 기술 혁신이 가장 큰 영향을 미치고 있나요?

2. 고객들이 현재 사용하고 있는 제품에서 가장 불편함을 느끼는 점은 무엇인가요?

3. 경쟁사 제품의 어떤 기능이 가장 인기를 끌고 있나요, 그리고 왜 그런가요?

4. 우리 제품이 고객의 일상 생활에서 어떤 문제를 해결해 줄 수 있을까요?

5. 고객들이 제품을 사용하면서 기대하는 경험은 무엇인가요?

이 질문들을 통해 다양한 관점에서 제품 개발을 고민해 보고, 혁신적인 아이디어를 도출할 수 있을 것입니다. 추가로 필요한 질문이 있거나 더 깊이 탐구하고 싶은 주제가 있으면 말씀해 주세요!

콘텐츠 기획을 위한 역질문 요청 프롬프트

 블로그 콘텐츠를 기획하려고 합니다. 어떤 주제가 독자들에게 유용할지 저에게 질문을 던져서 스스로 생각해 볼 수 있게 도와주세요.

역질문 예시:

질문 1: "독자들이 가장 관심을 가질 만한 최신 이슈는 무엇인가요?"

질문 2: "어떤 주제가 독자들의 문제 해결에 도움을 줄 수 있을까요?"

질문 3: "블로그에서 다루지 않은 새로운 주제나 시각은 무엇인가요?"

 블로그 콘텐츠 기획에 도움이 될 수 있는 몇 가지 질문을 드릴게요. 이 질문들을 통해 독자들에게 유용한 주제를 찾아보세요.

블로그 콘텐츠 기획에 도움이 될 수 있는 몇 가지 질문을 드릴게요. 이 질문들을 통해 독자들에게 유용한 주제를 찾아보세요.

1. 독자들이 최근에 가장 많이 검색하거나 토론하는 키워드는 무엇인가요?
2. 독자들이 직면하고 있는 가장 큰 어려움이나 도전 과제는 무엇인가요?
3. 현재 트렌드나 변화하는 기술 중에서 독자들에게 가장 큰 영향을 미칠 주제는 무엇인가요?
4. 독자들이 자주 묻는 질문이나 요청하는 정보는 무엇인가요?
5. 어떤 주제가 독자들의 일상 생활을 더 편리하게 만들 수 있을까요?

이 질문들을 바탕으로 독자들에게 유용하고 흥미로운 콘텐츠를 기획할 수 있을 것입니다. 추가로 필요한 질문이나 더 구체적으로 다루고 싶은 주제가 있으면 말씀해 주세요!

디자인 프로젝트를 위한 역질문 요청 프롬프트

새로운 디자인 프로젝트를 시작하기 위해 창의적인 아이디어가 필요합니다. 저에게 질문을 던져서 스스로 생각해 볼 수 있게 도와주세요.

역질문 예시:
질문 1: "디자인 프로젝트의 주요 목적은 무엇인가요?"
질문 2: "어떤 디자인 요소가 현재 트렌드와 잘 맞을까요?"
질문 3: "고객이 디자인에서 가장 중요하게 여기는 요소는 무엇인가요?"

새로운 디자인 프로젝트를 시작하는 데 도움이 될 수 있는 질문을 드릴게요. 이 질문들을 통해 다양한 시각에서 창의적인 아이디어를 떠올릴 수 있을 것입니다.

1. 디자인 프로젝트가 해결하고자 하는 문제는 무엇인가요?
2. 목표하는 사용자 경험(UX)은 어떤 모습이어야 하나요?
3. 프로젝트의 핵심 메시지를 가장 효과적으로 전달할 수 있는 디자인 요소는 무엇인가요?

4. 경쟁사 디자인과 차별화될 수 있는 독창적인 요소는 무엇인가요?

5. 디자인이 사용자에게 어떤 감정이나 반응을 불러일으키길 바라나요?

이 질문들을 바탕으로 다양한 관점에서 디자인을 고민해 보고, 창의적인 아이디어를 도출할 수 있을 것입니다. 추가로 필요한 질문이나 더 깊이 탐구하고 싶은 주제가 있으면 말씀해 주세요!

역질문은 사용자가 스스로 질문을 만들고 그 질문에 답하는 과정에서 자신의 이해도를 평가하고 보완할 수 있는 적극적인 참여 활동입니다. 이는 단순히 정보를 전달받는 것보다 훨씬 의미 있는 경험을 제공하는 것은 물론이고 질문을 던지고 스스로 답을 찾는 과정을 통해 해당 개념을 더욱 깊이 이해할 수 있습니다. 또, 비판적 사고 능력과 문제 해결 능력을 향상시키는 데 큰 도움이 될 것입니다.

# 주제 설정 및 정교화하기

적절한 아이디어를 도출했다면 다음 단계는 주제를 설정하는 것입니다. 주제 설정은 글쓰기에서 가장 중요한 단계임에도 불구하고 대부분 아이디어가 결정되면 주제 검증 과정 없이 바로 글쓰기 작업으로 넘어가는 경향이 있습니다. 하지만 주제를 설정하면 글의 방향성과 목표가 뚜렷해지므로 꼭 다뤄야 하는 단계입니다.

중요도가 높은 만큼 공수가 많이 드는 일이지만 이 단계에서도 챗GPT를 활용하면 효과적으로 작업 속도를 높일 수 있습니다. 선택한 주제가 실제로 글쓰기에 적합한지 검증하는 과정에서 챗GPT에게 주제에 대한 피드백을 요청하고, 주제가 얼마나 명확하고 독자의 관심을 유발할지 등을 평가할 수 있습니다. 이과정에서 필요하다면 주제를 수정하고 보완하여 글쓰기에 최적화된 주제를 완성할 수 있습니다.

챗GPT를 활용한 주제 설정은 다음 5단계로 이루어집니다.

챗GPT로 주제를 설정하는 5단계

① **정보 수집**: 관심 있는 주제에 대해 챗GPT에게 질문하여 주제와 관련된 정보를 얻고 탐색합니다.

② **확장 및 세부화**: ①에서 얻은 정보를 바탕으로 주제를 확장시킵니다.

③ **비교 및 대조**: 여러 주제를 비교하여 가장 흥미롭고 적합한 주제를 선택합니다.

④ **정교화**: 선택한 주제를 더욱 정교하게 다듬어 글의 방향성을 명확히 합니다.

⑤ **피드백 및 수정**: 설정한 주제에 대해 피드백을 받고 필요에 따라 주제를 수정합니다.

이 5단계를 통해 주제 설정 과정을 체계적으로 진행하면, 글의 흐름에 일관성을 유지할 수 있으며 주제를 구체화하고 세부적인 내용을 포함해 글의 깊이와 품질을 높일 수 있습니다. 예시로 '좋은 글을 작성하는 방법'이라는 아이디어로 주제를 설정하고 정교화하는 과정을 프롬프트 예시로 살펴보겠습니다.

먼저 챗GPT를 활용해 깊이 있는 탐색을 시작합니다. 챗GPT에게 관심 있는 주제에 대해 질문을 던져 초기 아이디어를 얻습니다. 예를 들어 "좋은 글을 작성하는 데 필요한 요소는 무엇인가요?"라고 질문하면 챗GPT는 좋은 글을 구성하는 다양한 요소와 효과적인 글쓰기 기법에 대해 설명해 줍니다. 이를 통해 주제에 대한 전반적인 이해를 높일 수 있습니다.

① 주제에 관한 정보 수집을 위한 프롬프트

– 좋은 글을 작성하는 데 필요한 요소는 무엇인가요?
– 독자의 관심을 끄는 글을 쓰기 위해 어떤 기법을 사용할 수 있을까요?
– 효과적인 글쓰기 기법에는 어떤 것들이 있나요?

이렇게 수집한 정보들을 바탕으로 주제를 확장하는 동시에 세부화시켜야 합니다. 챗GPT에게 특정 사례나 연구 결과를 요청하여 주제를 확장합니다. 이 단계에서는 좋은 글을 작성하기 위한 구체적인 방법과 기술, 예를 들어 문장 구조, 논리적 전개, 독자 분석 등에 대해 더 깊이 있는 정보를 얻을 수 있습니다. 이를 통해 주제의 폭을 넓히고 더 구체적인 방향으로 발전시킬 수 있습니다. 이 단계에서는 글의 핵심 메시지를 강화하는 데 중점을 두어야 합니다.

② 주제 확장 및 세부화를 위한 프롬프트

 좋은 글을 작성하기 위해 어떤 내용을 포함해야 하나요?
효과적인 서론을 작성하는 방법은 무엇인가요?

주제를 확장하고 세부화했다면 이제 여러 주제를 비교하여 가장 흥미롭고 적합한 주제를 선택할 차례입니다. 선정해 둔 주제가 1개 이상이라면 글을 쓰는 목표에 더 잘 들어 맞는 주제가 무엇인지 챗GPT에게 비교와 대조를 요청하면 각 주제의 장단점과 중요성을 비교하여 설명해 줍니다. 이를 통해 최적의 주제를 도출합니다.

③ 주제 비교 및 대조를 위한 프롬프트

 효과적인 글쓰기 기법과 독자의 관심을 끄는 글쓰기 기법 중 어느 것이 더 중요한 주제인가요?

최적의 주제를 도출했다면 이제 정교화를 할 차례입니다. 이는 선택한 주제를 다듬어 글의 방향성을 잡는 단계입니다. 어떤 방향으로 정교화할지에 따라 챗 GPT는 다양한 전략을 제시해 글의 구조와 내용을 구체화합니다. 예를 들어 독자의 흥미를 끄는 도입, 주요 논점의 소개, 글의 목적 명확화 등에 대한 세부적인 내용을 도출할 수 있습니다. 주제 정교화 단계에서는 선택한 주제를 더욱 깊이 있게 탐구하고, 독자에게 실질적인 도움이 되는 정보와 통찰을 제공하는 데 주력해야 합니다. 이를 통해 글의 완성도와 가치를 높일 수 있습니다.

④ 주제 정교화를 위한 프롬프트

 좋은 글의 서론을 작성하는 방법에 대해 구체적으로 설명해 주세요.

마지막으로 설정한 주제에 대해 피드백을 받고 필요에 따라 수정하는 단계입니다. 챗GPT는 주제의 흥미도와 관련성을 평가해 주며 필요한 경우 주제의 방향성을 조정하거나 보완할 점을 제안합니다. 이를 통해 주제가 독자에게 더 매력적으로 전달되도록 다듬을 수 있습니다. 주제 설정이 완료되면 글의 전체적인 흐름과 일관성을 유지하며 독자의 관심을 지속적으로 끌 수 있는 구조를 갖추게 됩니다.

⑤ 피드백 및 수정

 – 이 주제가 독자의 흥미를 끌기에 적합한가요?
– 이 주제가 업무 생산성에 관심이 많은 20~30대 직장인 독자의 흥미를 끌기에 적합한가요?

이 단계에서는 주제의 강점과 약점을 객관적으로 평가하고 글의 목적과 독자의 필요에 맞게 주제를 개선하는 것이 중요합니다. 또, 다양한 의견을 수렴하여 주제를 더욱 풍부하게 만드는 것도 도움이 됩니다. 이때 앞서 살펴본 문제 해결 능력을 향상시키는 역질문을 요청해 다양한 관점에서 글을 보완하는 것도 좋은 방법입니다.

Chapter 06

초안 작성하기

챗GPT의 도움을 받아 글의 구조를 체계적으로 잡는 방법을 다룹니다. 단순한 프롬프트와 구조화된 프롬프트의 차이를 설명하고, 명확하고 체계적인 글쓰기를 위한 프롬프트 예시를 제공합니다.

단순 프롬프트와 구조화된 프롬프트의 차이

이제 본격적으로 초안 작성을 진행하겠습니다. 초안이란 말 그대로 어떤 글이나 문서를 완성하기 전 틀을 잡는 글로, 이 단계에서도 챗GPT는 유용한 역할을 합니다. 초안을 작성할 때도 프롬프트를 전략적으로 활용하는 것이 좋습니다. 이때 활용하기 좋은 것이 글의 구조화를 위한 프롬프트입니다. 단순히 주제를 주고 글쓰기를 요청하는 프롬프트와 구조화까지 요청한 프롬프트는 응답에 큰 차이가 있습니다.

특징	단순한 요청 프롬프트	구조화된 프롬프트
정의	사용자가 특정 주제에 대해 개방형으로 글을 요청하는 프롬프트	주제, 세부 사항, 목적과 대상, 응답 방식을 명시하여 글쓰기를 요청하는 프롬프트
장점	자유로운 주제 탐색이 가능함	명확하고 상세한 답변을 기대할 수 있음
단점	사용자의 기대와 완전히 일치하지 않는 결과가 나올 수 있음	프롬프트 작성에 시간이 더 걸릴 수 있음
사용 사례	주제에 대해 폭넓은 아이디어를 얻고자 할 때	복잡한 주제를 다루거나 특정 형식의 글을 작성할 때

두 프롬프트는 사용 사례에 따라 장단점이 있습니다. 단순 프롬프트는 자유로운 주제 탐색에 유리하지만 쓰고자 하는 글의 방향성과 주제가 뚜렷할 때에는 구조화된 프롬프트가 효과적입니다. 구조화된 프롬프트는 주제, 세부 사항, 목적과 대상, 응답 방식 등을 명시하여 사용자의 요구 사항을 제대로 전달하기 때문입니다. 프롬프트 수정을 통해 더 구체적인 정보를 얻을 수 있어 지속적으로 높은 품질의 글을 생성할 수 있습니다.

구조화된 글쓰기를 위한 프롬프트 예시

 OOOO이라는 주제로 글을 작성하고자 합니다. 아래 규칙에 맞게 자세하게 작성해 주세요.

1) 주제:
2) 세부 사항:
3) 목적과 대상 독자:
4) 응답 방식:

단순 프롬프트와 구조화된 프롬프트에는 응답에 어떤 차이가 있는지 예시를 통해 살펴보겠습니다.

단순 요청 프롬프트

 "챗GPT를 통해 좋은 글을 작성하는 방법"이라는 주제로 글을 작성해 주세요.

 챗GPT를 통해 좋은 글을 작성하는 방법

챗GPT는 다양한 주제에 대해 깊이 있는 글을 작성할 수 있는 강력한 도구입니다. 하지만 이를 효과적으로 활용하기 위해서는 몇 가지 전략과 팁을 따르는 것이 중요합니다. 이 글에서는 챗GPT를 통해 좋은 글을 작성하는 방법에 대해 살펴보겠습니다.

1. 명확한 목표 설정

글을 작성하기 전에, 글의 목적과 대상 독자를 명확히 설정해야 합니다. 예를 들어, 정보 전달이 목적이라면 정확하고 체계적인 내용을, 감성적인 글을 원한다면 감동적인 이야기를 담아야 합니다.

2. 구체적인 질문과 명령어 사용

챗GPT는 주어진 입력에 따라 응답하는 방식으로 작동합니다. 따라서 구체적이고 명확한 질문이나 명령어를 사용해야 원하는 결과를 얻을 수 있습니다. 예를 들어,

"챗GPT, 현대 기술의 발전에 대한 글을 작성해 주세요." 대신 "챗GPT, 최근 AI 기술 발전의 주요 트렌드와 그 영향을 설명해 주세요."라고 지시하면 더 구체적인 답변을 얻을 수 있습니다.

3. 구조적 접근

좋은 글은 정돈된 구조를 가지고 있어야 합니다. 서론, 본론, 결론의 기본 구조를 유지하며, 각 부분에 대한 내용을 챗GPT에게 요청할 수 있습니다. 예를 들어, "챗GPT, 서론에서는 AI 기술의 중요성에 대해 간략히 설명해 주세요.", "본론에서는 AI 기술의 세부 트렌드를 설명해 주세요.", "결론에서는 이러한 트렌드가 미래에 미칠 영향을 요약해 주세요."와 같이 단계별로 지시할 수 있습니다.

4. 피드백과 수정

챗GPT의 응답을 바로 사용하기보다는, 이를 바탕으로 내용을 수정하고 보완하는 과정이 필요합니다. 챗GPT가 제공하는 정보는 출발점일 뿐, 최종 결과물은 사용자가 수정하고 다듬어야 합니다. 글의 흐름이나 문장 구조, 어휘 선택 등을 검토하여 자연스럽고 일관된 글을 만들어야 합니다.

5. 다양한 예시와 사례 활용

챗GPT를 활용하여 글을 작성할 때, 구체적인 예시와 사례를 포함하면 글이 더 생동감 있고 설득력 있어집니다. 예를 들어, "AI가 의료 분야에서 어떻게 활용되는지 구체적인 사례를 들어 설명해 주세요."라고 요청하면, 실질적인 내용을 포함한 글을 작성할 수 있습니다.

결론

챗GPT는 좋은 글을 작성하는 데 유용한 도구이지만, 이를 효과적으로 활용하기 위해서는 목표 설정, 구체적인 질문, 구조적 접근, 피드백과 수정, 예시와 사례 활용, 창의적인 접근, 윤리적 고려가 필요합니다. 이러한 전략을 통해 챗GPT를 활용하여 독자에게 유익하고 흥미로운 글을 작성해 보세요.

구조화를 요청한 프롬프트

"챗GPT를 통해 좋은 글을 작성하는 방법"이라는 주제로 글을 작성하려 합니다. 아래 규칙에 맞게 자세히 작성해 주세요.

1) 주제: 챗GPT를 통해 좋은 글을 작성하는 방법

2) 세부 사항:

챗GPT의 기본 기능과 좋은 글 작성에 어떻게 활용할 수 있는지 소개

독자의 관심을 끌고 유지하는 기법 설명

챗GPT를 사용해 좋은 글을 작성할 때 피해야 할 실수와 효과적인 활용 팁

3) 목적과 대상 독자: 글쓰기를 향상시키고자 하는 작가나 블로거들이 챗GPT를 활용하여 좋은 글을 작성하기 위해 필요한 구체적인 방법과 팁을 제공하기

4) 응답 방식: 서론, 본론, 결론으로 제공해 주세요. 원고 길이는 3000자 정도 제공

챗GPT를 통해 좋은 글을 작성하는 방법

서론

챗GPT는 오픈AI가 개발한 대화형 인공지능으로, 글쓰기 작업에서 많은 도움을 줄 수 있는 강력한 도구입니다. 글을 쓰는 작가나 블로거들은 챗GPT를 활용하여 창의적인 아이디어를 떠올리고, 글의 구조를 잡고, 세부적인 내용을 풍부하게 채워나갈 수 있습니다. 이 글에서는 챗GPT의 기본 기능과 이를 활용하여 좋은 글을 작성하는 방법을 소개하고, 독자의 관심을 끌고 유지하는 기법, 그리고 챗GPT를 사용하면서 피해야 할 실수와 효과적인 활용 팁에 대해 자세히 설명하겠습니다.

본론

1. 챗GPT의 기본 기능과 좋은 글 작성에 어떻게 활용할 수 있는지 소개

챗GPT는 자연어 처리 기술을 기반으로 한 AI로, 다양한 주제에 대해 답변을 생성하고, 글을 작성하며, 아이디어를 제공할 수 있습니다. 다음은 챗GPT의 주요 기능과 이를 글쓰기 작업에 활용하는 방법입니다.

아이디어 생성: 챗GPT는 주제와 관련된 다양한 아이디어를 제공할 수 있습니다. 예를 들어, "환경 보호에 관한 블로그 글 주제를 제안해 주세요."라고 요청하면, 여러 가지 흥미로운 주제를 제안받을 수 있습니다.

구조화된 글 작성: 챗GPT는 글의 구조를 잡는 데 도움이 됩니다. 서론, 본론, 결론의 형태로 글의 뼈대를 세우고, 각 부분에 필요한 내용을 구체화할 수 있습니다.

세부 내용 보완: 특정 주제에 대해 더 깊이 있는 정보를 제공받거나, 예시와 사례를 추가하여 글의 내용을 풍부하게 만들 수 있습니다.

문장 다듬기: 이미 작성된 문장을 더 자연스럽고 읽기 쉽게 다듬는 데에도 유용합니다. 예를 들어, "이 문장을 더 명확하게 고쳐 주세요."라고 요청할 수 있습니다.

2. 독자의 관심을 끌고 유지하는 기법 설명

좋은 글은 독자의 관심을 처음부터 끝까지 끌고 유지할 수 있어야 합니다. 이를 위해 다음과 같은 기법을 사용할 수 있습니다.

흥미로운 도입부: 첫 문장에서 독자의 호기심을 자극하는 것이 중요합니다. 질문을 던지거나, 흥미로운 사실을 제시하거나, 감동적인 이야기를 시작할 수 있습니다. 챗 GPT에게 "흥미로운 도입부를 제안해 주세요."라고 요청해 보세요.

명확한 주제와 논리적 전개: 글의 주제는 명확해야 하고, 논리적으로 전개되어야 합니다. 각 단락이 자연스럽게 이어지도록 하여 독자가 혼란스럽지 않게 합니다.

구체적인 예시와 사례: 글의 내용을 더 생생하게 전달하기 위해 구체적인 예시와 사례를 포함하세요. 챗GPT는 다양한 예시를 제공하는 데 도움을 줄 수 있습니다.

시각적 요소 활용: 글만으로는 전달하기 어려운 내용을 그래프, 이미지, 표 등 시각적 요소를 통해 보충할 수 있습니다.

독자와의 소통: 질문을 던지거나 독자의 의견을 묻는 방식으로 독자와의 소통을 유도할 수 있습니다. 예를 들어, "당신은 어떻게 생각하나요?"와 같은 문구를 사용할 수 있습니다.

3. 챗GPT를 사용해 좋은 글을 작성할 때 피해야 할 실수와 효과적인 활용 팁

챗GPT를 효과적으로 사용하기 위해서는 몇 가지 피해야 할 실수와 활용 팁을 염두에 두어야 합니다.

피해야 할 실수

맹목적인 신뢰: 챗GPT가 생성한 내용은 검토 없이 그대로 사용하지 마세요. 사실 확인과 문장 다듬기가 필요합니다.

모호한 지시: 구체적이지 않은 질문이나 요청은 원하는 결과를 얻기 어렵게 만듭니다. 예를 들어, "좋은 글 써 주세요."보다는 "챗GPT, 환경 보호의 중요성에 대한 서론을 작성해 주세요."와 같이 구체적으로 요청하세요.

무작위 사용: 글의 흐름과 일관성을 유지하기 위해, 챗GPT의 출력을 무작위로 사용하지 마세요. 글의 주제와 논리에 맞게 통합해야 합니다.

효과적인 활용 팁

반복 사용: 한 번의 요청으로 완벽한 결과를 얻기 어렵습니다. 반복적으로 질문하고, 수정 요청을 하여 점진적으로 개선해 나가세요.

구체적인 피드백 제공: 챗GPT가 생성한 내용에 대해 구체적인 피드백을 제공하면 더 나은 결과를 얻을 수 있습니다. 예를 들어, "이 부분을 더 간결하게 고쳐 주세요."라고 요청할 수 있습니다.

다양한 스타일 실험: 챗GPT는 다양한 글쓰기 스타일을 시도할 수 있습니다. 예를 들어, "이 문장을 좀 더 공식적인 톤으로 바꿔 주세요."와 같이 요청하여 다양한 스타일을 실험해 보세요.

정보 출처 확인: 챗GPT가 제공하는 정보는 정확하지 않을 수 있습니다. 중요한 정보는 신뢰할 수 있는 출처를 통해 확인하세요.

창의적 접근: 챗GPT를 창의적인 아이디어의 출발점으로 활용하세요. "이 주제에 대한 창의적인 접근법을 제안해 주세요."라고 요청하면 새로운 시각을 얻을 수 있습니다.

결론

챗GPT는 글을 작성하는 데 있어 강력한 도구가 될 수 있습니다. 이를 효과적으로 활용하기 위해서는 목표 설정, 구체적인 지시, 반복적인 수정과 피드백, 그리고 창의적인 접근이 필요합니다. 독자의 관심을 끌고 유지하는 기법을 활용하고, 피해야 할 실수를 주의하며, 챗GPT를 통해 더 나은 글을 작성해 보세요. 작가나 블로거로서 글쓰기 능력을 향상시키고 독자에게 가치 있는 콘텐츠를 제공할 수 있을 것입니다.

구조화를 요청한 응답은 사용자의 요청 사항에 맞게 잘 정리되어 있는 것은 물론이고 제안한 분량 안에서 사용자가 필요로 하는 정보와 관련된 여러 관점을 제안하는 것을 볼 수 있습니다. 반면 단순 프롬프트는 자유로운 발상과 다양한 관점 탐색에 효과적입니다. 따라서 두 유형의 차이를 이해하고 상황에 맞게 활용하는 것이 중요합니다.

하지만 초안 작성 단계부터는 단순 프롬프트보다는 구조와 내용이 일관되도록 구조화된 프롬프트를 활용해야 합니다. 예시로 "챗GPT를 활용한 효과적인 마케팅 콘텐츠 작성법"이라는 주제로 초안 작성을 요청하는 구조화된 프롬프트는 다음과 같습니다.

구조화된 프롬프트 예시

 아래 규칙에 맞게 원고를 작성해 주세요.

(1)기본 규칙:
- 전문 카피라이터로서 주어진 주제에 맞춰 블로그 글을 작성해야 합니다.
- 제시된 제약 조건과 주제에 기반하여 최고의 콘텐츠를 제작하세요.

(2)제약 조건:
- 서론부터 독자의 관심을 사로잡을 수 있는 요소를 포함시키고, 본문은 대중적인 키워드와 정보를 활용하여 구성해야 합니다.
- 초보자 대상 글은 이해하기 쉬운 설명과 친절한 어투를, 전문가 대상 글은 분석적이고 풍부한 키워드를 사용해야 합니다.
- 글은 일관된 흐름을 유지하면서도 리듬과 템포를 조절해야 합니다. 문장은 적절한 길이를 유지하며 내용을 단순화하여 자연스러운 흐름을 이끌어야 합니다.
- 글의 길이는 주제의 복잡성에 따라 조정되어야 합니다. 간단한 주제는 50-100 단어로, 복잡한 주제는 200-300 단어로 작성하세요.

(3)입력문: 글의 주제
- 주제: 챗GPT를 활용한 효과적인 마케팅 콘텐츠 작성법
- 세부 주제(1): 챗GPT의 언어 생성 기능 소개 및 마케팅 콘텐츠에 활용 방법
- 세부 주제(2): 아이디어 발굴, 문체 다양화, 블록 극복 등을 위한 챗GPT 활용 구체적 예시
- 세부 주제(3): 챗GPT를 마케팅 콘텐츠 작성에 활용할 때의 주의점 및 유용한 팁
- 목적과 대상 독자: 챗GPT를 통해 창의적이고 효과적인 마케팅 콘텐츠를 작성하고자 하는 마케터 및 글쓰기에 관심 있는 일반인에게 가이드 제공

(4)출력문: 글 구성 방식

– 서론에서는 독자의 관심을 끌고 글의 주제에 대한 이해도를 높이도록 구성합니다. 또, 주제의 핵심인 '무엇(What)'을 명확히 하고 그 중요성인 '왜(Why)'를 설명합니다.

– 본론에서는 최소 3가지 세부 주제를 '어떻게(How)'의 관점에서 구체적으로 다루고 각 세부 주제에 제목을 작성합니다. 그리고 이에 대한 자세한 정보와 실용적인 예시와 해결 방안을 제시합니다.

– 결론에서는 주제에 대한 핵심 사항을 요약하고 독자들이 취해야 할 행동이나 메시지를 분명히 합니다.

– 길이는 3000자 이상으로 충분한 내용을 제공합니다.

(5) 추가 요청 사항

앞에서 작성한 원고의 서론, 본론, 결론 구조를 유지하되 각 부분의 명칭(서론, 본론, 결론)은 제외하고 다음 지침에 따라 작성해 주세요.

– 글의 제목은 주제에 적합한 내용으로 명확하고 간결하게 작성해 주세요.

– 서론에서 본문에서 다룰 내용이 무엇인지 간략하게 소개하고 소제목은 첫째, 둘째, 셋째 순으로 작성하며, 제목은 간결하게 작성해 주세요.

– 소제목 작성 후에는 상세한 설명과 적합한 사례 순서로 자세하게 제공해 주세요.

 챗GPT를 활용한 효과적인 마케팅 콘텐츠 작성법

마케팅의 세계는 끊임없이 변하고 있으며, 최신 기술을 활용하여 더 효율적이고 창의적인 방법을 찾는 것이 중요합니다. 최근 주목받고 있는 기술 중 하나는 바로 인공지능(AI)입니다. 그중에서도 챗GPT는 마케터들에게 매우 유용한 도구로 자리 잡고 있습니다. 챗GPT는 자연어 생성 기능을 통해 다양한 형태의 마케팅 콘텐츠를 신속하고 창의적으로 작성할 수 있게 도와줍니다. 그렇다면 챗GPT를 활용한 마케팅 콘텐츠 작성법에 대해 자세히 알아보겠습니다.

챗GPT는 오픈AI에서 개발한 언어 모델로, 사람의 언어를 이해하고 생성하는 데 뛰어난 능력을 가지고 있습니다. 이 모델은 수많은 텍스트 데이터를 학습하여 다양한 주제에 대해 자연스러운 글을 작성할 수 있습니다. 마케터들은 이를 활용하여 블로그 글, 소셜 미디어 포스트, 이메일 캠페인 등 다양한 콘텐츠를 쉽게 작성할 수 있습니다. 챗GPT를 활용하면 시간과 노력을 절약할 수 있으며, 보다 창의적이고 효과적인 마케팅 전략을 구현할 수 있습니다.

첫째, 챗GPT의 언어 생성 기능과 마케팅 콘텐츠 활용 방법

챗GPT는 자연어 생성 능력을 통해 마케터들에게 다양한 형태의 콘텐츠를 제공할 수 있습니다. 주제와 키워드를 입력하면, 챗GPT는 관련된 정보를 바탕으로 글을 작성해 줍니다. 이를 통해 시간과 노력을 절약할 수 있습니다.

예를 들어 블로그 글을 작성할 때 챗GPT는 주제와 키워드를 바탕으로 초안을 생성합니다. 소셜 미디어 포스트의 경우, 짧고 임팩트 있는 문구를 신속하게 작성할 수 있습니다. 이메일 캠페인의 경우, 정기적으로 발송하는 뉴스레터나 프로모션 이메일의 초안을 작성하는 데 유용합니다. 챗GPT를 활용하면 일관성 있는 톤과 스타일을 유지하면서도 다양한 콘텐츠를 작성할 수 있습니다.

둘째, 아이디어 발굴, 문체 다양화, 블록 극복을 위한 챗GPT 활용 예시

마케팅 콘텐츠를 작성하다 보면 아이디어가 고갈되거나, 문체가 단조로워지거나, 글쓰기 블록에 부딪히는 경우가 많습니다. 챗GPT는 이러한 문제를 해결하는 데 큰 도움이 됩니다.

아이디어 발굴 측면에서, 특정 키워드나 주제를 입력하면 챗GPT는 관련 아이디어를 제시합니다. 예를 들어 "여름 마케팅 캠페인 아이디어"를 입력하면 다양한 창의적인 아이디어를 얻을 수 있습니다. 문체 다양화 측면에서는 동일한 내용을 다양한 문체로 작성해 보는 연습을 할 수 있습니다. 이는 독자들에게 신선함을 줄 뿐만 아니라, 마케터의 글쓰기 역량을 향상시키는 데 도움이 됩니다. 글쓰기 블록에 걸렸을 때, 챗GPT에게 주제를 설명하고 도움을 요청하면 새로운 관점에서 글을 시작할 수 있는 방향을 제시받을 수 있습니다.

셋째, 챗GPT를 마케팅 콘텐츠 작성에 활용할 때의 주의점 및 유용한 팁

챗GPT는 강력한 도구이지만, 이를 효과적으로 활용하기 위해서는 몇 가지 주의점과 유용한 팁을 알고 있어야 합니다.

먼저, 챗GPT가 생성하는 내용이 항상 정확하지 않을 수 있으므로, 중요한 정보는 반드시 사실 확인을 해야 합니다. 챗GPT를 사용할 때는 저작권 및 윤리적인 문제를 고려해야 합니다. 타인의 콘텐츠를 무단으로 복제하거나, 부적절한 내용을 생성하지 않도록 주의해야 합니다.

챗GPT를 효과적으로 활용하기 위한 유용한 팁으로는 명확한 지시를 내리는 것이 중요합니다. 구체적인 지시를 내릴수록 원하는 결과를 얻기 쉽습니다. 예를 들어 "친절하고 따뜻한 어조로 고객 감사 이메일 작성"과 같이 구체적으로 지시합니다. 또한, 챗GPT의 출력을 여러 번 반복해서 확인하고, 가장 적합한 내용을 선택하여 사용하는 것이 좋습니다. 이는 품질 높은 콘텐츠를 작성하는 데 도움이 됩니다. 마지막으로, 챗GPT가 생성한 글을 그대로 사용하는 것보다, 약간의 편집과 수정을 거쳐 자신만의 스타일로 완성하는 것이 중요합니다.

챗GPT는 마케터들이 창의적이고 효과적인 콘텐츠를 작성하는 데 있어 강력한 도구가 될 수 있습니다. 챗GPT의 언어 생성 기능을 통해 블로그 글, 소셜 미디어 포스트, 이메일 캠페인 등 다양한 콘텐츠를 신속하게 작성할 수 있으며, 아이디어 발굴, 문체 다양화, 글쓰기 블록 극복에도 큰 도움이 됩니다. 다만, 챗GPT를 활용할 때는 정확한 사실 확인과 윤리적인 사용이 중요하며, 명확한 지시와 반복 사용, 편집과 수정을 통해 최상의 결과를 얻을 수 있습니다.

이처럼 구조화된 프롬프트로 초안을 작성하면 주제에 맞는 내용을 논리적이고 체계적으로 전개할 수 있습니다. 또한, 글의 일관성을 유지하고 핵심 메시지를 명확히 전달하여 독자의 이해도와 만족도를 높입니다.

글의 구조를 잡는 3가지 질문

글의 구조를 잡기 위해 꼭 담아야 할 핵심 요소는 왜Why, 무엇What 그리고 어떻게How입니다. 먼저 첫 번째 질문 '왜'는 글의 목적과 필요성을 묻는 질문입니다. 이는 글을 쓰는 목적과 이유를 명확히 하는 역할을 함으로써 방향성을 잡아 주제에서 벗어나지 않도록 안내합니다.

'왜'의 예시

 – 이 글의 목적은 무엇인가요?
– 이 글이 독자에게 어떤 가치를 전달할 수 있을까요?

두 번째 질문 '무엇'은 글의 주제와 내용을 구체적으로 묻는 질문입니다. 이는 글의 핵심 내용과 주제를 구체화하는 데 도움됩니다. 중요한 내용은 포함하고 불필요한 내용은 거르는 역할을 합니다.

'무엇'의 예시

 – 이 글에서 중점적으로 다룰 내용은 무엇인가요?
– 글의 주제와 관련해 꼭 언급해야 할 키워드나 사례가 있나요?

세 번째 질문 '어떻게'는 글의 구성과 전개 방식을 묻는 질문입니다. 이는 글의 형식과 논리적 흐름을 다듬는 데 도움됩니다. 독자를 고려하여 적절한 구성과 전개 방식을 찾는 것이 중요합니다.

'어떻게'의 예시

– 이 글을 어떤 구조로 전개하면 좋을까요? 효과적인 순서를 제안해 주세요.
– 글의 톤앤매너는 어떻게 가져가는 것이 좋을까요?

이 3가지 요소를 활용해 챗GPT와 깊이 있는 대화를 나누면 글쓰기의 방향성, 핵심 내용, 구성 방식이 자연스럽게 정리됩니다. 처음부터 완벽한 답을 얻기는 어려울 수 있지만, 꾸준히 질문하고 대화를 이어가면 글의 윤곽이 잡히는 것을 발견하게 될 것입니다. 다음은 3가지 질문을 통해 글을 구조화하는 프롬프트입니다.

3가지 질문으로 구조를 잡는 프롬프트 ①

40대 직장인이 업무 효율성을 위해 '챗GPT를 활용해 좋은 글을 작성하는 방법'에 대한 글을 작성하고자 합니다. 이 주제에 '왜(Why)', '무엇(What)', '어떻게(How)'라는 질문을 적용한 글을 작성해 주세요.

주제: 챗GPT를 활용해 좋은 글을 작성하는 방법
업무 효율성을 높이기 위해 '챗GPT를 통해 좋은 글을 작성하는 방법'을 다룬 글을 작성하려면 '왜(Why)', '무엇(What)', '어떻게(How)'의 질문을 중심으로 구성할 수 있습니다. 각각의 질문에 대한 내용을 아래와 같이 정리했습니다.

1. 왜(Why): 왜 챗GPT를 활용해 글을 작성해야 하는가?
– **효율성 증대**: 챗GPT는 빠르게 내용을 생성할 수 있어 시간과 노력을 절약할 수 있습니다. 직원들은 반복적인 글쓰기 작업에서 해방되어 더 중요한 업무에 집중할 수 있습니다.
– **일관된 품질 유지**: 챗GPT는 일관된 품질의 글을 작성할 수 있어, 여러 사람이 작성한 글에서도 통일된 스타일과 톤을 유지할 수 있습니다.
– **창의성 향상**: 초기 아이디어 제공 및 브레인스토밍 도구로서 챗GPT는 새로운

관점을 제시하여 글의 창의성을 높이는 데 도움을 줄 수 있습니다.

– **언어 지원**: 다양한 언어로 글을 작성할 수 있어, 글로벌 커뮤니케이션이 필요한 상황에서도 유용합니다.

2. 무엇(What): 챗GPT를 통해 작성할 수 있는 좋은 글의 종류는 무엇인가?

– **보고서 및 문서**: 주간 보고서, 프로젝트 계획서, 회의록 등 회사 내에서 필요한 각종 문서를 빠르고 효율적으로 작성할 수 있습니다.

– **마케팅 자료**: 블로그 게시물, 뉴스레터, 소셜 미디어 콘텐츠 등 다양한 마케팅 자료를 작성하는 데 활용할 수 있습니다.

– **고객 응대 매뉴얼**: 자주 묻는 질문(FAQ) 작성, 고객 응대 스크립트 등 고객과의 소통을 원활하게 하기 위한 자료를 작성할 수 있습니다.

– **프레젠테이션 자료**: 슬라이드 콘텐츠, 발표 스크립트, 요약 자료 등을 효율적으로 작성할 수 있습니다.

3. 어떻게(How): 챗GPT를 활용해 좋은 글을 작성하는 방법은 무엇인가?

1. 목적과 대상 설정:

– 글의 목적과 대상 독자를 명확히 정의합니다. 예를 들어 보고서의 경우 상사와 동료가 주 대상이므로, 전문성과 명확성을 중시합니다.

2. 초기 입력 제공:

– 챗GPT에게 명확한 지침과 키워드를 제공합니다. 예를 들어 보고서의 경우 "지난 주 프로젝트 진행 상황", "다음 주 계획", "현재 문제점" 등의 키워드를 입력합니다.

3. 초안 작성:

– 챗GPT가 생성한 초안을 바탕으로 내용을 검토하고 수정합니다. 필요한 경우 추가 정보를 입력하여 내용을 보강합니다.

4. 편집과 검토:

– 생성된 글을 편집하여 문법적 오류를 수정하고, 회사의 스타일 가이드에 맞추어 톤과 형식을 조정합니다.

– 팀원이나 상사의 피드백을 받아 최종적으로 검토하고 수정합니다.

5. 피드백 반영 및 학습:

– 작성한 글에 대한 피드백을 챗GPT에게 제공하여, 다음번에 더 나은 결과를 얻을 수 있도록 학습시킵니다.

이와 같은 구조로 글을 작성하면, 챗GPT를 활용하여 업무 효율성을 높이는 방법을 구체적으로 전달할 수 있습니다.

이렇게 주제에 대해 3가지 질문으로 받은 내용을 바탕으로 여러 번 질문을 반복하는 방법도 있지만 다음과 같이 프롬프트를 보완해 한 번에 초안을 작성하는 방법도 있습니다.

3가지 질문으로 구조를 잡는 프롬프트 ②

40대 직장인이 업무 효율성을 위해 '챗GPT를 활용해 좋은 글을 작성하는 방법'에 대한 글을 작성하고자 합니다. 이 주제에 '왜(Why)', '무엇(What)', '어떻게(How)'라는 질문을 적용한 글을 작성해 주세요.

해당 글 문서 구조는 서론, 본론, 결론으로 유지하되 문서 작성 시 서론, 본론, 결론 문구는 생략하고 본론에서는 첫째, 둘째, 셋째로 소제목을 넣어 작성해 주세요.

– 본론은 모두 서술형으로 제공해 주세요.

– 본론에서 각 내용에 대해 먼저 기본 내용과 사용 방법, 사례순으로 작성해 주세요.

– 소제목은 적합한 제목을 추천해 주세요.

회사 업무 효율성을 높이기 위한 '챗GPT를 활용해 좋은 글을 작성하는 방법'

챗GPT는 최신 인공지능 기술을 활용하여 글을 작성할 수 있는 강력한 도구입니다. 이를 통해 업무 효율성을 극대화할 수 있으며, 일관된 품질의 문서를 작성하는 데 큰 도움이 됩니다. 본 글에서는 왜 챗GPT를 활용해야 하는지, 챗GPT로 작성할 수 있는 글의 종류, 그리고 어떻게 챗GPT를 활용하여 좋은 글을 작성할 수 있는지에 대해 알아보겠습니다.

첫째, 챗GPT 활용의 필요성

챗GPT를 활용하는 이유는 효율성 증대, 일관된 품질 유지, 창의성 향상, 그리고 다양한 언어 지원이라는 4가지 주요 이유로 요약될 수 있습니다. 챗GPT는 빠르게 글을 생성할 수 있어 시간과 노력을 절약할 수 있으며, 일관된 품질의 글을 작성할 수 있어 여러 사람이 작성한 글에서도 통일된 스타일과 톤을 유지할 수 있습니다. 또한, 초기 아이디어 제공 및 브레인스토밍 도구로서 새로운 관점을 제시하여 글의 창의성을 높이는 데 도움을 줄 수 있으며, 다양한 언어로 글을 작성할 수 있어 글로벌 커뮤니케이션이 필요한 상황에서도 유용합니다.

사용방법: 챗GPT를 사용하기 위해서는 먼저 목적과 대상 독자를 명확히 정의해야 합니다. 예를 들어 보고서의 경우 상사와 동료가 주 대상이므로 전문성과 명확성을 중시합니다. 그 후 챗GPT에게 명확한 지침과 키워드를 제공하여 초안을 작성하게 합니다. 생성된 초안을 바탕으로 내용을 검토하고 수정한 뒤, 피드백을 받아 최종적으로 검토하고 수정합니다.

사례: A사는 주간 보고서를 작성하는 데 챗GPT를 활용했습니다. 매주 반복되는 보고서 작성 작업에서 벗어나 보다 중요한 업무에 집중할 수 있었으며, 일관된 품질의 보고서를 빠르게 작성할 수 있었습니다.

둘째, 챗GPT로 작성할 수 있는 글의 종류

챗GPT를 통해 작성할 수 있는 글의 종류에는 보고서 및 문서, 마케팅 자료, 고객 응대 매뉴얼, 프레젠테이션 자료 등이 있습니다. 각각의 글은 회사 내에서 필요한 다양한 문서를 빠르고 효율적으로 작성하는 데 도움을 줄 수 있습니다.

사용 방법: 보고서 및 문서 작성 시, 주간 보고서, 프로젝트 계획서, 회의록 등 다양한 문서를 챗GPT로 작성할 수 있습니다. 마케팅 자료의 경우, 블로그 게시물, 뉴스레터, 소셜 미디어 콘텐츠 등을 작성할 수 있습니다. 고객 응대 매뉴얼은 자주 묻는 질문(FAQ) 작성, 고객 응대 스크립트 등을 작성하는 데 유용하며, 프레젠테이션 자료는 슬라이드 콘텐츠, 발표 스크립트, 요약 자료 등을 작성할 수 있습니다.

사례: B사는 마케팅 팀에서 챗GPT를 활용하여 블로그 게시물과 소셜 미디어 콘텐츠를 작성했습니다. 이를 통해 마케팅 자료 작성에 소요되는 시간을 크게 줄일 수 있었으며, 일관된 스타일의 콘텐츠를 제공하여 브랜드 이미지도 향상시켰습니다.

셋째, 챗GPT를 활용해 좋은 글을 작성하는 방법

챗GPT를 활용하여 좋은 글을 작성하기 위해서는 목적과 대상 설정, 초기 입력 제공, 초안 작성, 편집과 검토, 피드백 반영 및 학습의 다섯 단계를 따르는 것이 중요합니다.

기본 내용: 첫째, 글의 목적과 대상 독자를 정의합니다. 둘째, 챗GPT에게 지침과 키워드를 제공합니다. 셋째, 챗GPT가 생성한 초안을 바탕으로 내용을 검토하고 수정합니다. 넷째, 생성된 글을 편집하여 문법적 오류를 수정하고, 회사의 스타일 가이드에 맞추어 톤과 형식을 조정합니다. 다섯째, 작성한 글에 대한 피드백을 챗GPT에게 제공하여, 다음번에 더 나은 결과를 얻을 수 있도록 학습시킵니다.

사용 방법: 예를 들어 보고서의 경우 "지난 주 프로젝트 진행 상황", "다음 주 계획",

"현재 문제점" 등의 키워드를 입력하여 초안을 작성하게 합니다. 생성된 초안을 바탕으로 내용을 검토하고 수정한 뒤, 팀원이나 상사의 피드백을 받아 최종적으로 검토하고 수정합니다.

사례: C사는 고객 응대 매뉴얼을 챗GPT를 통해 작성했습니다. 고객의 자주 묻는 질문에 대한 답변을 자동으로 생성하여, 고객 서비스 팀의 업무 부담을 줄이고 고객 만족도를 높일 수 있었습니다.

챗GPT를 활용하여 글을 작성하면, 회사의 업무 효율성을 높이고, 일관된 품질의 문서를 작성하는 데 큰 도움이 됩니다. 효율성 증대, 다양한 글 작성, 그리고 체계적인 작성 방법을 통해 챗GPT는 회사 내 글쓰기 작업을 혁신적으로 변화시킬 수 있습니다.

이처럼 3가지 요소를 프롬프트에 더하는 것만으로도 글이 목적에 맞게 정돈되는 것을 확인할 수 있습니다. 보다 다양한 환경에 이 3가지 요소를 활용할 수 있도록 글의 목적에 따라 적용할 수 있는 프롬프트 예시를 살펴보겠습니다.

정보 전달을 위한 글을 작성할 때

왜: 이 글을 읽는 독자들이 당면한 문제나 고민은 무엇일까요?

시간 관리에 어려움을 겪는 직장인들이 독자라면 "업무 효율을 높이면서도 일과 삶의 균형을 잡을 수 있는 시간관리 노하우는 무엇일까?"와 같은 질문이 도움이 될 거예요.

무엇: 독자들이 이 글을 통해 얻고자 하는 구체적인 팁이나 전략은 어떤 것들이 있을까요?

부동산 투자 관련 글이라면 "초보 투자자들이 꼭 알아야 할 부동산 시장 분석의 기본 기법에는 어떤 것들이 있을까?"처럼 독자들이 실전에서 활용할 수 있는 정보를 물어보는 것이 좋겠네요.

어떻게: 글에서 다룰 내용을 독자들의 실생활에 적용하는 구체적인 방법은 무엇일까요?

 건강 관련 정보 전달 글이라면 "글에서 소개하는 운동법을 일상생활에서 꾸준히 실천하려면 어떤 노하우와 마인드셋이 필요할까?"와 같이 실천적인 적용 방안을 묻는 것이 효과적이에요.

자기계발 관련 콘텐츠를 작성할 때

 왜: 독자들이 이 글을 통해 진심으로 받아들이고 깨달았으면 하는 핵심 메시지는 무엇일까요?

 긍정적 사고에 관한 글이라면 "역경을 성장의 발판으로 삼는 마음가짐의 중요성을 독자들에게 깊이 각인시키려면 어떤 실제 사례들을 활용하는 것이 효과적일까?"와 같은 질문이 글에 생생한 울림을 더해줄 거예요.

 무엇: 글의 내용을 독자 자신의 경험과 연결 지어 성찰해 본다면 어떤 통찰을 얻을 수 있을까요?

 리더십 관련 글이라면 "글에서 제시된 리더십 유형들을 독자 개개인이 겪어온 다양한 리더십 사례와 비교 분석해 본다면 자신만의 리더십 철학을 가다듬는 데 어떤 도움이 될까?"처럼 독자의 내면을 향한 질문을 던져보세요.

 어떻게: 독자들의 실질적인 행동 변화를 이끌어내기 위한 동기 부여 방안은 무엇일까요?

 목표 달성에 관한 글이라면 "SMART 목표 설정의 중요성을 독자들이 가슴으로 공감하고 일상에서 실천에 옮길 수 있도록 설득하려면 어떤 논리와 사례를 활용하는 것이 효과적일까?"와 같이 변화를 이끄는 동력을 묻는 거죠.

Chapter 07

초안 수정하기

초안을 바탕으로 내용을 수정하고 다듬는 과정에 챗GPT를 활용하는 방법을 소개합니다. 먼저 수정 전략을 살펴보고 질문형 프롬프트를 통해 구조와 논리를 점검한 다음 괄호 프롬프트와 같은 기법을 활용해 특정 부분을 효율적으로 수정하고 문장의 흐름을 매끄럽게 만드는 방법을 다룹니다. 추가로 분량을 확인하고 조절하는 방법까지 살펴보겠습니다.

글의 완성도를 높이는 단계별 수정 전략

챗GPT를 활용한 글쓰기는 초안 작성에서 끝나지 않고 원고의 완성도를 높이는 과정을 포함합니다. 이는 주제와 목적에 부합하는 논리적 흐름을 구축하고, 독자의 이해와 공감을 얻기 위한 필수 과정으로, 글의 구조 정립, 내용 보완, 문장 수정이라는 단계를 거쳐야 합니다. 이 단계에서도 챗GPT는 큰 역할을 합니다. 챗GPT는 글의 구조, 내용, 표현 등 다양한 측면에서 개선 방안을 제시하고 사용자와의 상호 작용을 통해 최적의 수정안을 도출합니다. 이 과정에서 사용자는 글쓰기의 핵심 원리와 기술을 습득하고 적용함으로써 글쓰기 능력도 향상시킬 수 있습니다.

챗GPT로 초안을 수정할 때도 전략적으로 접근해야 합니다. 수정 과정을 3단계로 나눈 다음 각 단계에 구체적으로 어떤 작업을 하는지 자세히 살펴보겠습니다.

1단계: 구성 점검

원고의 전체 구조와 내용을 검토하고 수정합니다. 이 단계는 글의 주제와 목적에 맞는 논리적 흐름을 구축하는 것이 핵심입니다. 필요에 따라 문단이나 순서를 재배치하거나 추가하여 주제에 부합하는 구성을 만듭니다.

이 단계에서 활용할 수 있는 기법이 괄호 프롬프트입니다. 괄호 프롬프트란 "초안 작성 후 각 단락을 체계적으로 구성하기 위해 괄호를 사용해 수정이 필요한 부분을 표시해 주세요."라는 프롬프트를 활용해 글의 구조를 파악하고 수정 부분을 지시하는 기법으로, 이후 자세히 살펴보겠습니다. 이 단계의 주요 작업은 다음과 같습니다.

이 단계의 주요 작업

- 전체 구조와 내용 검토 및 수정
- 흐름과 논리적 구성 점검
- 내용 재배치 또는 추가로 주제에 맞는 구성 확립
- 괄호 프롬프트로 수정 필요 부분 파악

2단계: 단락별 상세 보완

단락 단위로 내용을 상세하게 파악하고 보완합니다. 내용을 파악한 다음 주제와 연관된 구체적인 내용을 추가하여 글을 풍부하고 설득력 있게 만드는 것이 이 단계의 핵심입니다. 이를 통해 단락 간 연결성을 강화하고 독자의 이해도를 높일 수 있습니다. 또한 적절한 예시, 데이터, 전문가 의견 등을 인용하여 단락의 완성도를 높입니다.

이 단계에서 활용할 수 있는 기법은 부분 수정 프롬프트입니다. 예를 들어 "이 단락에서 주제와 관련해 더 구체적인 사례 예시가 있을까요?" 또는 "이 단락의 주장을 뒷받침할 논리적 근거나 자료가 있을까요?"라는 프롬프트를 활용해 글을 보완할 수 있습니다. 이 단계의 주요 작업은 다음과 같습니다.

이 단계의 주요 작업

- 단락 및 문장 수준에서 내용 보완과 구체화
- 구체적이고 실질적인 정보 추가
- 단락 간 연결성 강화로 글의 흐름과 일관성 유지
- 적절한 예시와 추가 설명으로 독자의 이해도 상승

3단계: 피드백과 교정교열

마지막으로 피드백을 통해 오탈자, 비문, 잘못된 표현을 점검하고 문장을 더 자연스럽게 다듬습니다. 각 문장의 구조와 어휘 선택을 최적화하여 글의 가독성과 전달력을 높이는 것이 이 단계의 핵심입니다. 문장 흐름을 매끄럽게 하고 불필요하게 반복되는 내용이나 모호한 표현을 제거하여 일관성을 유지합니다. 이 단계에서는 "이 문장을 더 간결하고 직접적으로 표현할 수 있을까요?" 와 같은 부분 수정 프롬프트를 활용할 수 있습니다. 이 단계의 주요 작업은 다음과 같습니다.

이 단계의 주요 작업

- 오탈자, 비문, 잘못된 표현 점검 및 수정
- 문장 구조와 어휘 선택 최적화
- 자연스럽고 매끄러운 문장 흐름
- 불필요한 반복이나 모호한 표현 제거
- 피드백을 활용한 세밀한 수정과 스타일 통일
- 윤문 작업과 제목 수정으로 주제와 핵심 메시지 명확화

이 단계는 단순한 글 개선을 넘어 사용자의 전반적인 글쓰기 실력을 향상시키는 포괄적인 역량 강화 과정입니다. 이제 이 과정을 따라 1단계인 구성을 점검하기 위한 프롬프트 기법부터 살펴보겠습니다.

구조와 논리를 점검하는 질문형 프롬프트

짜임새 있는 글은 구조와 논리, 타당성과 신뢰성 그리고 독자의 관점에서 검토하는 작업이 필요합니다. 예를 들어 글의 구조와 논리를 검토할 때는 글의 전개가 자연스럽고 설득력 있는지, 타당성과 신뢰성을 검토할 때는 제시한 정보와 주장의 근거가 충분하고 신뢰할 만한지, 독자의 관점에서는 글의 내용과 어조가 적합한지 등 여러 가지를 고려해야 합니다. 각 작업에서 고려해야 할 것들 것 정리하면 다음과 같습니다.

구조와 논리 검토

- 글의 전개가 자연스럽고 설득력 있게 짜여 있는가?
- 각 단락의 내용이 주제와 긴밀하게 연결되어 있는가?
- 글의 논리적 흐름에 비약이나 모순된 점은 없는가?
- 도입부와 결론이 전체 글의 논리를 잘 뒷받침하고 있는가?

타당성과 신뢰성 검토

- 제시된 정보와 주장의 근거가 충분하고 신뢰할 만한가?
- 인용된 자료와 데이터의 출처가 명확하고 신빙성이 있는가?
- 반론이나 보완해야 할 점은 없는가?
- 다양한 관점이 균형 있게 반영되었는가?

독자 관점에서 검토

- 글의 내용과 어조가 대상 독자층에 적합한가?
- 독자들이 글을 읽고 얻을 수 있는 깨달음이나 실용적 가치가 있는가?

- 내용의 난이도와 전문 용어가 독자의 수준에 적절한가?

- 독자의 흥미를 끌고 유지할 만한 요소가 있는가?

- 독자가 예상할 수 있는 질문이나 의문점에 충분히 답변했는가?

이와 같은 검토해야 할 요소들을 [원고 규칙]이라고 명시하고 질문형 프롬프트를 만들어 챗GPT와 본격적으로 초안을 수정해야 합니다. 이제부터 순차적으로 [원고]와 [원고 규칙]을 토대로 작업을 해보겠습니다.

구조와 논리 검토하기

[원고 첨부]
첨부한 '원고'를 바탕으로 다음 '원고 규칙'으로 제시한 질문에 답변해 주세요.
이를 통해 개선할 수 있는 내용이 있다면 그에 관한 답변도 제공해 주세요.

[원고 규칙]
1. 글의 구조와 논리에 대한 질문
  – 글의 전개 구조가 자연스럽고 설득력 있게 짜여 있는가?
  – 각 단락의 내용이 중심 주제와 긴밀하게 연결되어 있는가?
  – 글의 논리적 흐름에 비약이나 모순된 점은 없는가?
  – 도입부와 결론이 전체 글의 논리를 잘 뒷받침하고 있는가?
관련해서 피드백해 준 내용을 통해 개선할 수 있는 내용이 있다면 [원고]에서 수정하고 수정된 부분은 볼드체로 표시해 주세요.

타당성과 신뢰성 검토하기
[원고 첨부]
첨부한 '원고'를 바탕으로 다음 '원고 규칙'으로 제시한 질문에 답변해 주세요.
이를 통해 개선할 수 있는 내용이 있다면 그에 관한 답변도 제공해 주세요.

2. 내용의 타당성과 신뢰성에 대한 질문
  – 제시된 정보와 주장의 근거가 충분하고 신뢰할 만한가?

– 인용된 자료와 데이터의 출처가 명확하고 권위 있는가?

– 필요한 경우 반론이나 보완해야 할 점은 없는지 살펴보았는가?

– 다양한 관점이 균형 있게 반영되었는가?

관련해서 피드백해 준 내용을 통해 개선할 수 있는 내용이 있다면, 수정된 원고에서 다시 수정해 주세요. 이때 수정된 부분은 볼드체로 표시해 주세요.

독자 관점에서 검토하기

[원고 첨부]
첨부한 '원고'를 바탕으로 다음 '원고 규칙'으로 제시한 질문에 답변해 주세요.
이를 통해 개선할 수 있는 내용이 있다면 그에 관한 답변도 제공해 주세요.

[원고 규칙]
독자 관점에서의 질문

– 글의 내용과 어조가 대상 독자층에 적합한가?

– 독자들이 글을 읽고 얻을 수 있는 깨달음이나 실용적 가치가 있는가?

– 내용의 난이도와 전문 용어가 독자의 수준에 적절한가?

– 독자의 흥미를 끌고 유지할 만한 요소가 있는가?

– 독자가 예상할 수 있는 질문이나 의문점에 충분히 답변했는가?

관련해서 피드백해 준 내용을 통해 개선할 수 있는 내용이 있다면, 수정된 원고에서 다시 수정해 주세요. 이때 수정된 부분은 볼드체로 표시해 주세요.

이러한 프롬프트를 통해 사용자는 자신이 쓴 글에서 객관적 시각을 유지할 수 있고 논리성을 강화할 수 있으며 독자의 이해 수준과 관심사에 맞게 글을 수정할 수 있습니다. 물론 명시한 [원고 규칙] 3가지를 하나의 프롬프트에 입력하는 방법도 있지만, 각 질문에 보다 정확하고 세세한 답변을 받으려면 검토 내용에 따라 프롬프트를 따로 작성하고 답변받는 것을 권합니다.

빠르고 정확하게 수정하는 괄호 프롬프트

질문형 프롬프트를 통해 수정해야 할 부분을 파악했다면 해당 부분을 빠르고 정확하게 수정하는 것이 중요합니다. 이를 효율적으로 수행하는 방법이 괄호 프롬프트입니다. 이 방법은 초안 작성 후 세부 수정이 필요할 때 특히 유용합니다.

괄호 프롬프트는 말 그대로 수정할 부분을 괄호로 감싸 챗GPT가 의도에 맞는 내용을 생성하도록 돕는 기법입니다. 예를 들어, 특정 주제에 대한 심도 있는 설명을 요청할 때 괄호 안에 핵심 키워드를 포함시켜 챗GPT가 내용을 더 명확하고 체계적으로 구성할 수 있습니다. 괄호 기호는 소괄호 ( ), 중괄호 { }, 대괄호 [ ] 어느 것이든 사용할 수 있지만, 일관된 기호를 사용하는 것이 좋습니다. 괄호 프롬프트를 사용하는 방법은 다음과 같습니다.

괄호 프롬프트 ①

 아래 원고에서 괄호 [ ] 내용만 수정해 주세요.
 – 괄호 이외 다른 내용은 변경 없이 동일하게 제공해 주세요.
 – 수정한 내용은 볼드체로 표시해 주세요.

[원고]
챗GPT는 최근 몇 년 동안 업무 생산성을 크게 향상시킬 수 있는 도구로 떠오르고 있습니다. 이러한 기술의 발전은 직장인들이 업무 수행 방식을 혁신적으로 변화시킬 수 있는 새로운 기회를 제공합니다. [챗GPT 사용자에게 업무 활용 시 장점에 대해 서술해 주세요.] [앞 문장과 매끄럽게 이어질 수 있게 다듬고, 긴 문장으로 설명

해 주세요. – 본문에서는 챗GPT의 기본 기능을 소개하고, 업무에 적용할 수 있는 다양한 방법을 탐구할 것입니다.] 또한, 시간 관리, 정보 검색, 자동화 등 업무 효율을 높일 수 있는 구체적인 사용 예시를 통해 챗GPT를 효과적으로 활용하는 방법을 제공할 것입니다.

첫째, 챗GPT의 기본 기능과 업무 적용
[보다 자세한 정보와 함께 긴 문장으로 수정해 주세요. – 챗GPT는 다양한 언어 관련 작업을 수행할 수 있는 대화형 AI입니다. 이메일 작성, 문서 초안 생성, 데이터 분석 보고 등의 작업을 자동화하고 최적화하는 데 유용합니다.] [해당 예시를 각각 어떻게 사용하는지 설명해 주세요. – 예를 들어, 회의록을 요약하거나 프로젝트 제안서의 초안을 생성하는 등의 업무에 적용할 수 있습니다.]

챗GPT는 최근 몇 년 동안 업무 생산성을 크게 향상시킬 수 있는 도구로 떠오르고 있습니다. 이러한 기술의 발전은 직장인들이 업무 수행 방식을 혁신적으로 변화시킬 수 있는 새로운 기회를 제공합니다. **챗GPT를 활용하면 업무 처리 속도를 높이고, 정확도를 개선하며, 반복적인 작업에서 벗어나 더 중요한 업무에 집중할 수 있는 장점이 있습니 다.** 이러한 장점들을 바탕으로, 본문에서는 챗GPT의 기본 기능을 소개하고 업무에 적용할 수 있는 다양한 방법을 자세하고 포괄적으로 탐구할 것입니다. 또한, 시간 관리, 정보 검색, 자동화 등 업무 효율을 높일 수 있는 구체적인 사용 예시를 통해 챗GPT를 효과적으로 활용하는 방법을 제공할 것입니다.

첫째, 챗GPT의 기본 기능과 업무 적용
챗GPT는 자연어 처리를 기반으로 하는 대화형 AI로서, 이메일 작성, 문서 초안 생성, 데이터 분석 보고 등 다양한 언어 관련 작업을 능숙하게 처리할 수 있는 능력을 갖추고 있습니다. 이를 통해 직장인들은 업무의 자동화와 최적화 를 실현하며, 전반적인 작업 효율을 크게 향상시킬 수 있습니다. 예를 들어, **챗GPT를 사용하여 회의록에서 핵심 내 용을 신속하게 추출하거나, 아이디어 브레인스토밍을 통해 프로젝트 제안서의 창의적인 초안을 마련할 수 있습니 다.** 이와 같은 방식으로 챗GPT를 활용함으로써, 업무 프로세스가 더욱 간소화되고 생산성이 높아지는 결과를 얻을 수 있습니다.

괄호 프롬프트를 사용할 때 많은 분량의 수정을 한 번에 요청하면 작업 시간이 길어지고 원하는 결과를 얻기 어려울 수 있습니다. 따라서 초기에는 챗GPT에 필요한 내용을 학습시키는 수준으로 프롬프트를 구성하고 조금씩 개선하면서 작업하는 것이 효과적입니다.

괄호 프롬프트 ②

아래 원고에서 괄호 [ ] 내용만 명확하고 간결하게 수정해 주세요.
– 괄호 이외의 다른 내용은 변경 없이 동일하게 제공해 주세요.
– 괄호 안의 내용은 주로 설명을 위한 것이므로 명확하고 이해하기 쉬운 문장으로 개선해 주세요.

[원고]
둘째, [적합한 제목을 작성해 주세요. – 구체적인 사용 예시]
[좀 더 자세하게 설명과 예시를 제공해 주세요. – 시간 관리: 챗GPT를 활용하여 업무 일정을 관리하고, 우선순위를 정하는 데 도움을 받을 수 있습니다.]
[좀 더 자세하게 설명과 예시를 제공해 주세요. – 정보 검색과 자동화: 대량의 정보를 빠르게 검색하고 요약하여, 연구 보고서나 시장 분석 자료를 준비하는 데 소요되는 시간을 대폭 줄일 수 있습니 다.]
[좀 더 자세하게 설명과 예시를 제공해 주세요. – 자동화: 이메일 응답, FAQ 처리, 기술 지원 문서 작성 등 반복적인 업무를 자동화하여 생산성을 향상시킬 수 있습니다.]
셋째, 챗GPT 사용 시 주의점 및 활용 팁
[직장인이 이해하기 쉽게 좀 더 자세하게 설명과 예시를 제공해 주세요. – 챗GPT 사용 시 정확성과 데이터 프라이버시에 주의해야 합니다. AI가 생성한 정보를 검증하고, 민감한 정보를 다룰 때는 보안과 프라이버시를 유지해야 합니다. 구체적인 질문을 통해 AI의 정확도를 높이고, 지속적으로 모델을 학습시키는 것이 중요합니다.]

둘째, 구체적인 사용 예시 및 적용 방법
시간 관리: 챗GPT를 활용하여 개인의 업무 일정을 관리하고, 중요한 업무에 우선순위를 부여하는 방식을 최적화할 수 있습니다. 예를 들어, 챗GPT에게 일주일간의

주요 업무 목록을 제시하고, 각 업무의 우선순위를 결정하는 데 도움을 요청할 수 있습니다.

정보 검색과 자동화: 챗GPT는 대량의 정보를 신속하게 검색하고 요약하는 기능을 통해, 연구 보고서나 시장 분석 자료 준비에 소요되는 시간을 현저히 줄일 수 있습니다. 사용자는 특정 주제에 대한 정보 요청을 하고, 챗GPT는 관련 정보를 요약하여 제공함으로써 연구 과정을 간소화합니다.

자동화: 반복적인 업무, 예를 들어 이메일 응답, FAQ 처리, 기술 지원 문서 작성 등을 챗GPT를 통해 자동화함으로써, 업무의 효율성을 대폭 향상시킬 수 있습니다. 사용자는 일상적인 문의 사항에 대한 표준 답변을 챗GPT에게 설정하고, 이를 통해 신속하고 일관된 응답을 제공할 수 있습니다.

셋째, 챗GPT 사용 시 주의점 및 활용 팁

챗GPT를 사용할 때는 생성된 정보의 정확성을 항상 검증하고, 특히 민감한 정보를 다룰 때는 데이터 보안과 프라이버시를 철저히 유지해야 합니다. 예를 들어, 사용자는 챗GPT가 제공한 정보를 교차검증하고, 민감한 정보를 다룰 때는 암호화된 통신 채널을 사용하는 것이 좋습니다. 또한, AI의 정확도를 높이기 위해 구체적인 질문을 하고, 챗GPT와의 상호 작용을 통해 지속적으로 모델을 학습시키는 것이 중요합니다.

프롬프트에는 "수정한 내용은 볼드체로 표시해 주세요."와 같이 전체 수정 내용에 적용할 지시 사항을 추가하거나 괄호 안에 "통계나 사료를 추가해 주세요."와 같은 세부적인 요청 사항을 추가할 수 있습니다. 다음은 글의 완성도를 높이는 데 자주 사용하는 괄호 프롬프트의 세부 요청 사항 10가지입니다.

자주 활용하는 괄호 프롬프트의 세부 요청 사항

주요 포인트 부각과 예시 추가

 이 문단에서 강조해야 할 주요 포인트를 부각시키고 관련 예시를 추가해 주세요.

주제의 중요성 부각

 이 단락에서 주제의 중요성을 더욱 부각시켜 주세요.

명확하고 간결한 문장으로 수정

 이 문장을 명확하고 간결하게 수정해 주세요.

흐름과 일관성 유지

 이 단락의 흐름과 일관성을 유지하면서 문장을 매끄럽게 다듬어 주세요.

추가 설명 제공

 여기에 설명과 관련 예시를 추가해 주세요.

문단 요약과 핵심 강조

 이 문단을 요약하고 핵심 포인트를 강조해 주세요.

피드백 반영

 피드백을 반영하여 이 문장을 수정하고 구체적인 예시를 추가해 주세요.

구체적인 지시와 설명

 이 문장에서 주제를 명확하게 전달하고 필요한 설명을 추가해 주세요.

통계와 사례 추가

 이 단락에 구체적인 통계와 사례를 추가하여 내용을 풍부하게 만들어 주세요.

독자의 관심 유도

 독자의 관심을 끌 수 있도록 이 문장을 매력적으로 수정해 주세요.

이처럼 괄호 프롬프트를 활용하면 사용자의 의도와 요구사항을 정확하게 전달할 수 있고 반복 작업과 수정 작업을 최소화할 수 있습니다.

세부 수정을 위한 부분 수정 프롬프트

전체 구조와 논리를 점검하고 내용 보완을 마쳤다면 마지막으로 단락 단위의 세부 수정 작업이 필요합니다. 이 과정에서는 원고를 최소한으로 변경하면서 문장을 자연스럽게 다듬어야 합니다. 각 단락에 구체적인 정보를 추가하고 단락 간 연결성을 강화해 이해도를 높이는 것이 이 단계의 목표입니다.

앞서 수정 과정과 마찬가지로 세부 수정을 할 때도 원고 전체를 한 번에 수정하는 것보다 400~500자 내외 또는 1~2개 단락 정도로 분량을 나눠서 수정하는 것이 좋습니다. 너무 많은 내용을 한꺼번에 요청하면 원본이 축소되거나 변형될 수 있고 처리 시간도 길어집니다. 따라서 전체 내용을 먼저 학습시킨 후 세부 수정 작업을 진행하면 챗GPT가 전체 문맥을 이해한 상태에서 수정을 할 수 있어 더 자연스럽고 일관된 결과를 얻을 수 있습니다. 그렇다면 세부 수정 과정에서는 프롬프트를 어떻게 작성하는지 예시를 통해 살펴보겠습니다.

먼저 초안 상태에서는 원고를 보강하는 것이 효과적입니다. 기본 내용을 유지하면서 필요한 부분을 보강하고 추가 설명을 제공하면 분량은 늘어나지만 표현이 개선되고 부족했던 내용이 보완됩니다. 수정된 부분을 확인하고 싶다면 "볼드체로 표시해 주세요."라는 프롬프트를 추가합니다.

원고 보강 및 문장을 다듬는 프롬프트

 이 글의 원고 내용을 보강해서 문장을 더 자연스럽고 명확하게 다듬어 주세요.
– 수정한 내용은 볼드체로 표시해 주세요.

[원고]
챗GPT는 2023년 4월까지 정보까지만 제공합니다. 그렇기 때문에 최신 뉴스를 검색할 수가 없습니다. 하지만 이런 부분을 최근 들어서는 "최신 뉴스 검색해서 정보를 제공해 주세요."와 같은 표현을 사용해서 실시간 뉴스 검색이 가능해졌다. 챗GPT가 최신 뉴스를 검색하여 정보를 제공하는 과정은 간단하다. 먼저, 사용자는 챗GPT의 검색 기능을 통해 특정 키워드나 주제를 입력하여 관련 뉴스를 검색할 수 있다. 챗GPT는 신뢰할 수 있는 다양한 뉴스 출처에서 정보를 수집해 신뢰성과 정확성을 높인다. 수집된 뉴스 정보는 챗GPT에 의해 요약되고 분석되어 사용자에게 제공된다. 이를 통해 사용자는 방대한 정보를 빠르게 파악하고 핵심 내용을 이해할 수 있다. 또한, 뉴스는 실시간으로 변화하므로 챗GPT는 지속적으로 데이터를 업데이트해 최신 정보를 제공한다. 이는 사용자가 항상 최신 정보를 얻을 수 있도록 보장한다.

 챗GPT는 2023년 4월까지의 정보까지만 제공합니다. 따라서 자체적으로 최신 뉴스를 검색할 수는 없습니다. 그러나 최근에는 "최신 뉴스 검색해서 정보를 제공해 주세요."와 같은 표현을 사용해 실시간 뉴스 검색이 가능해졌습니다.
챗GPT가 최신 뉴스를 검색해 정보를 제공하는 과정은 간단합니다. 먼저, 사용자는 챗GPT의 검색 기능을 통해 특정 키워드나 주제를 입력하여 관련 뉴스를 검색합니다. 챗GPT는 다양한 신뢰할 수 있는 뉴스 출처에서 정보를 수집해 신뢰성과 정확성을 높입니다. 수집된 뉴스 정보는 챗GPT에 의해 요약되고 분석되어 사용자에게 제공됩니다. 이를 통해 사용자는 방대한 정보를 빠르게 파악하고 핵심 내용을 이해할 수 있습니다. 또한, 뉴스는 실시간으로 변화하므로 챗GPT는 지속적으로 데이터를 업데이트해 최신 정보를 제공합니다. 이는 사용자가 항상 최신 정보를 얻을 수 있도록 보장합니다.

원고를 보강했다면 이제 내용을 크게 바꾸지 않고 원래 의미를 유지하며 문장 구조와 표현을 개선하고 단락 간 연결성을 강화시킵니다.

문장 구조와 표현을 개선하는 프롬프트

 원고의 내용 변경을 최소한으로 하되 문장을 더 자연스럽고 명확하게 다듬어 주세요.

[원고]
챗GPT는 최근 몇 년 동안 업무 생산성을 크게 향상시킬 수 있는 도구로 떠오르며 많은 직장인의 관심을 받고 있습니다. 하지만 어디서부터 접근해야 할지 모르는 경우가 많습니다. 이러한 기술 발전은 직장인들이 업무 수행 방식을 혁신적으로 변화시킬 수 있는 새로운 기회를 제공합니다. 챗GPT를 활용하면 업무 처리 속도를 높이고, 정확도를 개선하며, 반복적인 작업에서 벗어나 더 중요한 업무에 집중할 수 있습니다. 이러한 장점들을 바탕으로, 본문에서는 챗GPT의 기본 기능을 소개하고, 업무에 적용할 수 있는 다양한 방법을 자세히 탐구할 것입니다. 또한, 시간 관리, 정보 검색, 자동화 등 업무 효율을 높일 수 있는 구체적인 사용 예시를 통해 챗GPT를 효과적으로 활용하는 방법을 제공할 것입니다.

 챗GPT는 최근 몇 년 동안 업무 생산성을 크게 향상시킬 수 있는 도구로 떠오르며 많은 직장인의 관심을 받고 있습니다. 그러나 어디서부터 접근해야 할지 모르는 경우가 많습니다. 이 기술의 발전은 직장인들이 업무 수행 방식을 혁신적으로 변화시킬 수 있는 새로운 기회를 제공합니다. 챗GPT를 활용하면 업무 처리 속도를 높이고, 정확도를 개선하며, 반복적인 작업에서 벗어나 더 중요한 업무에 집중할 수 있습니다.
이러한 장점을 바탕으로, 본문에서는 챗GPT의 기본 기능을 소개하고, 업무에 적용할 수 있는 다양한 방법을 자세히 탐구할 것입니다. 또한, 시간 관리, 정보 검색, 자동화 등 업무 효율을 높일 수 있는 구체적인 사용 예시를 통해 챗GPT를 효과적으로 활용하는 방법을 제공할 것입니다.

마지막으로 문장의 세부 표현을 다듬고 오탈자를 수정합니다. 글의 완성도를 높이고 독자에게 깔끔한 인상을 주기 위해 세심하게 살펴봅니다.

비문 및 오탈자 점검 프롬프트

 아래 원고 내용 변경을 최소로 해서 문법에 맞지 않는 단어나 문장을 다듬어 주세요.

[원고]
챗GPT는 최근 몇 년 동안 업무 생산성을 크게 향상시킬 수 있는 도구로 떠오르며 많은 직장인의 관심을 받고 있습니다. 그러나 어디서부터 접근해야 할지 모르는 경우가 많습니다. 이 기술의 발전은 직장인들이 업무 수행 방식을 혁신적으로 변화시킬 수 있는 새로운 기회를 제공합니다. 챗GPT를 활용하면 업무 처리 속도를 높이고, 정확도를 개선하며, 반복적인 작업에서 벗어나 더 중요한 업무에 집중할 수 있습니다. 이러한 장점을 바탕으로, 본문에서는 챗GPT의 기본 기능을 소개하고, 업무에 적용할 수 있는 다양한 방법을 자세히 탐구할 것입니다. 또한, 시간 관리, 정보 검색, 자동화 등 업무 효율을 높일 수 있는 구체적인 사용 예시를 통해 챗GPT를 효과적으로 활용하는 방법을 제공할 것입니다.

 챗GPT는 최근 몇 년 동안 업무 생산성을 크게 향상시킬 수 있는 도구로 떠오르며 많은 직장인의 관심을 받고 있습니다. 그러나 어디서부터 접근해야 할지 모르는 경우가 많습니다. 이 기술의 발전은 직장인들이 업무 수행 방식을 혁신적으로 변화시킬 새로운 기회를 제공합니다. 챗GPT를 활용하면 업무 처리 속도를 높이고, 정확도를 개선하며, 반복적인 작업에서 벗어나 더 중요한 업무에 집중할 수 있습니다.
이러한 장점을 바탕으로, 본문에서는 챗GPT의 기본 기능을 소개하고, 업무에 적용할 수 있는 다양한 방법을 자세히 탐구할 것입니다. 또한, 시간 관리, 정보 검색, 자동화 등 업무 효율을 높일 수 있는 구체적인 사용 예시를 통해 챗GPT를 효과적으로 활용하는 방법을 제공할 것입니다.

이 순서는 내용의 변화를 보여 주기 위한 예시로, 반드시 이 순서대로 진행할 필요는 없습니다. 각 단계의 목적과 중점 사항을 이해하고 그에 맞게 작업하는 것이 수정 단계의 목표입니다. 따라서 원고의 진행 상황에 따라 순서를 바꿔도 좋고 일부 과정을 생략하거나 추가해도 좋습니다. 여기서 더 나아가 프롬프트에 세부적인 요청 사항을 추가하는 방법도 있습니다.

세부적인 요청 사항을 추가한 프롬프트

 아래 원고의 내용 변경을 최소한으로 하되 문장을 더 자연스럽고 명확하게 다듬어 주세요.
– 만약 특정 부분에 추가 설명이나 근거가 필요하다면 구체적으로 제안해 주세요.
– 소제목은 그대로 두고 본문을 두 단락으로 구성해 주세요.
– 피동문을 능동문으로 바꾸고, 전문 용어는 쉬운 단어로 설명해 주세요.

[원고]
첫째, 챗GPT의 기본 기능과 업무 적용
챗GPT는 자연어 처리를 기반으로 하는 대화형 AI로서, 이메일 작성, 문서 초안 생성, 데이터 분석 보고 등 다양한 언어 관련 작업을 능숙하게 처리할 수 있는 능력을 갖추고 있습니다. 이를 통해 직장인들은 업무의 자동화와 최적화를 실현하며, 전반적인 작업 효율을 크게 향상시킬 수 있습니다. 예를 들어, 챗GPT를 사용하여 회의록에서 핵심 내용을 신속하게 추출하거나, 아이디어 브레인스토밍을 통해 프로젝트 제안서의 창의적인 초안을 마련할 수 있습니다 다. 이와 같은 방식으로 챗GPT를 활용함으로써, 업무 프로세스가 더욱 간소화되고 생산성이 높아지는 결과를 얻을 수 있습니다.

 첫째, 챗GPT의 기본 기능과 업무 적용
챗GPT는 자연어 처리를 기반으로 한 대화형 AI로, 이메일 작성, 문서 초안 작성, 데이터 분석 보고서 생성 등 언어 관련 다양한 작업을 능숙하게 수행할 수 있습니다. 이 기능을 통해 직장인들은 업무의 자동화와 최적화를 실현할 수 있으며, 전반적인 작업 효율을 크게 향상시킬 수 있습니다.
예를 들어, 챗GPT를 활용하여 회의록에서 핵심 내용을 신속하게 추출하거나, 아이디어 브레인스토밍을 통해 프로 젝트 제안서에 대한 창의적인 초안을 마련할 수 있습니다. 이러한 활용은 업무 프로세스를 간소화하고 생산성을 높이는 결과로 이어집니다.

추가 설명 및 근거 제공:
1. 본문을 두 단락으로 구성하여, 첫 번째 단락에서는 챗GPT의 기능적 측면과 직장인들이 어떻게 업무에 이를 적용할 수 있는지에 초점을 맞췄습니다. 이는 독자가 챗GPT의 역할을 쉽게 이해할 수 있도록 돕습니다.

2. 두 번째 단락은 구체적인 활용 예시를 제공하여, 챗GPT가 업무 생산성을 어떻게 향상시킬 수 있는지 구체적인 상황을 통해 설명합니다. 이는 독자가 챗GPT의 이점을 실제 업무 상황에 어떻게 적용할 수 있는지에 대한 이해를 깊게 합니다.

세부 요청 사항에 따라 문단을 나누고 추가 설명과 근거를 제시한 것을 볼 수 있습니다.

이외에도 "모든 문장을 '합니다'로 마무리해 주세요."나 "리듬과 템포를 조절해 문장의 길이와 구조, 어휘 등을 자연스럽게 수정해 주세요.", "불필요한 부분은 삭제해 주세요."와 같은 세부 수정도 문장을 매끄럽게 만드는 데 효과적입니다. 더불어 괄호 프롬프트를 활용해 원고를 곧장 수정하는 방법도 있습니다. 이처럼 세부 수정 과정까지 거친 원고는 독자의 이해를 돕고 글의 신뢰도를 높이므로 꼼꼼하게 진행하는 것이 좋습니다.

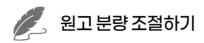# 원고 분량 조절하기

챗GPT는 기본적으로 한 번에 1500자 정도의 원고를 생성하며, 정확한 글자 수를 요청해도 제시하지 않습니다. 1500자 이상의 원고가 필요하다면 2~3번의 프롬프트로 원하는 분량을 얻을 수 있습니다. 최근에는 3000자 내외까지 생성이 가능해졌지만, 여전히 정확한 글자 수 제공은 어렵습니다(1만 자 이상의 원고를 작성하는 방법에 대한 자세한 내용은 부록 A-2를 참고하세요).

글쓰기 작업에서 원고의 분량을 조절하는 것은 매우 중요한 과정입니다. 때로는 주제와 맥락에 맞게 원고의 길이를 늘려야 할 필요가 있습니다. 이럴 때는 챗GPT에게 적절한 프롬프트를 제공하여 보다 상세하고 긴 글을 작성하도록 요청할 수 있습니다. 예를 들어 "아래 [원고]를 기반으로 주제와 내용에 적합한 내용으로 상세하고 긴 글을 작성해 주세요."와 같은 프롬프트를 입력하면 원고의 분량을 늘릴 수 있습니다.

원고 분량을 늘리는 프롬프트

 아래 [원고]를 기반으로 주제와 내용에 적합한 내용으로 상세하고 긴 글을 작성해
주세요.

[원고]
주제: 좌절 속에서도 희망을 놓지 않는 법
인생이라는 여정에서 우리는 끊임없이 새로운 능력을 쌓아 가야 한다. 하지만 그 과
정은 결코 순탄하지 않다. 특히 능력이 부족한 상태에서 살아남기 위해, 돈을 벌기
위해 애쓰는 시기에는 더욱 그렇다. 어떻게 살아가야 할지 막막하고, 앞으로 나아갈

힘조차 없어 보이는 그런 상황 속에서 우리는 종종 좌절하고 포기하고 싶은 유혹에 빠지곤 한다.

하지만 그런 어려운 시기를 겪어본 사람이라면 누구나 깨닫게 된다. 능력이란 한순간에 주어지는 것이 아니며, 오랜 시간 동안 꾸준히 노력해야만 비로소 쌓을 수 있는 것이라는 사실을 말이다. 때로는 너무나도 더디게 느껴지는 그 과정 속에서도, 우리는 한 계단씩 성장하고 있음을 잊지 말아야 한다. 비록 지금은 고단하고 막막할지라도 말이다.

주제: 좌절 속에서도 희망을 놓지 않는 법

인생의 여정과 끊임없는 능력의 발전

인생은 끝없는 배움과 성장을 요구하는 여정입니다. 이 여정에서 우리는 새로운 능력을 쌓아 가며, 스스로를 끊임없이 발전시켜야 합니다. 하지만 이 과정은 결코 순탄치 않습니다. 특히 능력이 부족한 상태에서 생계를 유지하고 돈을 벌기 위해 애쓰는 시기에는 더욱 그렇습니다. 이러한 상황 속에서 우리는 종종 어떻게 살아가야 할지 막막하고, 앞으로 나아갈 힘조차 없어 보이는 좌절감에 빠지게 됩니다.

좌절과 포기의 유혹

어려움이 닥칠 때마다 우리는 좌절하고 포기하고 싶은 유혹에 빠지곤 합니다. 불확실한 미래와 끝이 보이지 않는 고통 속에서 희망을 잃기 쉽습니다. 이러한 감정은 자연스러운 것이지만, 이를 극복하고 희망을 유지하는 것이 중요합니다.

능력의 축적: 시간이 필요한 과정

능력이란 한순간에 주어지는 것이 아닙니다. 오랜 시간 동안 꾸준한 노력과 인내를 통해 비로소 쌓을 수 있는 것입니다. 때로는 그 과정이 너무 더디게 느껴져 좌절감이 커지기도 합니다. 하지만 중요한 것은 우리가 한 계단씩 성장하고 있다는 사실을 잊지 않는 것입니다. 비록 지금은 고단하고 막막할지라도, 우리는 조금씩 앞으로 나아가고 있습니다.

좌절 속에서 희망을 찾는 방법

1. 작은 목표 설정과 달성: 큰 목표를 이루기 위해서는 작은 목표를 설정하고 달성해 나가는 과정이 필요합니다. 작은 성취는 자신감을 높이고, 더 큰 목표를 향한 동기 부여가 됩니다.

2. 자기 돌봄과 휴식: 지나친 스트레스와 피로는 좌절감을 더욱 심화시킵니다. 자기 돌봄과 충분한 휴식을 통해 마음과 몸을 회복시키는 것이 중요합니다.
3. 긍정적인 생각과 감사의 마음: 어려운 상황 속에서도 작은 긍정적인 측면을 찾고 감사하는 마음을 가지는 것이 중요합니다. 이는 정신적인 회복력과 희망을 유지하는 데 큰 도움이 됩니다.
4. 지원 네트워크 활용: 친구, 가족, 멘토와 같은 지원 네트워크는 힘든 시기를 이겨내는 데 큰 도움이 됩니다. 그들의 조언과 격려는 우리에게 큰 힘이 됩니다.
5. 자신의 성장을 인정하기: 우리는 종종 자신이 얼마나 성장했는지 인식하지 못합니다. 지난날의 자신과 현재의 자신을 비교하며 성장한 부분을 인정하고 지축하는 것이 필요합니다.

끊임없는 도전과 희망의 유지
인생은 끊임없는 도전의 연속입니다. 좌절과 실패는 피할 수 없는 부분이지만, 그 속에서도 희망을 잃지 않는 것이 중요합니다. 우리는 시간이 지남에 따라 성장하고, 그 과정에서 얻은 경험과 지식은 우리의 능력을 더욱 강화시킵니다.

결론
좌절 속에서도 희망을 놓지 않는 법은 꾸준한 노력과 긍정적인 마음가짐, 그리고 자신과 주변 사람들의 지지를 통해 이루어집니다. 인생의 여정에서 우리는 끊임없이 새로운 능력을 쌓아 가야 합니다. 그 과정이 아무리 힘들고 더디게 느껴지더라도, 우리는 결국 한 계단씩 성장하고 있음을 믿어야 합니다. 그러므로 좌절하지 말고, 꾸준히 나아가며 희망을 유지하는 것이 중요합니다.

이 프롬프트에도 마찬가지로 구체적으로 요청 사항을 추가할 수 있습니다. 예를 들어 "글자 수는 3000자 이상으로 작성해 주세요." 또는 "문장 구조를 서론, 본론, 결론으로 구성해 주세요."와 같은 문장을 프롬프트에 추가함으로써 원하는 분량과 구조를 얻을 수 있습니다.

반대로 핵심 메시지만 전달하기 위해 원고의 분량을 줄여야 할 때가 있습니다. 이때는 특정 요약 방식이나 형식에 맞춰 내용을 압축하는 것이 효과적입니다.

이 방법으로 글의 핵심은 유지하면서 불필요한 부분을 제거해 더 집중된 메시지를 전달할 수 있습니다.

원고 분량을 줄이는 프롬프트 ①

 아래 [원고]를 다른 사람에게 말로 전달할 수 있도록 간략하게 핵심 메시지를 토대로 두 문장으로 작성해 주세요.

[원고]
최근 몇 년 사이에 챗GPT는 업무 생산성을 크게 향상시킬 수 있는 도구로 주목받고 있다. 이 기술의 발전은 직장인들에게 업무 수행 방식을 혁신적으로 바꿀 수 있는 새로운 기회를 마련해 주었다. 챗GPT의 활용은 업무 처리 속도를 높이고 정확도를 개선하는 한편, 반복적인 작업을 줄여 더 중요한 업무에 집중할 수 있도록 돕는다. 이와 같은 장점을 바탕으로 이 글에서는 챗GPT의 기본 기능과 업무에 적용할 수 있는 다양한 방법을 자세히 탐구할 것이다. 더불어 시간 관리, 정보 검색, 자동화 등 업무 효율을 높일 수 있는 구체적인 사용 예시를 통해 챗GPT를 어떻게 효과적으로 활용할 수 있는지 알아볼 것이다.

 챗GPT는 업무 처리 속도와 정확도를 향상시켜 반복적인 작업을 줄이고 업무 생산성을 크게 증가시키는 혁신적 도구로 주목받고 있다. 이 기술은 시간 관리, 정보 검색, 자동화 등 다양한 업무 영역에 적용 가능하여 직장인들에게 업무 수행 방식을 개선할 새로운 기회를 제공한다.

이처럼 원고의 분량을 직접 지정해서 분량을 줄일 수도 있지만, 가장 중요한 정보를 강조하는 방식으로 원고를 줄일 수도 있습니다.

원고 분량을 줄이는 프롬프트 ②

 [원고]에서 가장 중요한 정보를 강조하고 나머지 부분은 간략히 요약해 주세요.

[원고]

챗GPT, 자연어 처리 기반의 대화형 AI는 이메일 작성, 문서 초안 작성, 데이터 분석 보고서 작성과 같은 다양한 언어 작업을 손쉽게 처리합니다. 이 기능을 통해 직장인들은 업무를 자동화하고 최적화하여 전반적인 작업 효율성을 크게 개선할 수 있습니다. 예를 들어, 챗GPT를 사용해 회의록에서 핵심 내용을 빠르게 뽑아내거나, 아이디어 브레인스토밍을 통해 프로젝트 제안서에 창의적인 초안을 추가할 수 있습니다. 이렇게 챗GPT를 활용하면 업무 프로세스가 단순화되고 생산성이 증가합니다. 이러한 설명은 챗GPT가 어떻게 직장인들의 업무 효율을 높일 수 있는지를 보여 주며, 기술적인 용어를 보다 이해하기 쉬운 언어로 설명합니다. 추가 설명이나 데이터 기반 근거가 필요하면, 실제 챗GPT를 사용한 사례 연구나 업무 효율성이 얼마나 개선되었는지 보여 주는 통계를 제시할 수 있습니다. 예를 들어, 챗GPT를 도입한 회사에서 업무 처리 시간이 평균적으로 얼마나 줄었는지, 또는 특정 업무에서 챗GPT의 활용이 얼마나 효과적이었는지를 분석할 수 있습니다.

 챗GPT는 다양한 언어 작업을 자동화하여 업무 효율성을 크게 개선합니다. 이를 통해 직장인들은 더 중요한 업무에 집중할 수 있게 됩니다.

원고의 분량을 늘리거나 줄이는 프롬프트는 간단하지만 원하는 글자 수를 요청하는 것은 토큰 기반으로 동작하는 챗GPT의 특성상 토큰화 과정에서 오차가 발생합니다. 특히 한글은 자음과 모음 조합으로 정확한 글자 수를 지정하기 어려워 같은 프롬프트를 사용해도 문장 구조나 단어 길이에 따라 글자 수가 달라집니다. 이 문제를 해결하려면 다양한 접근 방식이 필요합니다. 그중 하나가 글자 수 대신 '퍼센트'를 기준으로 분량 조절을 요청하는 방법입니다. 예를 들어, "현재 내용을 200% 정도 늘려 주세요."라고 요청하면, 챗GPT는 원래 글자 수의 약 2배에 해당하는 분량의 내용을 생성합니다. 이 방법은 정확한 글자 수 제어는 어렵지만, 대략적인 분량 조절에는 효과적일 수 있습니다.

퍼센트 단위로 분량 조절하는 프롬프트

 아래 [원고] 글자 수 확인 후 분량을 150% 늘려 주세요.

[원고]
챗GPT는 최근 몇 년 동안 업무 생산성을 크게 향상시킬 수 있는 도구로 떠오르며 많은 직장인의 관심을 받고 있습니다. 하지만 어디서부터 접근해야 할지 모르는 경우가 많습니다. 이러한 기술 발전은 직장인들이 업무 수행 방식을 혁신적으로 변화시킬 수 있는 새로운 기회를 제공합니다. 챗GPT를 활용하면 업무 처리 속도를 높이고, 정확도를 개선하며 반복적인 작업에서 벗어나 더 중요한 업무에 집중할 수 있습니다.

이러한 장점들을 바탕으로, 본문에서는 챗GPT의 기본 기능을 소개하고 업무에 적용할 수 있는 다양한 방법을 자세히 탐구할 것입니다. 또한, 시간 관리, 정보 검색, 자동화 등 업무 효율을 높일 수 있는 구체적인 사용 예시를 통해 챗GPT를 효과적으로 활용하는 방법을 제공할 것입니다.

 [원고]의 글자 수는 392자입니다. 해당 내용에서 150%를 늘리면 약 588자가 됩니다. 이를 바탕으로 내용을 보강해 보겠습니다.

챗GPT는 최근 몇 년 동안 업무 생산성을 크게 향상시킬 수 있는 도구로 떠오르며 많은 직장인의 관심을 받고 있습니다. 이 기술은 다양한 분야에서 활용될 수 있으며, 특히 반복적이고 단순한 작업을 자동화하는 데 유용합니다. 그러나 어디서부터 접근해야 할지 모르는 경우가 많습니다. 많은 사람들이 이러한 기술을 최대한 활용하기 위해 어떤 방식으로 접근해야 할지 고민합니다.

이러한 기술 발전은 직장인들이 업무 수행 방식을 혁신적으로 변화시킬 수 있는 새로운 기회를 제공합니다. 챗GPT를 활용하면 업무 처리 속도를 높이고, 정확도를 개선하며, 반복적인 작업에서 벗어나 더 중요한 업무에 집중할 수 있습니다. 예를 들어, 챗GPT는 데이터 분석, 문서 작성, 고객 서비스 등 다양한 작업에서 효율성을 크게 높일 수 있습니다. 이를 통해 직장인들은 더 창의적이고 전략적인 업무에 집중할 수 있습니다.

이러한 장점들을 바탕으로, 본문에서는 챗GPT의 기본 기능을 소개하고, 업무에 적용할 수 있는 다양한 방법을 자세히 탐구할 것입니다. 챗GPT는 자연어 처리 기술을 기반으로 하여, 사용자와의 상호 작용을 통해 더욱 정교하고 맞춤화된 응답을 제공합니다. 또한, 시간 관리, 정보 검색, 자동화 등 업무 효율을 높일 수 있는 구체적인 사용 예시를 통해 챗GPT를 효과적으로 활용하는 방법을 제시할 것입니다. 이를 통해 챗GPT를 사용하여 업무를 효율적으로 관리하고, 더 나은 성과를 얻을 수 있는 방법을 제시할 것입니다.

이외에 목표로 하는 글자 수에 근접한 문장을 여러 번 생성한 다음 텍스트 편집기에 복사하여 글자 수를 확인한 다음 필요에 따라 직접 원고를 편집하면서 분량을 조절하는 방법도 있습니다. 완벽한 글자 수 제어는 어렵지만, 이런 접근으로 목표에 가까운 글을 작성할 수 있습니다.

Chapter 08

피드백과 교정으로
원고 마무리하기

지금까지 작성하고 수정한 원고에 대해 피드백을 받고 교정교열과 윤문을 통해
글을 다듬는 과정을 다룹니다. 피드백에서는 주제가 명확한지, 주장이 설득력이
있는지, 정보가 정확한지 등을 검토해 원고의 질을 높이는 프롬프트 예시를 함께
살펴보겠습니다. 더불어 교정 단계에서는 문법, 맞춤법, 구두점, 오타 등을 검토하
고 수정하는 과정에서 챗GPT의 도움을 받는 방법을 다룹니다.

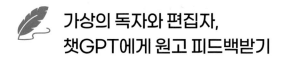

가상의 독자와 편집자, 챗GPT에게 원고 피드백받기

글쓰기 과정에서 피드백은 사용자의 생각을 전달하고 독자와의 소통을 강화하는 데 중요한 역할을 합니다. 피드백은 글의 구조, 스타일, 내용 등 다양한 측면에서 제공되어 사용자가 자신의 글을 객관적으로 평가하고 개선할 기회를 얻을 수 있습니다. 이 단계에서 챗GPT는 원고를 분석하여 문법, 어휘, 문장 구조 등을 점검하고 개선 방안을 제시함으로써 효율적으로 원고를 수정할 수 있도록 지원하는 역할을 합니다. 또, 글의 주제, 논리적 흐름, 설득력 등에 대한 피드백을 제공하여 글의 품질 향상에 기여합니다.

특히 피드백 과정에서 챗GPT는 가상 편집자 역할을 도맡아 논리적 흐름, 주장의 설득력, 내용의 충실성 등에 대해 원고를 평가하고 의견을 제시합니다. 또, 독자 관점에서 이해하기 어렵거나 보완이 필요한 부분을 지적하고 개선 방향을 제안하여 실제 글을 읽게 될 독자와의 소통을 강화하는 데 도움을 주어 사용자는 자신의 글에 대해 객관적이고 건설적인 의견을 얻을 수 있습니다.

피드백 요청 시에는 원고의 주제, 목적, 대상 독자 등 기본 정보와 함께 원하는 피드백 측면을 구체적으로 질문하는 것이 좋습니다. 예를 들어, "글의 논리적 흐름이 자연스러운지", "주장이 설득력 있게 전달되는지", "독자의 이해를 돕기 위해 추가할 내용이 있는지" 등에 대해 피드백을 요청할 수 있습니다. 만약 사용자가 자신의 메시지가 독자에게 충분히 전달되지 않는다고 느낀다면 피드백을 통해 내용을 더 자세히 설명하거나 핵심 포인트를 강조하는 방법에 대한 조언을 받을 수 있습니다. 더불어 글의 구조 개선, 더 설득력 있는 서론이나 결론 제시와 같은 구체적인 제안도 피드백에 포함될 수 있습니다.

이처럼 원하는 피드백의 수준에 따라 프롬프트도 조금씩 달라집니다. 먼저 가장 기본적이고 포괄적인 피드백을 요청하는 프롬프트부터 살펴보겠습니다. 다음 프롬프트는 특정 부분이나 요소에 대한 지시 없이 다양한 관점에서 피드백을 받을 수 있습니다.

포괄적인 피드백을 요청하는 프롬프트

 아래 [원고]에 대해 피드백해 주세요.
– 글의 전반적인 인상, 흥미로운 점, 개선이 필요한 부분 등 자유롭게 의견을 제시해 주세요.

[원고]
챗GPT를 활용한 업무 생산성 향상 방법
최근 몇 년 사이에 챗GPT는 업무 생산성을 크게 향상시킬 수 있는 도구로 주목받고 있다. 이 기술의 발전은 직장인들에게 업무 수행 방식을 혁신적으로 바꿀 수 있는 새로운 기회를 마련해 주었다. 챗GPT의 활용은 업무 처리 속도를 높이고 정확도를 개선하는 한편, 반복적인 작업을 줄여 더 중요한 업무에 집중할 수 있도록 돕는다. 이와 같은 장점을 바탕으로 이 글에서는 챗GPT의 기본 기능과 업무에 적용할 수 있는 다양한 방법을 자세히 탐구할 것이다. 더불어 시간 관리, 정보 검색, 자동화 등 업무 효율을 높일 수 있는 구체적인 사용 예시를 통해 챗GPT를 어떻게 효과적으로 활용할 수 있는지 알아볼 것이다.

첫째, 챗GPT의 기본 기능과 업무 적용
챗GPT는 자연어 처리를 기반으로 한 대화형 인공지능으로서, 다양한 언어 작업을 수월하게 처리한다. 이는 이메일 작성, 문서 초안 작성, 데이터 분석 보고서 생성 등 업무에 필요한 다양한 작업에 활용될 수 있다. 이 기술을 통해 직장인들은 반복적이고 시간이 많이 소요되는 작업들을 자동화하고 최적화할 수 있어, 업무 효율성을 대폭 개선할 수 있다.

예를 들어, 챗GPT는 회의록에서 중요한 정보를 빠르게 추출하거나, 프로젝트 제안서를 위한 창의적인 아이디어를 도출하는 데 사용될 수 있다. 이러한 활용은 업무 프로세스를 간소화하며, 결과적으로 생산성을 증가시키는 긍정적인 영향을 미친다. 이처럼 챗GPT를 활용하면 업무의 질을 높이고 시간을 절약하여 더 중요한 업무에 집중할 수 있는 여유를 얻을 수 있다.

둘째, 구체적인 사용 예시 및 적용 방법

시간 관리 측면에서 챗GPT의 활용은 업무 일정의 관리와 우선순위 설정에 혁신을 가져올 수 있다. 예를 들어, 일주일 동안 처리해야 할 업무 목록을 챗GPT에 제시하고 각각의 업무에 대한 우선순위 결정을 도와달라고 요청할 수 있다. 이를 통해 사용자는 중요한 업무에 집중하고, 시간 배분을 보다 효과적으로 할 수 있다.

또한, 정보 검색과 자동화에서 챗GPT의 역할은 매우 중요하다. 사용자가 특정 주제에 대한 정보를 요구하면, 챗GPT는 관련된 정보를 신속하게 검색하고 요약하여 제공한다. 이 기능은 특히 연구 보고서나 시장 분석 자료를 준비할 때 매우 유용하며, 전체적인 연구 과정을 간소화하고 시간을 절약할 수 있다.

자동화 측면에서는 이메일 응답, FAQ 처리, 기술 지원 문서 작성과 같은 반복적인 업무를 챗GPT를 통해 자동화할 수 있다. 사용자는 챗GPT에게 일상적인 문의 사항에 대한 표준 답변을 설정하고, 이를 바탕으로 챗GPT가 신속하고 일관된 응답을 제공하게 할 수 있다. 이를 통해 업무 효율성이 크게 향상될 수 있다.

셋째, 챗GPT 사용 시 주의점 및 활용 팁

챗GPT 사용 시 가장 중요한 것은 제공된 정보의 정확성을 확인하는 것이다. 특히 민감한 정보를 다루는 경우, 데이터 보안과 프라이버시 보호에 특별한 주의가 필요하다. 사용자는 챗GPT가 제공하는 정보를 다른 출처와 비교하여 검증하는 습관을 들이는 것이 좋으며, 민감한 정보의 경우에는 암호화된 통신 채널을 사용하여 처리해야 한다.

또한, 챗GPT의 응답 정확도를 최대화하기 위해서는 질문을 구체적으로 제시하는 것이 중요하다. 챗GPT와의 상호 작용을 통해 모델이 지속적으로 학습하고 개선될 수 있도록 사용자의 피드백과 질문이 중요한 역할을 한다. 이러한 접근 방식을 통해 챗GPT의 활용도를 높이고, 업무 효율성을 극대화할 수 있다.

챗GPT를 활용한 업무 생산성 향상 방법은 업무 수행 방식에 혁신을 가져올 수 있는 강력한 도구이다. 챗GPT의 기본 기능을 숙지하고, 이를 시간 관리, 정보 검색,

챗GPT를 활용한 업무 생산성 향상 방법은 업무 수행 방식에 혁신을 가져올 수 있는 강력한 도구이다. 챗GPT의 기본 기능을 숙지하고, 이를 시간 관리, 정보 검색, 자동화 등의 업무에 효과적으로 적용함으로써 업무 효율을 향상시킬 수 있다. 하지만 챗GPT를 사용할 때는 제공된 정보의 정확성을 확인하고, 데이터 프라이버시를 철저히 보호하는 것이 중요하다. 이런 방법으로 직장인들은 챗GPT를 활용해 업무 생산성을 극대화할 수 있다. 이 글에서 소개된 핵심 메시지와 팁들이 여러분의 업무 환경에 긍정적인 영향을 미치기를 바란다.

 원고에 대한 피드백을 드리겠습니다. 전반적으로 원고는 챗GPT를 활용한 업무 생산성 향상에 대한 유용한 정보와 구체적인 예시를 잘 제시하고 있습니다. 다만, 몇 가지 개선할 수 있는 부분이 있습니다.

1. 서론의 강화: 서론 부분에서 챗GPT의 업무 생산성 향상 기능에 대한 개요를 제공하는 것은 좋지만, 독자의 관심을 더욱 끌기 위해 챗GPT의 업무 활용 사례나 실제 성공 사례를 간략하게 언급할 수 있습니다. 이를 통해 독자들이 글에 더 몰입하도록 유도할 수 있습니다.

2. 본론의 구체성 증가: 본론에서는 챗GPT의 다양한 활용 방안을 제시하고 있으나, 더 구체적인 사용 사례나 실제 적용 예시를 추가하여 독자들이 챗GPT를 어떻게 활용할 수 있는지에 대한 이해를 돕는 것이 좋겠습니다. 예를 들어, 실제 업무 시나리오에서 챗GPT를 어떻게 활용할 수 있는지에 대한 구체적 가이드를 제공할 수 있습니다.

3. 시각적 요소의 추가: 글이 가독성과 이해도를 높이기 위해 관련 이미지나 다이어그램을 추가하는 것을 고려해볼 수 있습니다. 예를 들어, 챗GPT의 업무 활용 프로세스를 도식화한 다이어그램이나, 실제 적용 사례를 보여 주는 스크린샷 등을 포함할 수 있습니다.

4. 결론의 강화: 결론 부분에서는 글의 주요 내용을 요약하고 있으나, 독자들에게 챗GPT를 활용해 업무 생산성을 향상시키기 위한 구체적인 행동 촉구를 포함시키는 것이 좋습니다. 예를 들어, 챗GPT를 자신의 업무에 적용해 보도록 권려하고, 추가 정보를 얻을 수 있는 자료나 웹사이트 링크를 제공할 수 있습니다.

5. 주의점 및 활용 팁의 심화: 챗GPT 사용 시 주의해야 할 점과 활용 팁을 제공하는 부분은 매우 유용하지만, 더 심화된 내용이나 실제 문제 해결 사례를 포함시켜 독자들이 잠재적 문제를 미리 인식하고 대비할 수 있도록 하는 것이 좋겠습니다.

원고의 내용을 더욱 풍부하고 실용적으로 만들기 위해 이러한 개선 사항을 고려해 보시기 바랍니다.

사용자가 요청한 대로 글의 전체적인 관점에서 개선할 부분에 대해 조언하는 것을 확인할 수 있습니다. 이번에는 전반적인 내용을 포함해 글의 구조, 표현 방식에 대한 피드백을 구체적으로 요청해 보겠습니다.

구조, 표현 방식에 대해 피드백을 요청하는 프롬프트

아래 [원고]에서 전반적인 내용, 구조, 표현 방식에 대해 피드백해 주세요. 특히 독자 가 이해하기 쉽고 설명이 명확한지 그리고 글의 흐름이 자연스러운지에 대한 의견 도 제시해 주세요.

[원고]
챗GPT를 활용한 업무 생산성 향상 방법
최근 몇 년 사이에 챗GPT는 업무 생산성을 크게 향상시킬 수 있는 도구로 주목받 고 있다.
…
(중략)

원고의 내용과 구조, 표현 방식에 대한 피드백을 드리겠습니다. 전반적으로 원고는 챗GPT를 활용한 업무 생산성 향상 방법에 대해 명확하고 이해하기 쉬운 방식으로 설명하고 있습니다. 글의 구성이 서론, 본론, 결론으로 나뉘어져 있어 전체적인 흐름 이 자연스럽고 각 부분이 잘 연결되어 있습니다.

긍정적인 측면:
1. 주제 선정: 챗GPT를 활용한 업무 생산성 향상이라는 주제는 매우 유용하며, 독 자들에게 실질적인 가치를 제공합니다.
2. 구체적 예시: 업무에서 챗GPT를 활용하는 구체적인 예시를 제시함으로써 독자 들이 내용을 쉽게 이해하고 실제 환경에 적용할 수 있도록 합니다.

3. 주의점 및 활용 팁: 챗GPT 사용 시 주의해야 할 점과 효과적인 활용 방법을 제공함으로써 독자들이 잠재적인 문제를 피하고, 챗GPT의 이점을 최대화할 수 있도록 돕습니다.

개선할 수 있는 측면:

1. 서론의 확장: 서론 부분에서 챗GPT의 역사나 개발 배경에 대한 간략한 설명을 추가하여 독자들이 기술에 대해 더 깊이 이해할 수 있도록 구성하면 좋겠습니다.
2. 본론의 세분화: 본론에서 다루는 내용을 소주제별로 더 세분화하여 각각의 소주제를 더 상세히 다룰 필요가 있습니다. 예를 들어, 시간 관리, 정보 검색, 자동화를 각각 별도의 소제목으로 구분하고, 각 소제목 아래에서 더 다양한 사용 사례와 실제 적용 방법을 제공할 수 있습니다.
3. 표현 방식의 다양화: 글의 표현 방식에 다양성을 더해 독자의 관심을 유지하고 가독성을 향상시킬 수 있습니다. 예를 들어, 일부 중요한 문장이나 구절을 굵게 하거나, 관련 이미지나 그래픽을 추가하여 글에 시각적 요소를 더하는 것이 좋습니다.
4. 결론의 강화: 결론 부분에서는 글의 주요 내용을 간략하게 요약하고, 독자들이 실생활에서 챗GPT를 활용할 수 있도록 동기를 부여하는 문구를 추가할 수 있습니다. 또한, 독자들이 추가 정보를 얻을 수 있는 외부 자료나 참고 문헌을 제공하는 것도 고려해 볼 수 있습니다.

이 프롬프트에서는 특히 이해도, 명확성, 흐름의 자연스러움을 강조하자 글의 논리적 흐름과 독자가 글을 쉽게 이해할 수 있는지를 중점적으로 평가하고 개선하는 데 중점을 두고 피드백한 것을 볼 수 있습니다.

다음 프롬프트는 주제의 명확성, 주장의 설득력, 정보의 정확성과 완전성에 그리고 문체와 어조가 메시지 전달에 적합한지, 독자의 몰입을 유도하는지에 대해 피드백을 요청해 보겠습니다.

주제, 주장, 정보 등에 대한 피드백 요청하기

아래 [원고]의 주제가 명확하게 전달되고 있는지, 주장이 설득력 있게 뒷받침되고 있는지 그리고 제시된 정보가 정확하고 충분한지에 대해 중점적으로 의견을 제시해 주세요.

또, 문체와 어조가 전달하고자 하는 메시지에 적합한지, 서술 방식이 독자의 몰입을 유도하는지에 대해서도 의견을 제시해 주세요.

[원고]
챗GPT를 활용한 업무 생산성 향상 방법
최근 몇 년 사이에 챗GPT는 업무 생산성을 크게 향상시킬 수 있는 도구로 주목받고 있다.
…
(중략)

주제 전달 및 주장 뒷받침

주제 전달: 원고의 주제인 "챗GPT를 활용한 업무 생산성 향상 방법"은 명확하게 전달되고 있습니다. 각 섹션은 주제와 일치하며, 챗GPT의 기능과 활용 방법에 대한 설명이 체계적으로 제시되어 있습니다.

주장 뒷받침: 주장은 주로 챗GPT의 다양한 기능과 구체적인 활용 예시를 통해 설득력 있게 뒷받침되고 있습니다. 이메일 작성, 문서 초안 작성, 데이터 분석 보고서 생성 등의 다양한 작업에 대한 설명은 실질적인 적용 사례로서 효과적입니다. 또한 시간 관리, 정보 검색, 자동화 등 구체적인 사용 예시는 챗GPT가 업무 효율성을 높이는 데 실제로 어떻게 기여할 수 있는지를 잘 보여 주고 있습니다.

정보의 정확성 및 충분성

정보의 정확성: 제시된 정보는 대체로 정확해 보이지만, 특정 기능이나 사용 예시에 대한 더 구체적인 예시나 통계 자료가 추가된다면 신뢰성을 더 높일 수 있을 것입니다. 특히 정보의 정확성을 확인하고 데이터 보안에 주의해야 한다는 부분은 매우 중요하며, 이러한 점을 강조한 것은 적절합니다.

정보의 충분성: 정보는 충분하게 제공되었지만, 특정 기능이나 예시에 대한 더 깊이 있는 설명이 추가된다면 독자에게 더 많은 가치를 제공할 수 있을 것입니다. 예를 들어, 챗GPT를 활용한 구체적인 성공 사례나 통계 자료를 포함하면 더욱 설득력

있는 글이 될 것입니다.

정보의 충분성: 정보는 충분하게 제공되었지만, 특정 기능이나 예시에 대한 더 깊이 있는 설명이 추가된다면 독자에게 더 많은 가치를 제공할 수 있을 것입니다. 예를 들어, 챗GPT를 활용한 구체적인 성공 사례나 통계 자료를 포함하면 더욱 설득력 있는 글이 될 것입니다.

문체 및 어조

문체: 문체는 전문적이고 논리적입니다. 명확하고 직관적인 서술 방식은 독자가 쉽게 이해할 수 있도록 도와줍니다. 다만, 일부 반복적인 표현이나 문장은 간결하게 수정될 수 있습니다.

어조: 어조는 독자에게 유용한 정보를 제공하려는 진지한 태도로 적합합니다. 챗GPT의 유용성을 강조하면서도 사용 시 주의할 점을 명확하게 지적하고 있어 균형 잡힌 어조를 유지하고 있습니다.

서술 방식 및 독자 몰입 유도

서술 방식: 서술 방식은 체계적이고 논리적입니다. 각 섹션이 명확하게 구분되어 있으며, 주제에 대한 일관된 설명이 이어집니다. 그러나 더 많은 사례나 일화가 추가되면 독자의 관심을 끌고 몰입을 유도하는 데 도움이 될 수 있습니다.

독자 몰입 유도: 독자의 몰입을 유도하기 위해서는 더 많은 실제 사례나 챗GPT를 활용한 구체적인 성공 스토리를 포함하는 것이 좋습니다. 예를 들어, 특정 기업이나 개인이 챗GPT를 통해 업무 효율성을 크게 향상시킨 사례를 제시하면 독자가 더욱 공감하고 몰입할 수 있을 것입니다.

결론

전반적으로 원고는 챗GPT를 활용한 업무 생산성 향상 방법에 대해 명확하고 설득력 있게 전달하고 있습니다. 정보는 정확하고 충분하며, 문체와 어조도 적절합니다. 다만, 더 많은 구체적인 예시나 통계 자료, 실제 사례를 추가하면 독자의 관심과 몰입을 더욱 높일 수 있을 것입니다.

피드백을 원하는 부분을 정확히 짚어서 요청하자 좀 더 세부적인 관점에서 원고를 검토하고 개선할 내용도 상세하게 설명하는 것을 확인할 수 있습니다. 이렇게 받은 피드백을 바로 반영해 원고를 수정해 달라는 요청으로 연결할 수 있

습니다. 앞서 살펴본 3가지 프롬프트 중 두 번째로 살펴본 구조, 표현 방식에 대한 피드백을 원고에 적용해 보겠습니다.

피드백 반영하기

제공한 피드백에서 '개선할 수 있는 측면'을 반영해 원고를 수정하고자 합니다.
– 원고의 어느 부분을 어떻게 수정하면 좋을지 구체적 예시를 들어 제안 및 설명해 주세요.
– 수정 전과 후의 내용을 비교할 수 있도록 구성해 주세요.

원고를 개선하기 위해 '개선할 수 있는 측면'에 대한 구체적인 작업 지침을 제공하겠습니다. 각 개선 사항에 대해 수정 전과 수정 후의 예시를 포함하여 설명하겠습니다.

1. 서론의 확장
– 수정 전: 최근 몇 년 사이에 챗GPT는 업무 생산성을 크게 향상시킬 수 있는 도구로 주목받고 있다.
– 수정 후: 최근 몇 년 사이에 챗GPT는 업무 생산성을 크게 향상시킬 수 있는 도구로 주목받고 있다. 챗GPT는 오픈AI에 의해 개발된 고급 자연어 처리 기술을 기반으로 하며, 이 기술은 사용자가 자연스러운 언어로 질문하고 대화할 수 있도록 설계되었다. 이러한 발전은 업무 환경에서의 커뮤니케이션과 작업 처리 방식에 혁신적인 변화를 가져왔다.

2. 본론의 세분화
– 수정 전:
시간 관리 측면에서 챗GPT의 활용은 업무 일정의 관리와 우선순위 설정에 혁신을 가져올 수 있다.
– 수정 후:
시간 관리: 챗GPT를 활용하여 업무 일정 관리와 우선순위 설정을 혁신적으로 개선할 수 있다. 예를 들어, 챗GPT에게 다가오는 일주일 동안의 업무 목록을 입력하고 각 업무의 우선순위를 평가해달라고 요청함으로써 중요한 작업에 집중하고 시간 배분을 최적화할 수 있다.

정보 검색: 챗GPT는 빠르고 정확한 정보 검색을 가능하게 하여, 연구 보고서 작성이나 시장 분석 등의 업무를 지원한다.

자동화: 반복적인 업무, 예를 들어 이메일 응답이나 FAQ 처리를 챗GPT를 통해 자동화함으로써 업무 효율성을 대폭 향상시킬 수 있다.

3. 표현 방식의 다양화

– 수정 전: 챗GPT 사용 시 가장 중요한 것은 제공된 정보의 정확성을 확인하는 것이다.

– 수정 후: 챗GPT 사용 시 가장 중요한 것은 제공된 정보의 정확성을 확인하는 것이다. 민감한 정보를 다룰 때는 특히 더욱 주의가 필요하며, 데이터 보안과 프라이버시를 철저히 보호해야 한다.

4. 결론의 강화

– 수정 전: 이 글에서 소개된 핵심 메시지와 팁들이 여러분의 업무 환경에 긍정적인 영향을 미치기를 바란다.

– 수정 후: 본 글에서 소개된 챗GPT의 기능 이해, 효율적인 시간 관리, 정보 검색 및 업무 자동화 전략이 여러분의 업무 생산성을 극대화하는 데 도움이 되기를 바랍니다. 챗GPT를 통한 업무 혁신을 시작하며, 언제나 정보의 정확성을 확인하고 데이터 보안을 유지하는 것을 잊지 마세요. 추가적인 정보나 궁금한 점이 있다면 [관련 자료 링크]를 참조하거나, 직접 실험을 통해 챗GPT의 무한한 가능성을 탐색해 보세요.

이처럼 피드백을 받는 것은 물론이고 이를 원고에 반영하는 과정까지 챗GPT를 활용할 수 있습니다. 보다 수월하게 피드백을 요청하고 받으려면 맞춤형 지침에 다음 내용을 포함하는 것도 좋습니다.

피드백을 위한 맞춤형 지침 예시

피드백 요청 시 응답에 만족하지 않거나 개선이 필요한 부분이 있다면, 구체적인 예시나 문장을 인용하여 어느 부분이 개선되어야 하는지 명확히 하고, 개선 제안이나 대안은 가능한 한 구체적으로 제안합니다. 또, 피드백의 목적과 우선순위를 명시하고, 긍정적이고 건설적인 언어를 사용하여 의견을 공유합니다.

피드백을 반영할 때 유의해야 할 점이 있습니다. 우선 모든 피드백이 동일하게 중요한 것은 아닙니다. 핵심 피드백(주제와 핵심 주장 강화), 부가 피드백(세부 사항 추가), 즉각 수정 피드백(명백한 오류 수정)으로 우선순위를 설정합니다. 그런 다음 구조, 내용, 표현, 기술로 분류합니다. 이 과정을 통해 어떤 부분을 수정해야 하는지 명확히 파악합니다. 이렇게 분류해 적용할 피드백을 결정했다면 반영할 때는 문단의 순서나 연결어가 부자연스러운 부분은 없는지 맞춤법과 문법 오류는 없는지를 확인하고 추가로 다듬어야 합니다. 필요하다면 추가 피드백을 요청하고 재검토하는 것도 방법입니다.

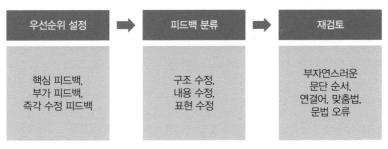

피드백 반영 시 유의 사항

언어의 정확성을 확보하는 원고 교정하기

글의 완성도를 높이려면 여러 차례의 수정과 교정이 필요합니다. 교정 작업은 글의 최종 단계에서 이루어지며 문법, 맞춤법, 구두점, 오타 등 언어적 정확성을 확보하는 중요한 단계입니다. 이 과정은 독자에게 전달되기 전 언어적 오류를 찾아 수정하여 글을 더 정갈하고 전문적으로 만드는 것이 목표입니다. 교정 작업에서 챗GPT는 글의 형식적 오류를 찾아내고 수정하는 데 도움을 줍니다. 철자, 문법, 구두점 등의 오류를 지적하고 올바른 형태를 제안합니다. 또한 문장 구조나 표현의 자연스러움을 확인하고 더 나은 대안을 제시합니다. 이를 통해 글의 오류를 바로잡고 정확한 깔끔한 문장을 만들 수 있어 글쓴이의 전문성을 높일 뿐만 아니라 독자의 이해를 돕고 글로 전달하고자 하는 메시지를 명확히 전달할 수 있습니다.

챗GPT를 활용한 교정 작업은 문법 오류부터 맞춤법 교정, 오타 및 불필요한 반복 확인 등이 있습니다. 대표적인 교정 작업은 다음과 같습니다.

챗GPT를 활용한 교정 작업 예시

- **문법 오류 확인**: 문법적 오류를 확인하고, 있다면 어떻게 수정하는 것이 좋을지 제안 요청

- **맞춤법 교정**: 맞춤법 실수를 찾아 교정하고, 수정 전과 후의 문장을 비교하여 제시 요청

- **오타 및 반복 확인**: 오타나 불필요하게 반복되는 내용이 없는지 확인 요청

- **문장 구조 및 표현 개선**: 문장 구조가 명확하고 자연스러운지, 어색한 표현이나 반복되는 단어 사용이 있는지 점검하고, 간결하고 명확한 표현 요청

- **전문 용어 사용 점검**: 전문 용어가 정확하게 사용되었는지, 문맥에 맞는 언어가 선택되었는지 확인 요청

챗GPT를 활용해 원고를 교정하는 프롬프트 예시를 살펴보겠습니다. 교정 역시 피드백과 마찬가지로 원하는 수준에 따라 프롬프트를 크게 2가지로 작성할 수 있습니다. 먼저 간단하고 일반적인 교정을 요청하는 프롬프트입니다. 문법, 철자, 구두점 오류를 확인하고 수정 전후 내용을 제공하도록 요구합니다.

간단하고 일반적인 교정 요청하기

아래 [원고]에 대해 다음 세부 사항을 적용해 교정 작업해 주세요.
– 원고에서 어느 부분을 어떻게 수정하면 되는지 제공해 주세요.
– 교정된 원고를 보여 주고 마지막에 어떤 것이 수정되었는지 불릿 포인트로 나열해 주세요.

[원고]
챗GPT를 활용한 비즈니스 글쓰기
챗GPT로 글쓰기는 새로운 길을 여는 인공지능 시대의 혁신입니다. 이는 글쓰기의 새로운 지평을 열고자 하는 모든 이에게 도움이 될 것입니다. 챗GPT를 활용한 글쓰기의 중요성은 기존 방식과의 차이에서 시작됩니다. 전통적인 글쓰기는 인간의 창의력과 노력에 의존하여 많은 시간과 에너지가 필요한 반면, 챗GPT는 인공지능의 능력을 활용해 글쓰기 과정을 단축하고 효율적이며 창의적인 결과를 제공합니다. 챗GPT를 활용한 글쓰기는 다음과 같은 이유로 주목받고 있습니다.
첫째, 챗GPT는 빠르게 아이디어를 생성하고 글의 초안을 작성할 수 있어 시간을 절약할 수 있습니다. 이로 인해 작가는 편집과 다듬기에 더 많은 시간을 투자할 수 있게 되며, 최종 결과물의 완성도가 높아집니다.
둘째, 챗GPT는 다양한 아이디어와 접근 방식을 제안하여 작가의 창의성을 자극하고, 고정된 사고방식에서 벗어나 새로운 시각으로 글을 쓰는 데 도움을 줍니다. 이는 글쓰기에 있어 창의성 증진에 큰 역할을 합니다.
셋째, 챗GPT는 작가의 스타일과 요구에 맞춰 글을 수정하고 보완할 수 있어, 독창적이고 일관된 글쓰기 스타일을 유지하는 데 매우 유용합니다. 이는 맞춤형 지침을 제공함으로써 가능해집니다.
이러한 특징들로 인해 챗GPT는 글쓰기 과정을 혁신적으로 변화시키고 있으며, 더 효율적이고 창의적인 글쓰기를 가능하게 합니다. 챗GPT를 활용한 글쓰기는 인공지능 시대에 필수적인 도구로 자리매김할 것이며, 작가들에게 새로운 가능성을 제시할 것입니다.

 챗GPT를 활용한 비즈니스 글쓰기 챗GPT로 글쓰기의 새로운 길을 여는 것은 인공지능 시대의 혁신적인 글쓰기 방법입니다. 이는 글쓰기의 새로운 지평을 열고자 하는 모든 사람에게 도움이 될 것입니다. 챗GPT를 활용한 글쓰기의 중요성은 기존 방식과의 차이에서 시작됩니다. 전통적인 글쓰기는 인간의 창의력과 노력에 의존하여 많은 시간과 에너지가 필요한 반면, 챗GPT는 인공지능의 능력을 활용해 글쓰기 과정을 단축하고, 효율적이며 창의적인 결과를 제공합니다.

챗GPT를 활용한 글쓰기는 다음과 같은 이유로 주목받고 있습니다.

첫째, 챗GPT는 빠르게 아이디어를 생성하고 글의 초안을 작성할 수 있어 시간을 절약할 수 있습니다. 이로 인해 작가는 편집과 다듬기에 더 많은 시간을 투자할 수 있게 되며, 최종 결과물의 완성도가 높아집니다.

둘째, 챗GPT는 다양한 아이디어와 접근 방식을 제안하여 작가의 창의성을 자극하고, 고정된 사고방식에서 벗어나 새로운 시각으로 글을 쓰는 데 도움을 줍니다. 이는 글쓰기에 있어 창의성 증진에 큰 역할을 합니다.

셋째, 챗GPT는 작가의 스타일과 요구에 맞춰 글을 수정하고 보완할 수 있어 독창적이고 일관된 글쓰기 스타일을 유지하는 데 매우 유용합니다. 이는 맞춤형 지침을 제공함으로써 가능합니다.

이러한 특징들로 인해 챗GPT는 글쓰기 과정을 혁신적으로 변화시키고 있으며, 더 효율적이고 창의적인 글쓰기를 가능하게 합니다. 챗GPT를 활용한 글쓰기는 인공지능 시대에 필수적인 도구로 자리매김할 것이며, 작가들에게 새로운 가능성을 제시할 것입니다.

수정된 부분:

"챗GPT로 글쓰기의 새로운 길을 열다는" → "챗GPT로 글쓰기의 새로운 길을 여는 것은"

"글쓰기의 새로운 지평을 열고자 하는 모든 이에게 도움이 될 것입니다." → "글쓰기의 새로운 지평을 열고자 하는 모든 사람에게 도움이 될 것입니다."

"효율적이며 창의적인 결과를 제공합니다." → "효율적이며, 창의적인 결과를 제공합니다."

> "독창적이고 일관된 글쓰기 스타일을 유지하는 데 매우 유용합니다. 이는 맞춤형 지
> 침을 제공함으로써 가능해집니다." → "독창적이고 일관된 글쓰기 스타일을 유지하
> 는 데 매우 유용합니다. 이는 맞춤형 지침을 제공함으로써 가능합니다."

일반적인 교정 작업을 요청하면 작업 속도가 빠르다는 장점이 있습니다. 그러
나 더 구체적이고 전문적인 교정이 필요하다면 문법, 철자, 구두점 오류뿐만
아니라 문장 구조, 표현의 자연스러움, 단어 반복, 전문 용어의 정확성, 문맥에
맞는 언어 선택 등을 점검하도록 요청합니다.

구체적이고 전문적인 교정 요청하기

아래 [원고]를 꼼꼼히 검토하고 문법, 철자, 구두점에 관한 오류를 정정해 주세요.
또, 문장 구조가 명확하고 자연스러운지, 어색한 표현이나 반복되는 단어 사용이 있
는지 점검하고, 간결하고 명확하게 표현할 수 있는 방법을 제안해 주세요.
특히 전문 용어의 정확한 사용과 문맥에 맞는 언어를 선택했는지 확인해 주세요.
– 원고에서 어느 부분을 어떻게 수정하면 되는지 제공해 주세요.
– 표준어를 사용하며, 공식적인 문장 뒷부분은 존칭은 빼고 '다'로 마무리합니다.
– 교정된 원고를 보여 주고 마지막에 어떤 것이 수정되었는지 불릿 포인트로 나열
  해 주세요.

[원고]
챗GPT를 활용한 비즈니스 글쓰기
챗GPT로 글쓰기는 새로운 길을 여는 인공지능 시대의 혁신입니다.
…(중략)

챗GPT를 활용한 비즈니스 글쓰기 챗GPT로 글쓰기의 새로운 길을 여는 것은 인
공지능 시대의 혁신적인 글쓰기 방법이다. 이는 글쓰기의 새로운 지평을 열고자 하
는 모든 사람에게 도움이 될 것이다. 챗GPT를 활용한 글쓰기의 중요성은 기존 방
식과의 차이에서 시작된다. 전통적인 글쓰기는 인간의 창의력과 노력에 의존하여

많은 시간과 에너지가 필요한 반면, 챗GPT는 인공지능의 능력을 활용해 글쓰기 과정을 단축하고, 효율적이며 창의적인 결과를 제공한다.

챗GPT를 활용한 글쓰기는 다음과 같은 이유로 주목받고 있다.

첫째, 챗GPT는 빠르게 아이디어를 생성하고 글의 초안을 작성할 수 있어 시간을 절약할 수 있다. 이로 인해 작가는 편집과 다듬기에 더 많은 시간을 투자할 수 있게 되며, 최종 결과물의 완성도가 높아진다.

둘째, 챗GPT는 다양한 아이디어와 접근 방식을 제안하여 작가의 창의성을 자극하고, 고정된 사고방식에서 벗어나 새로운 시각으로 글을 쓰는 데 도움을 준다. 이는 글쓰기에 있어 창의성 증진에 큰 역할을 한다.

셋째, 챗GPT는 작가의 스타일과 요구에 맞춰 글을 수정하고 보완할 수 있어 독창적이고 일관된 글쓰기 스타일을 유지하는 데 매우 유용하다. 이는 맞춤형 지침을 제공함으로써 가능하다.

이러한 특징들로 인해 챗GPT는 글쓰기 과정을 혁신적으로 변화시키고 있으며, 더 효율적이고 창의적인 글쓰기를 가능하게 한다. 챗GPT를 활용한 글쓰기는 인공지능 시대에 필수적인 도구로 자리매김할 것이며, 작가들에게 새로운 가능성을 제시할 것이다.

수정된 부분:

"챗GPT로 글쓰기의 새로운 길을 열다는" → "챗GPT로 글쓰기의 새로운 길을 여는 것은"

"모든 이에게 도움이 될 것입니다." → "모든 사람에게 도움이 될 것이다."

"중요성은 기존 방식과의 차이에서 시작됩니다." → "중요성은 기존 방식과의 차이에서 시작된다."

"창의적인 결과를 제공합니다." → "창의적인 결과를 제공한다."

"첫째, 챗GPT는 빠르게 아이디어를 생성하고 글의 초안을 작성할 수 있어 시간을 절약할 수 있습니다." → "첫째, 챗GPT는 빠르게 아이디어를 생성하고 글의 초안을 작성할 수 있어 시간을 절약할 수 있다."

"완성도가 높아집니다." → "완성도가 높아진다."

"새로운 시각으로 글을 쓰는 데 도움을 줍니다." → "새로운 시각으로 글을 쓰는 데 도움을 준다."

"창의성 증진에 큰 역할을 합니다." → "창의성 증진에 큰 역할을 한다."

"유지하는 데 매우 유용합니다." → "유지하는 데 매우 유용하다."

> "제공함으로써 가능해집니다." → "제공함으로써 가능하다."
> "가능하게 합니다." → "가능하게 한다."
> "자리매김할 것입니다." → "자리매김할 것이다."

일반적인 교정을 요청했을 때보다 세부적인 부분을 확인하고 수정한 것을 볼 수 있습니다. 이는 프롬프트가 더 구체적이고 전문적일 때 같은 원고도 질이 더 향상될 수 있음을 보여 줍니다.

가독성과 흐름을 개선하는 윤문하기

윤문이란 단어 그대로 문장에 윤을 낸다는 뜻으로, 원고를 마무리하는 과정 중 문장을 다듬는 작업을 뜻합니다. 윤문은 원고의 가독성을 높이고 논리적 흐름을 개선합니다. 윤문 작업에서 챗GPT는 글의 전체적인 구조와 내용을 다듬는 데 도움을 줍니다. 글의 흐름과 논리적 연결을 점검하고 개선이 필요한 부분을 지적하고 문단 간 연결, 주제와 핵심 메시지의 명확성 등을 평가합니다.

이때 글의 주요 목적과 대상 독자를 명확히 제시하는 것이 중요합니다. 이를 통해 챗GPT는 글의 목적에 부합하고 대상 독자에게 적합한 방향으로 수정을 제안합니다.

먼저 문장을 간결하게 하고 대상 독자가 글을 이해하기 쉬운 문장으로 윤문을 요청하는 프롬프트는 다음과 같습니다.

문장 간결화 & 이해도 향상 요청하기

 아래 [원고]의 문장을 더 간결하고 이해하기 쉽게 만들어 주세요. 불필요한 부분은 과감히 삭제하고 챗GPT가 익숙하지 않은 초급자에게 어려운 표현은 쉬운 말로 바꿔 주세요.

[원고]
챗GPT를 활용한 비즈니스 글쓰기
챗GPT로 글쓰기의 새로운 길을 여는 것은 인공지능 시대의 혁신적인 글쓰기 방법입니다. 이는 글쓰기의 새로운 지평을 열고자 하는 모든 사람에게 도움이 될 것입니다. 챗GPT를 활용한 글쓰기의 중요성은 기존 방식과의 차이에서 시작됩니다. 전통적인 글쓰기는 인간의 창의력과 노력에 의존하여 많은 시간과 에너지가 필요한 반면, 챗GPT는 인공지능의 능력을 활용해 글쓰기 과정을 단축하고, 효율적이며 창의적인 결과를 제공합니다.

챗GPT를 활용한 글쓰기는 다음과 같은 이유로 주목받고 있습니다.

첫째, 챗GPT는 빠르게 아이디어를 생성하고 글의 초안을 작성할 수 있어 시간을 절약할 수 있습니다. 이로 인해 작가는 편집과 다듬기에 더 많은 시간을 투자할 수 있게 되며, 최종 결과물의 완성도가 높아집니다.

둘째, 챗GPT는 다양한 아이디어와 접근 방식을 제안하여 작가의 창의성을 자극하고, 고정된 사고방식에서 벗어나 새로운 시각으로 글을 쓰는 데 도움을 줍니다. 이는 글쓰기에 있어 창의성 증진에 큰 역할을 합니다.

셋째, 챗GPT는 작가의 스타일과 요구에 맞춰 글을 수정하고 보완할 수 있어 독창적이고 일관된 글쓰기 스타일을 유지하는 데 매우 유용합니다. 이는 맞춤형 지침을 제공함으로써 가능합니다.

이러한 특징들로 인해 챗GPT는 글쓰기 과정을 혁신적으로 변화시키고 있으며, 더 효율적이고 창의적인 글쓰기를 가능하게 합니다. 챗GPT를 활용한 글쓰기는 인공지능 시대에 필수적인 도구로 자리매김할 것이며, 작가들에게 새로운 가능성을 제시할 것입니다.

챗GPT를 활용한 비즈니스 글쓰기

챗GPT로 글쓰는 것은 인공지능 시대의 혁신적인 방법입니다. 이는 모든 사람에게 도움이 될 것입니다. 챗GPT를 활용한 글쓰기는 기존 방식과 다릅니다. 전통적인 글쓰기는 많은 시간과 에너지가 필요하지만, 챗GPT는 글쓰기 과정을 단축하고, 효율적이며 창의적인 결과를 제공합니다.

챗GPT를 활용한 글쓰기가 주목받는 이유는 다음과 같습니다.

첫째, 챗GPT는 빠르게 아이디어를 생성하고 글의 초안을 작성하여 시간을 절약할 수 있습니다. 작가는 편집과 다듬기에 더 많은 시간을 투자할 수 있어 최종 결과물의 완성도가 높아집니다.

둘째, 챗GPT는 다양한 아이디어와 접근 방식을 제안하여 작가의 창의성을 자극하고, 고정된 사고방식에서 벗어나 새로운 시각으로 글을 쓰는 데 도움을 줍니다. 이는 창의성 증진에 큰 역할을 합니다.

셋째, 챗GPT는 작가의 스타일과 요구에 맞춰 글을 수정하고 보완하여 독창적이고 일관된 글쓰기 스타일을 유지하는 데 유용합니다. 이는 맞춤형 지침을 제공함으로써 가능합니다.

이러한 특징들로 인해 챗GPT는 글쓰기 과정을 혁신적으로 변화시키고, 더 효율적이고 창의적인 글쓰기를 가능하게 합니다. 챗GPT를 활용한 글쓰기는 인공지능 시대에 필수적인 도구로 자리매김할 것이며, 작가들에게 새로운 가능성을 제시할 것입니다.

수정된 부분:

"챗GPT로 글쓰기의 새로운 길을 여는 것은 인공지능 시대의 혁신적인 글쓰기 방법입니다." → "챗GPT로 글쓰는 것은 인공지능 시대의 혁신적인 방법입니다."

"이는 글쓰기의 새로운 지평을 열고자 하는 모든 사람에게 도움이 될 것입니다." → "이는 모든 사람에게 도움이 될 것입니다."

"챗GPT를 활용한 글쓰기의 중요성은 기존 방식과의 차이에서 시작됩니다." → "챗GPT를 활용한 글쓰기는 기존 방식과 다릅니다."

"전통적인 글쓰기는 인간의 창의력과 노력에 의존하여 많은 시간과 에너지가 필요한 반면" → "전통적인 글쓰기는 많은 시간과 에너지가 필요하지만"

"챗GPT는 인공지능의 능력을 활용해 글쓰기 과정을 단축하고, 효율적이며 창의적인 결과를 제공합니다." → "챗GPT는 글쓰기 과정을 단축하고, 효율적이며 창의적인 결과를 제공합니다."

"챗GPT를 활용한 글쓰기는 다음과 같은 이유로 주목받고 있습니다." → "챗GPT를 활용한 글쓰기가 주목받는 이유는 다음과 같습니다."

"챗GPT는 빠르게 아이디어를 생성하고 글의 초안을 작성할 수 있어 시간을 절약할 수 있습니다." → "챗GPT는 빠르게 아이디어를 생성하고 글의 초안을 작성하여 시간을 절약할 수 있습니다."

"이로 인해 작가는 편집과 다듬기에 더 많은 시간을 투자할 수 있게 되며, 최종 결과물의 완성도가 높아집니다." → "작가는 편집과 다듬기에 더 많은 시간을 투자할 수 있어 최종 결과물의 완성도가 높아집니다."

"챗GPT는 다양한 아이디어와 접근 방식을 제안하여 작가의 창의성을 자극하고, 고정된 사고방식에서 벗어나 새로운 시각으로 글을 쓰는 데 도움을 줍니다." → "챗GPT는 다양한 아이디어와 접근 방식을 제안하여 작가의 창의성을 자극하고, 고정된 사고방식에서 벗어나 새로운 시각으로 글을 쓰는 데 도움을 줍니다."

"이는 글쓰기에 있어 창의성 증진에 큰 역할을 합니다." → "이는 창의성 증진에 큰 역할을 합니다."

> "챗GPT는 작가의 스타일과 요구에 맞춰 글을 수정하고 보완할 수 있어 독창적이
> 고 일관된 글쓰기 스타일을 유지하는 데 매우 유용합니다." → "챗GPT는 작가의
> 스타일과 요구에 맞춰 글을 수정하고 보완하여 독창적이고 일관된 글쓰기 스타일
> 을 유지하는 데 유용합니다."
> "이러한 특징들로 인해 챗GPT는 글쓰기 과정을 혁신적으로 변화시키고 있으며,
> 더 효율적이고 창의적인 글쓰기를 가능하게 합니다." → "이러한 특징들로 인해 챗
> GPT는 글쓰기 과정을 혁신적으로 변화시키고, 더 효율적이고 창의적인 글쓰기를
> 가능하게 합니다."

챗GPT의 응답을 보면 글의 가독성과 명확성 개선에 중점을 두어 불필요한 요
소를 제거하고 어려운 표현을 쉽게 바꾼 것을 확인할 수 있습니다. 이번에는
대상 독자의 수준에 맞춰 전문 용어에 대한 설명 추가를 요청하는 프롬프트를
작성해 보겠습니다.

전문 용어 설명 요청하기

아래 원고에서 등장하는 전문 용어마다 간단한 설명을 괄호 안에 추가해 주세요.
또, 독자가 해당 분야에 대한 사전 지식이 없어도 이해할 수 있도록 친절하게 설명
해 주세요.

[원고]
챗GPT를 활용한 비즈니스 글쓰기
챗GPT로 글쓰기의 새로운 길을 여는 것은 인공지능 시대의 혁신적인 글쓰기 방법
입니다.
···(중략)

챗GPT를 활용한 비즈니스 글쓰기
챗GPT**(대규모 언어 모델로, 다양한 주제에 대해 텍스트를 생성할 수 있는 인공지
능 도구)**로 글쓰기의 새로운 길을 여는 것은 인공지능 시대의 혁신적인 글쓰기 방법

입니다. 이는 글쓰기의 새로운 지평을 열고자 하는 모든 사람에게 도움이 될 것입니다. 챗GPT를 활용한 글쓰기의 중요성은 기존 방식과의 차이에서 시작됩니다. 전통적인 글쓰기는 인간의 창의력과 노력에 의존하여 많은 시간과 에너지가 필요한 반면, 챗GPT는 인공지능(**기계가 인간처럼 학습하고 문제를 해결하는 기술**)의 능력을 활용해 글쓰기 과정을 단축하고, 효율적이며 창의적인 결과를 제공합니다.

챗GPT를 활용한 글쓰기가 주목받는 이유는 다음과 같습니다.

첫째, 챗GPT는 빠르게 아이디어를 생성하고 글의 초안을 작성하여 시간을 절약할 수 있습니다. 작가는 편집과 다듬기에 더 많은 시간을 투자할 수 있어 최종 결과물의 완성도가 높아집니다.

둘째, 챗GPT는 다양한 아이디어와 접근 방식을 제안하여 작가의 창의성을 자극하고, 고정된 사고방식에서 벗어나 새로운 시각으로 글을 쓰는 데 도움을 줍니다. 이는 창의성(**새롭고 독창적인 아이디어를 생각해내는 능력**) 증진에 큰 역할을 합니다.

셋째, 챗GPT는 작가의 스타일과 요구에 맞춰 글을 수정하고 보완하여 독창적이고 일관된 글쓰기 스타일을 유지하는 데 유용합니다. 이는 맞춤형 지침을 제공함으로써 가능합니다.

이러한 특징들로 인해 챗GPT는 글쓰기 과정을 혁신적으로 변화시키고, 더 효율적이고 창의적인 글쓰기를 가능하게 합니다. 챗GPT를 활용한 글쓰기는 인공지능 시대에 필수적인 도구로 자리매김할 것이며, 작가들에게 새로운 가능성을 제시할 것입니다.

수정된 부분:

"챗GPT" → "챗GPT(대규모 언어 모델로, 다양한 주제에 대해 텍스트를 생성할 수 있는 인공지능 도구)"

"인공지능의 능력을" → "인공지능(기계가 인간처럼 학습하고 문제를 해결하는 기술)의 능력을"

"창의성 증진" → "창의성(새롭고 독창적인 아이디어를 생각해내는 능력) 증진"

요청한 대로 전문 용어에는 괄호를 사용해 전문 용어에 간단한 설명을 추가한 것을 볼 수 있습니다. 다음 프롬프트는 글의 구조와 논리적 흐름을 개선합니다. 문단과 문장의 순서를 조정하고 연결 문장을 추가하거나 수정합니다.

논리적 흐름 개선 요청하기

아래 [원고]에서 구조를 검토하고 논리적 흐름이 자연스럽게 이어지도록 문단이나 문장의 순서를 조정해 주세요. 필요하다면 연결 문장을 추가하거나 수정해 주세요.

[원고]
챗GPT를 활용한 비즈니스 글쓰기
챗GPT로 글쓰기의 새로운 길을 여는 것은 인공지능 시대의 혁신적인 글쓰기 방법입니다.
…(중략)

챗GPT를 활용한 비즈니스 글쓰기
챗GPT로 글쓰기의 새로운 길을 여는 것은 인공지능 시대의 혁신적인 글쓰기 방법입니다. 이는 글쓰기의 새로운 지평을 열고자 하는 모든 사람에게 도움이 될 것입니다.

챗GPT를 활용한 글쓰기의 중요성은 기존 방식과의 차이에서 시작됩니다. 전통적인 글쓰기는 인간의 창의력과 노력에 의존하여 많은 시간과 에너지가 필요하지만, 챗GPT는 인공지능의 능력을 활용해 글쓰기 과정을 단축하고, 효율적이며 창의적인 결과를 제공합니다.

챗GPT를 활용한 글쓰기가 주목받는 이유는 다음과 같습니다.
첫째, 챗GPT는 빠르게 아이디어를 생성하고 글의 초안을 작성하여 시간을 절약할 수 있습니다. 작가는 편집과 다듬기에 더 많은 시간을 투자할 수 있어 최종 결과물의 완성도가 높아집니다.

둘째, 챗GPT는 다양한 아이디어와 접근 방식을 제안하여 작가의 창의성을 자극하고, 고정된 사고방식에서 벗어나 새로운 시각으로 글을 쓰는 데 도움을 줍니다. 이는 창의성 증진에 큰 역할을 합니다.

셋째, 챗GPT는 작가의 스타일과 요구에 맞춰 글을 수정하고 보완하여 독창적이고 일관된 글쓰기 스타일을 유지하는 데 유용합니다. 이는 맞춤형 지침을 제공함으로써 가능합니다.

이러한 특징들로 인해 챗GPT는 글쓰기 과정을 혁신적으로 변화시키고, 더 효율적이고 창의적인 글쓰기를 가능하게 합니다. 챗GPT를 활용한 글쓰기는 인공지능 시대에 필수적인 도구로 자리매김할 것이며, 작가들에게 새로운 가능성을 제시할 것입니다.

수정된 부분:
문단을 두 번째와 세 번째 문단으로 나누어 주제별로 구분했습니다.
각 이유에 대해 논리적으로 자연스럽게 이어지도록 문장 순서를 조정했습니다.
두 번째 문단에 "전통적인 글쓰기는 인간의 창의력과 노력에 의존하여 많은 시간과 에너지가 필요하지만"을 추가하여 첫 번째 문장과 두 번째 문장이 자연스럽게 연결되도록 했습니다.

이 프롬프트에서 중요한 요소 중 하나는 연결 문장을 추가하는 것입니다. 특히 문장이나 단락을 재배치하다 보면 문장 간 연결이 부자연스러워질 수 있으므로 연결 문장을 확인하는 것이 필수입니다.

다음은 글의 핵심을 강조해 독자의 이해도를 높이기 위해 주요 포인트 강조를 요청한 프롬프트입니다. 주요 포인트 강조를 위한 요소는 볼드체, 밑줄, 색깔 등을 요청할 수 있습니다.

주요 포인트 강조하기

아래 [원고]에서 독자가 핵심을 빠르게 파악할 수 있도록 주요 내용을 식별하고, 이를 강조하는 방법(볼드체, 밑줄, 색깔 등)을 제안해 주세요.

[원고]
챗GPT를 활용한 비즈니스 글쓰기

챗GPT로 글쓰기의 새로운 길을 여는 것은 인공지능 시대의 혁신적인 글쓰기 방법입니다.

…(중략)

챗GPT를 활용한 비즈니스

글쓰기 챗GPT로 글쓰기의 새로운 길을 여는 것은 **인공지능 시대의 혁신적인 글쓰기 방법**입니다. 이는 글쓰기의 새로운 지평을 열고자 하는 모든 사람에게 도움이 될 것입니다.

챗GPT를 활용한 글쓰기의 중요성은 기존 방식과의 차이에서 시작됩니다. **전통적인 글쓰기는 인간의 창의력과 노력에 의존하여 많은 시간과 에너지가 필요하지만, 챗GPT는 인공지능의 능력을 활용해 글쓰기 과정을 단축하고, 효율적이며 창의적인 결과를 제공합니다.**

챗GPT를 활용한 글쓰기가 주목받는 이유는 다음과 같습니다. **첫째, 챗GPT는 빠르게 아이디어를 생성하고 글의 초안을 작성하여 시간을 절약할 수 있습니다.** 작가는 편집과 다듬기에 더 많은 시간을 투자할 수 있어 최종 결과물의 완성도가 높아집니다.

둘째, 챗GPT는 다양한 아이디어와 접근 방식을 제안하여 작가의 창의성을 자극하고, 고정된 사고방식에서 벗어나 새로운 시각으로 글을 쓰는 데 도움을 줍니다. 이는 창의성 증진에 큰 역할을 합니다.

셋째, 챗GPT는 작가의 스타일과 요구에 맞춰 글을 수정하고 보완하여 독창적이고 일관된 글쓰기 스타일을 유지하는 데 유용합니다. 이는 맞춤형 지침을 제공함으로써 가능합니다.

이러한 특징들로 인해 **챗GPT는 글쓰기 과정을 혁신적으로 변화시키고, 더 효율적이고 창의적인 글쓰기를 가능하게 합니다.** 챗GPT를 활용한 글쓰기는 인공지능 시대에 필수적인 도구로 자리매김할 것이며, 작가들에게 새로운 가능성을 제시할 것입니다.

수정된 부분:

"인공지능 시대의 혁신적인 글쓰기 방법"을 **볼드체**로 강조했습니다.

"전통적인 글쓰기는 인간의 창의력과 노력에 의존하여 많은 시간과 에너지가 필요하지만, 챗GPT는 인공지능의 능력을 활용해 글쓰기 과정을 단축하고, 효율적이며 창의적인 결과를 제공합니다." 부분을 **볼드체**로 강조했습니다.

각 주목받는 이유를 **볼드체**로 강조하여 첫째, 둘째, 셋째로 시작하는 문장들을 명확히 했습니다.

마지막 문단에서 챗GPT의 특징과 가능성을 **볼드체**로 강조했습니다.

이렇게 사용자가 원하는 방향으로 윤문을 요청함으로써 의도에 맞게 글을 효율적으로 수정할 수 있는 것은 물론이고 자칫 놓칠 수 있는 세세한 부분을 챙길 수 있습니다.

PART 3

챗GPT와 글쓰기 실력 키우기

Chapter 09

눈을 사로잡는 매력적인 제목 뽑기

좋은 글은 탄탄한 구성, 신뢰도 높은 정보 제공도 큰 역할을 하지만, 읽고 싶은 마음이 드는 매력적인 제목도 중요합니다. 글의 주제와 핵심 메시지를 분석해 독자의 관심을 끄는 매력적인 제목을 도출하는 방법을 살펴보겠습니다.

주제와 핵심 메시지가 드러난 제목 만들기

제목은 글의 첫인상을 결정하는 중요한 요소로, 독자의 호기심을 자극하고 글을 읽도록 유도합니다. 그만큼 제목은 글의 성패를 좌우하는 중요한 요소입니다. 좋은 제목을 만들기 위해서는 글의 주제와 핵심 메시지를 파악하고 이를 독자의 관심사와 연결해야 합니다. 간결하면서도 글의 내용을 짐작할 수 있게 하고, 독자의 감성을 자극하는 인상적인 단어나 문구를 사용하는 것이 효과적입니다. 챗GPT는 사용자가 글의 주제와 독자의 관심사를 이해하고, 매력적이고 설득력 있는 제목을 만드는 데 도움을 줍니다. 이를 통해 사용자는 글의 핵심 메시지를 효과적으로 전달하고 독자의 흥미를 유발하는 제목을 작성할 수 있습니다.

가장 기본적인 제목은 글의 주제가 명확히 드러나는 것입니다. 주제를 분명히 하면서도 독자의 관심을 끄는 제목을 만들기 위해 다음과 같이 프롬프트를 작성할 수 있습니다.

주제가 명확히 드러나는 제목 요청하기

 원고의 주제를 분명히 하면서 독자의 관심을 끌 수 있는 제목을 만들어 주세요. 글의 핵심 내용을 잘 반영해 주세요. 그리고 제목을 지은 이유를 함께 덧붙여 주세요.

[원고]
챗GPT를 활용한 비즈니스 글쓰기

챗GPT로 글쓰기의 새로운 길을 여는 것은 인공지능 시대의 혁신적인 글쓰기 방법입니다. 이는 글쓰기의 새로운 지평을 열고자 하는 모든 사람에게 도움이 될 것입니다.

챗GPT를 활용한 글쓰기의 중요성은 기존 방식과의 차이에서 시작됩니다. 전통적인 글쓰기는 인간의 창의력과 노력에 의존하여 많은 시간과 에너지가 필요하지만, 챗GPT는 인공지능의 능력을 활용해 글쓰기 과정을 단축하고, 효율적이며 창의적인 결과를 제공합니다.

챗GPT를 활용한 글쓰기가 주목받는 이유는 다음과 같습니다.
첫째, 챗GPT는 빠르게 아이디어를 생성하고 글의 초안을 작성하여 시간을 절약할 수 있습니다. 작가는 편집과 다듬기에 더 많은 시간을 투자할 수 있어 최종 결과물의 완성도가 높아집니다.

둘째, 챗GPT는 다양한 아이디어와 접근 방식을 제안하여 작가의 창의성을 자극하고, 고정된 사고방식에서 벗어나 새로운 시각으로 글을 쓰는 데 도움을 줍니다. 이는 창의성 증진에 큰 역할을 합니다.

셋째, 챗GPT는 작가의 스타일과 요구에 맞춰 글을 수정하고 보완하여 독창적이고 일관된 글쓰기 스타일을 유지하는 데 유용합니다. 이는 맞춤형 지침을 제공함으로써 가능합니다.

이러한 특징들로 인해 챗GPT는 글쓰기 과정을 혁신적으로 변화시키고, 더 효율적이고 창의적인 글쓰기를 가능하게 합니다. 챗GPT를 활용한 글쓰기는 인공지능 시대에 필수적인 도구로 자리매김할 것이며, 작가들에게 새로운 가능성을 제시할 것입니다.

제목 제안:
"인공지능 시대, 챗GPT로 비즈니스 글쓰기 혁신하기"

이유:
1. 인공지능 시대: 독자에게 현재의 기술적 맥락을 제시하여 관심을 끌 수 있습니다.

2. 챗GPT: 핵심 도구를 명확히 하여 독자가 무엇에 대해 배우게 될지 분명히 합니다.
3. 비즈니스 글쓰기 혁신하기: 글의 주제를 구체적으로 제시하여 독자의 관심을 끌고, 혁신이라는 단어로 긍정적인 기대를 유발합니다.

사용자의 요청에 따라 챗GPT는 원고의 주제를 파악해 핵심 키워드가 잘 드러나는 제목을 짓고 그 이유까지 덧붙여서 설명하는 것을 볼 수 있습니다.

주제가 잘 드러나는 제목을 사용하면 제목만 봐도 어떤 내용을 담고 있는지 파악할 수 있습니다. 다음 프롬프트는 짧고 간결하면서도 독자가 제목만으로 글의 내용을 쉽게 파악할 수 있도록 핵심 정보를 압축적으로 전달합니다. 간결성을 유지하면서도 글의 중요한 요점을 효과적으로 전달하는 제목을 만들어, 독자의 이해를 돕고 관심을 유도합니다.

정보를 제공하는 제목 요청하기

제목만 봐도 글의 내용을 쉽게 짐작할 수 있게 원고의 핵심을 모두 담은 제목을 만들어 주세요.

[원고]
챗GPT를 활용한 비즈니스 글쓰기
챗GPT로 글쓰기의 새로운 길을 여는 것은 인공지능 시대의 혁신적인 글쓰기 방법입니다.
…(중략)

제목 제안:
"챗GPT로 효율적이고 창의적인 비즈니스 글쓰기"

이유:

챗GPT: 핵심 도구를 명확히 제시합니다.

효율적이고 창의적인: 글쓰기의 주요 장점을 간결하게 강조합니다.

비즈니스 글쓰기: 대상 독자와 주제를 명확히 나타냅니다

원고의 내용을 참고해 '효율적'과 '창의적'이라는 키워드를 제목으로 도출한 것을 확인할 수 있습니다. 이처럼 주제가 명백히 드러난 제목은 관심사가 맞는 독자에게 매력적이고 설득력 있게 다가갈 것입니다.

검색 시 노출이 잘되는 제목 만들기

검색 엔진에 잘 검색되는 키워드를 사용해 콘텐츠를 많이 노출시키는 디지털 마케팅 방법을 가리켜 SEOSearch Engine Optimization, 즉 검색 엔진 최적화라고 합니다. SEO는 온라인에 게재하는 콘텐츠라면 반드시 고려해야 하는 요소로, 글의 주제와 관련되어 있으면서 대상 독자들이 자주 검색할 키워드를 포함하는 것입니다. 이번에는 SEO에 최적화된 제목을 요청하는 프롬프트를 작성해 보겠습니다.

SEO에 최적화된 제목 요청하기

 [원고]를 토대로 SEO를 고려하여 키워드를 포함하고, 검색 엔진에서 잘 노출될 수 있는 제목을 만들어 주세요.

[원고]
챗GPT를 활용한 비즈니스 글쓰기
챗GPT로 글쓰기의 새로운 길을 여는 것은 인공지능 시대의 혁신적인 글쓰기 방법입니다.
…(중략)

 "챗GPT로 비즈니스 글쓰기 혁신: 창의성과 효율성의 결합"

이유:
검색 엔진에서 자주 검색될 수 있는 키워드를 적절히 배치하여, 검색 결과 상위 노출을 기대할 수 있습니다.

SEO를 고려해달라고 요청하자 '챗GPT', '비즈니스 글쓰기', '창의성', '효율성'이라는 주제에 맞으면서도 자주 검색되는 키워드를 배치해 제목을 만든 것을 확인할 수 있습니다.

마찬가지로 SEO를 고려하되 이번에는 세부 요청 사항을 [제목 규칙]으로 추가한 프롬프트를 작성해 보겠습니다. 다음 프롬프트는 블로그 검색 결과 상단에 노출되는 효과적인 제목 작성에 중점을 둡니다.

세부 요청 사항 추가하기

 [원고] 내용을 토대로 제목을 작성하려고 합니다. 제목은 [제목 규칙]을 적용해서 적합한 제목을 5개 작성해 주세요.
– 제목을 작성한 다음 해당 제목의 SEO 제공해 주고, 이유도 알려 주세요.

[제목 규칙]
(1) SEO 최적화 원칙 준수: 제목 작성은 구글 검색 엔진 최적화(SEO) 원칙에 따릅니다. 검색 엔진의 알고리즘을 고려하여 효과적인 노출을 위한 전략을 적용합니다.
(2) 키워드 중심성 및 배치: 제목에는 2~3개의 핵심 키워드를 포함하고 가능한 한 앞쪽에 배치합니다. 이는 검색 엔진이 제목의 주제를 쉽게 파악하고, 독자들이 관심 있는 내용임을 바로 알 수 있게 하기 위함입니다.
(3) 제한된 길이와 명료성: 제목의 길이는 한글 기준 15~50자 사이로, 내용 전달이 충분할 정도의 길이를 유지하되 검색 결과에서 잘리지 않을 정도의 길이를 유지합니다. 그리고 내용의 핵심을 간결하고 정확하게 전달합니다.
(4) 구체 명사 활용: 제목에 구체적인 명사를 사용하여 검색의 정확도를 높입니다. 구체적인 정보나 주제를 담은 명사는 검색 결과에 나타날 확률을 높이고, 독자의 검색 의도와 일치하는 내용을 제공합니다.
(5) 독창성과 매력: 제목은 독창적이고 매력적이어야 합니다. 간단하면서도 직접적인 혜택이나 독자의 욕구를 충족시키는 내용을 포함하여 클릭을 유도합니다. 은유적이거나 이해하기 어려운 표현은 피하고, 명확하고 직접적인 제목을 사용합니다.

[원고]
챗GPT를 활용한 비즈니스 글쓰기
챗GPT로 글쓰기의 새로운 길을 여는 것은 인공지능 시대의 혁신적인 글쓰기 방법입니다.
…(중략)

제목 1: "챗GPT를 활용한 효율적 비즈니스 글쓰기 비법"

SEO 제공 이유:

- 키워드 중심성 및 배치: "챗GPT", "비즈니스 글쓰기", "비법"의 핵심 키워드를 포함하여 제목의 앞쪽에 배치
- 제한된 길이와 명료성: 30자 내외로 간결하게 작성되어 검색 결과에서 잘림 없이 표시됨
- 구체 명사 활용: "챗GPT", "비즈니스 글쓰기", "비법" 사용으로 검색의 정확도를 높임

제목 2: "인공지능 챗GPT로 창의적 비즈니스 글쓰기 실현"

SEO 제공 이유:

- 키워드 중심성 및 배치: "인공지능", "챗GPT", "비즈니스 글쓰기", "창의적"의 핵심 키워드를 포함
- 제한된 길이와 명료성: 30자 내외로 명료하게 작성됨
- 구체 명사 활용: "인공지능", "챗GPT", "비즈니스 글쓰기" 사용으로 검색의 정확도를 높임

제목 3: "챗GPT로 혁신하는 비즈니스 글쓰기 방법"

SEO 제공 이유:

- 키워드 중심성 및 배치: "챗GPT", "혁신", "비즈니스 글쓰기", "방법"의 핵심 키워드를 포함
- 제한된 길이와 명료성: 28자 내외로 간결하게 작성됨
- 구체 명사 활용: "챗GPT", "비즈니스 글쓰기", "방법" 사용으로 검색의 정확도를 높임

제목 4: "비즈니스 글쓰기를 챗GPT로 쉽게 시작하는 방법"

SEO 제공 이유:

- 키워드 중심성 및 배치: "비즈니스 글쓰기", "챗GPT", "쉽게 시작하는 방법"의 핵심 키워드를 포함
- 제한된 길이와 명료성: 32자 내외로 간결하고 명료하게 작성됨
- 구체 명사 활용: "비즈니스 글쓰기", "챗GPT", "방법" 사용으로 검색의 정확도를 높임

제목 5: "챗GPT와 함께하는 비즈니스 글쓰기 혁신"

SEO 제공 이유:

- 키워드 중심성 및 배치: "챗GPT", "비즈니스 글쓰기", "혁신"의 핵심 키워드를 포함
- 제한된 길이와 명료성: 24자 내외로 간결하게 작성됨
- 구체 명사 활용: "챗GPT", "비즈니스 글쓰기", "혁신" 사용으로 검색의 정확도를 높임

이처럼 [제목 규칙]과 같은 세부 옵션을 사용해 원하는 제목의 길이와 이 제목을 지은 이유 등을 구체적으로 지정할 수 있습니다.

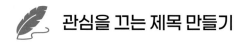
관심을 끄는 제목 만들기

때로는 자극적인 제목이 시선을 끌어 접근성을 높이기도 합니다. 다음 프롬프트는 독자의 관심을 즉시 끄는 강력한 후킹 포인트를 포함한 제목 작성에 초점을 맞춥니다. 감정을 자극하는 키워드를 사용하고 대상 독자를 명확히 하여 클릭을 유도합니다.

시선을 끄는 제목 작성하기

 [원고]를 참고해 독자의 시선을 끌고 호기심을 유발할 수 있는 제목을 만들어 주세요.
자극적이고 인상적인 단어를 사용해 주세요.

[원고]
챗GPT를 활용한 비즈니스 글쓰기
챗GPT로 글쓰기의 새로운 길을 여는 것은 인공지능 시대의 혁신적인 글쓰기 방법입니다.
…(중략)

 제목 제안:
"창의성의 날개를 달다: 챗GPT로 비즈니스 글쓰기 혁신하기"
"생존을 위한 필수 스킬: 챗GPT로 글쓰기 혁신하기"
"미래를 놓치지 마세요: 챗GPT로 글쓰기의 새로운 길을 열다"

이유:
1. 창의성의 날개: 감성적이고 상징적인 표현으로 독자의 상상력을 자극합니다.

2. 생존을 위한 필수 스킬: 챗GPT로 글쓰기 혁신하기: "필수 스킬"이라는 표현은 챗GPT의 중요성을 강조하고 있으며, "혁신하기"는 변화와 발전을 암시합니다.
3. 미래를 놓치지 마세요: 챗GPT로 글쓰기의 새로운 길을 열다: 새로운 도구에 대한 경각심을 자극하고 도구의 혁신성과 가능성을 강조합니다.

이번에는 [제목 규칙]을 적용해 세부 요청 사항을 추가해 제목을 만들어 보겠습니다. 주제가 잘 드러나는 키워드를 사용하면서도 대상 독자를 후킹할 수 있는 제목을 요청합니다.

세부 요청 사항을 추가한 프롬프트

 아래 [원고]를 토대로 [제목 규칙]을 적용해 적합한 제목을 5개 작성해 주세요.
– 제목을 작성한 후 부연 설명과 키워드 그리고 이 제목을 작성한 이유를 작성해 주세요.

[제목 규칙]
1. 후킹 포인트 포함하기: 제목에는 독자의 관심을 즉시 끌 수 있는 강력한 후킹 포인트가 필요합니다. 이는 독자가 제목을 보는 순간 호기심이나 관심을 유발하여 클릭으로 연결될 수 있는 요소입니다.
2. 내용의 정확성 반영: 제목은 본문의 내용을 정확하게 반영해야 합니다. 독자가 제목을 보고 기대하는 내용이 실제와 다르면 신뢰를 잃게 됩니다. 따라서 제목은 내용의 요약이자 약속이 되어야 합니다.
3. 간결하고 명확하게: 제목은 간결하고 명확해야 합니다. 독자가 제목을 보고 이 글을 읽을지 결정하는 데 걸리는 시간은 1초에 불과하므로, 제목은 즉각적으로 이해할 수 있고 기억에 남아야 합니다. 가능한 한 단어 수를 줄이고 핵심을 전달하세요.
4. SEO 최적화 고려: 제목에는 검색 엔진 최적화(SEO)를 고려한 키워드가 포함되어야 합니다. 이는 검색 결과에서 더 높은 순위를 얻을 수 있게 하며, 관련 검색에서 콘텐츠가 더 많은 주목을 받을 수 있도록 합니다.

5. 감정을 자극하는 언어 사용: 제목에 감정을 자극하는 언어를 사용하면 독자의 감정에 호소하여 클릭을 유도할 수 있습니다. 예를 들어 "놀라운", "강력한" 등의 형용사는 제목에 생동감을 더합니다.

6. 대상 독자 명확히 하기: 제목은 명확하게 대상 독자를 언급하여 해당 독자가 자신에게 맞는 콘텐츠라는 것을 알 수 있도록 해야 합니다. 이는 관련성을 높이고, 대상 독자에게 더욱 직접적으로 호소합니다.

7. 현실적인 문제 해결 제시: 제목은 독자가 현재 직면한 문제를 해결할 수 있다는 가치를 제시해야 합니다. 이는 제목이 독자에게 실질적인 도움을 줄 수 있음을 보여 주고, 클릭으로 이어질 확률을 높입니다.

[원고]
챗GPT를 활용한 비즈니스 글쓰기
챗GPT로 글쓰기의 새로운 길을 여는 것은 인공지능 시대의 혁신적인 글쓰기 방법입니다.
…(중략)

제목 1: "챗GPT로 간편하게 비즈니스 글쓰기 혁신하기"
부연 설명: 챗GPT를 활용하여 비즈니스 글쓰기를 더 효율적이고 창의적으로 만드는 방법을 소개합니다.
키워드: 챗GPT, 비즈니스 글쓰기, 혁신
이유: 간편하게라는 표현으로 후킹 포인트를 제공하며, 내용의 정확성을 반영해 독자들이 챗GPT의 활용 방식을 이해할 수 있습니다.

제목 2: "인공지능 시대의 필수 도구 챗GPT로 글쓰기 완성"
부연 설명: 인공지능 챗GPT를 통해 글쓰기 과정을 간소화하고 창의적으로 만드는 방법을 설명합니다.
키워드: 인공지능, 챗GPT, 글쓰기
이유: 인공지능 시대라는 후킹 포인트로 독자의 관심을 끌며, 제목이 본문 내용을 정확하게 반영합니다.

제목 3: "챗GPT로 창의성과 효율성을 동시에 잡는 글쓰기 비법"
부연 설명: 챗GPT를 통해 창의성과 효율성을 동시에 높일 수 있는 글쓰기 방법을 안내합니다.

키워드: 챗GPT, 창의성, 효율성, 글쓰기 비법

이유: 창의성과 효율성이라는 감정을 자극하는 언어를 사용하여 독자의 관심을 유도하고, 핵심 키워드를 포함해 SEO를 고려했습니다.

제목 4: "비즈니스 글쓰기의 혁신 챗GPT로 빠르고 쉽게 작성하기"

부연 설명: 챗GPT를 통해 비즈니스 글쓰기를 빠르고 쉽게 할 수 있는 방법을 제시합니다.

키워드: 비즈니스 글쓰기, 챗GPT, 빠르고 쉽게

이유: 빠르고 쉽게라는 후킹 포인트를 사용해 독자의 흥미를 유발하며, 내용의 정확성을 반영했습니다.

제목 5: "챗GPT 활용해 전문가 수준의 비즈니스 글쓰기 실현"

부연 설명: 챗GPT를 활용하여 전문가 수준의 비즈니스 글쓰기를 실현하는 방법을 소개합니다.

키워드: 챗GPT, 전문가 수준, 비즈니스 글쓰기

이유: 전문가 수준이라는 표현으로 독자의 기대감을 높이고, 핵심 키워드를 포함해 SEO를 최적화했습니다.

이외에도 주제를 기반으로 '감성적인', '긴급한', '성공적인', '신뢰가 가는' 등 독자에게 전달하고 싶은 감정을 요청해 다양한 관점에서 제목을 만들 수 있습니다.

동영상 클릭률을 높이는 제목 만들기

이 프롬프트는 동영상의 클릭률을 높이는 제목 작성에 중점을 둡니다. 적절한 키워드와 매력적인 표현 또는 자극적인 숫자를 포함해 클릭 유도 효과를 높일 수 있습니다. 또, 모바일에도 노출되는 것을 고려해 제목은 30자 이내로 제한합니다.

동영상 제목 요청하기

 아래 [원고] 내용을 토대로 만든 동영상의 제목을 작성해 주세요. 이때 [제목 규칙]을 적용해서 적합한 제목을 5개 작성해 주세요.

[제목 규칙]
(1) 키워드 최적화: 제목에는 관련성이 높은 2~3개의 핵심 키워드를 포함하고 가능한 한 이를 제목의 앞부분에 배치합니다. 이는 검색 알고리즘이 콘텐츠를 더 효율적으로 인식할 수 있게 하고, 시청자의 관심을 끌기 위함입니다.

(2) 친숙하고 매력적인 형식: 시청자의 기대치에 부합하는 제목 형식을 사용합니다. 예를 들어, '하나 대 기타', '목록', '방법'과 같은 형식은 각각 비교, 분류 정보 제공, 단계별 가이드로 시청자에게 유용합니다.

(3) 숫자 사용: 제목에 숫자를 포함해 주의를 끌고 구조를 제공하며 제목에 관련성을 부여합니다.

(4) 적절한 제목 길이: 제목은 30자 이내로 유지해 모바일 기기에서도 제목이 완전하게 표시되도록 하되 전체 아이디어를 명확하게 전달합니다.

(5) 명확한 이점 강조: 제목에는 동영상 시청으로 얻을 수 있는 확실한 이득을 강조합니다. 이는 시청자가 클릭하도록 유도하며, 동영상이 제공하는 가치를 명확히 합니다.

[원고]
챗GPT를 활용한 비즈니스 글쓰기
챗GPT로 글쓰기의 새로운 길을 여는 것은 인공지능 시대의 혁신적인 글쓰기 방법입니다.
…(중략)

제목 1: "챗GPT로 글쓰기 혁명! 🚀 비즈니스의 미래!"
이유: '혁명'과 '미래'라는 강력한 단어를 사용해 챗GPT가 가져올 큰 변화를 강조하며 시청자의 관심을 끕니다. 이모티콘을 추가해 시각적으로도 주목을 끕니다.

제목 2: "시간 절약! ⏰ 챗GPT로 글쓰기 단축하는 법!"
이유: '시간 절약'과 '단축'이라는 키워드로 효율성을 강조하고, 시청자들이 바로 얻을 수 있는 이점을 명확하게 전달합니다. 시청자들이 시간을 아끼는 방법에 관심을 갖도록 유도합니다.

제목 3: "💡 창의력 UP! 챗GPT로 글쓰기 아이디어 쏟아내기!"
이유: '창의력'과 '아이디어'라는 키워드로 챗GPT가 제공하는 창의성 증진 효과를 강조합니다. 이모티콘으로 시각적 흥미를 더합니다.

제목 4: "비즈니스 글쓰기의 신세계! 챗GPT 활용 비법"
이유: '신세계'라는 표현으로 큰 변화를 암시하고, '비법'이라는 단어로 독자들의 호기심을 자극하여 클릭을 유도합니다.

제목 5: "챗GPT로 2배 빠르게 글쓰기! ☑ 성공 비결 공개!"
이유: '2배 빠르게'라는 구체적인 숫자를 사용해 효율성을 강조하고, '성공 비결'이라는 말로 시청자들에게 가치 있는 정보를 제공할 것임을 약속합니다. 이모티콘으로 주목도를 높입니다.

동영상의 제목을 만들 때는 영상 원고 스크립트를 반드시 제공해야 합니다. 만약 스크립트가 따로 없다면 영상 링크나 영상을 요약해 스크립트를 생성하는 AI인 Lilys AI를 활용하여 스크립트를 생성해 원고를 작성하는 방법도 있습니다.

🔗 Lilys AI : lilys.ai

Chapter 10

매력적이고 기억에 남는
서론·결론 작성하기

챗GPT와 함께 글의 주제에 맞춰 독자의 흥미를 끄는 서론과 결론을 작성하는 방법을 살펴봅니다. 이는 독자의 이목을 끌고 핵심 내용이 기억에 남게 할 뿐만 아니라 사용자에게 창의적인 아이디어와 영감을 제공합니다.

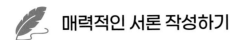# 매력적인 서론 작성하기

글에서 서론은 주제와 목적 그리고 글의 구성을 소개하고 결론은 핵심 메시지를 강조함으로써 글 전체에 큰 영향을 미치는 영역입니다. 특히 서론은 글의 첫 인상을 결정짓는 중요한 부분입니다. 주제를 명확히 소개하고 독자의 관심을 사로잡는 것이 목표입니다. 글의 핵심 메시지나 중심 아이디어를 간략히 제시하여 독자가 계속 읽고 싶도록 동기를 부여하고 글의 목적을 분명히 하고, 대상 독자층과 공감대를 형성하는 데 주력합니다. 이를 통해 독자는 글의 방향성을 이해하고, 내용에 대한 기대감을 갖게 됩니다. 효과적인 서론은 글 전체의 성공에 큰 영향을 미치므로, 신중하게 작성해야 합니다.

챗GPT는 글의 주제와 내용을 분석해 서론과 결론을 제안하고 창의적인 아이디어를 제공합니다. 서론 작성 시 대상 독자 정보와 핵심 주제, 하위 주제, 글의 전개 방향을 챗GPT에게 입력하면 글의 구성과 흐름을 명확히 제시하는 서론을 생성합니다. 이를 통해 글의 목적과 독자층에 맞는 맞춤형 서론을 작성할 수 있으며 글의 전체 구조와 흐름을 강화하는 데 도움을 줍니다.

서론은 어떤 것에 중점을 두고 작성하느냐에 따라 방향이 달라집니다. 대표적으로 주제, 제목, 핵심 메시지, 대상 독자에 중점을 두고 작성합니다. 다음은 이를 담아 서론 작성을 요청한 프롬프트입니다.

서론 작성하기 ①

[원고]의 핵심 내용을 바탕으로 독자의 관심을 끌고 주제의 중요성을 강조할 수 있는 강력하고 설득력 있는 서론을 작성해 주세요.
– 특히 독자가 계속해서 글을 읽고 싶어하도록 동기 부여가 중요합니다.
– 글의 톤과 스타일은 [원고]에 맞춰야 하며, 목표 독자층을 고려한 언어 사용이 중요합니다.
– 원고 길이는 400자 이내로 작성합니다.

[원고]
챗GPT로 글쓰기의 새로운 길을 열다는 인공지능 시대의 혁신적인 글쓰기 방법입니다. 이는 글쓰기의 새로운 지평을 열고자 하는 모든 이에게 도움이 될 것입니다. 챗GPT를 활용한 글쓰기의 중요성은 기존 방식과의 차이에서 시작됩니다. 전통적인 글쓰기가 인간의 창의력과 노력에 의존했다면, 챗GPT는 인공지능의 능력을 활용해 과정을 단축하고 효율적이며 창의적인 결과를 제공합니다.
챗GPT를 활용한 글쓰기가 중요한 이유를 이해하기 위해서는 먼저 챗GPT와 기존 글쓰기 방식의 차이를 알아야 합니다. 기존의 글쓰기는 주로 인간의 창의력과 노력에 의존하여 많은 시간과 에너지가 필요했습니다. 반면 챗GPT는 인공지능의 능력을 활용하여 글쓰기 과정을 단축시키고, 더욱 효율적이고 창의적인 결과를 제공합니다.

챗GPT를 활용한 글쓰기가 주목받는 이유는 다음과 같습니다.
첫째, 시간을 절약할 수 있습니다. 챗GPT는 빠르게 아이디어를 생성하고 글의 초안을 작성할 수 있어, 작가가 편집과 다듬기에 더 많은 시간을 투자할 수 있게 합니다. 이로 인해 최종 결과물의 완성도가 높아집니다.
둘째, 창의성을 증진시킵니다. 챗GPT는 다양한 아이디어와 접근 방식을 제안하여 작가의 창의성을 자극하고, 고정된 사고방식에서 벗어나 새로운 시각으로 글을 쓰는 데 도움을 줍니다.
셋째, 맞춤형 지침을 제공합니다. 챗GPT는 작가의 스타일과 요구에 맞춰 글을 수정하고 보완할 수 있어, 독창적이고 일관된 글쓰기 스타일을 유지하는 데 매우 유용합니다.

이러한 특징들로 인해 챗GPT는 글쓰기 과정을 혁신적으로 변화시키고 있으며, 더 효율적이고 창의적인 글쓰기를 가능하게 합니다.

인공지능 시대의 도래와 함께 글쓰기는 더 이상 전통적인 방식에 머무르지 않습니다. 이제 챗GPT를 통해 글쓰기의 새로운 장이 열렸습니다. 여러분이 어떤 글을 쓰고자 하든, 챗GPT는 아이디어 생성부터 초안 작성까지, 글쓰기의 모든 단계를 혁신적으로 바꿔 놓을 수 있습니다. 전통적인 글쓰기가 시간과 노력을 요구하는 반면, 챗GPT는 이를 단축시키고 창의성을 극대화하여 더 나은 결과물을 만들어 냅니다. 시간이 부족한 현대인에게 효율성과 창의성을 동시에 제공하는 이 도구는, 앞으로의 글쓰기 방식을 완전히 새롭게 정의할 것입니다. 이 글을 통해 챗GPT가 어떻게 여러분의 글쓰기에 변화를 가져올 수 있는지 알아보세요.

다음 프롬프트는 글의 전체적인 구성과 흐름을 보여 줄 수 있도록 배경 정보와 맥락을 활용해 서론 작성을 요청합니다.

서론 작성하기 ②

[원고]의 배경 정보와 주제를 바탕으로 글의 맥락을 설정하고, 중심 주제를 명확하게 정의할 수 있는 서론을 작성해 주세요.
　– 글의 구성과 흐름을 예고하여 독자가 글을 따라가기 쉽게 작성합니다.
　– 원고 길이는 400자 이내로 작성합니다.

[원고]
챗GPT로 글쓰기의 새로운 길을 열다는 인공지능 시대의 혁신적인 글쓰기 방법입니다.
… (중략)

인공지능 시대가 도래하면서 우리의 삶은 급격히 변화하고 있습니다. 그중에서도 챗GPT를 활용한 글쓰기는 혁신적인 변화를 일으키고 있습니다. 전통적인 글쓰기가 인간의 창의력과 노력에 의존했다면, 챗GPT는 인공지능의 능력을 활용하여 글쓰기 과정을 단축하고, 더욱 효율적이고 창의적인 결과를 제공합니다. 본 글에서는 챗GPT와 기존 글쓰기 방식의 차이점부터 시작하여, 챗GPT를 활용한 글쓰기가 왜 중요한지에 대해 살펴보겠습니다. 시간을 절약하고 창의성을 증진시키며 맞춤형 지침을 제공하는 챗GPT의 특징을 통해, 인공지능이 어떻게 글쓰기의 새로운 지평을 열고 있는지 알아보겠습니다.

독자가 무엇을 할 수 있는지에 초점을 맞춘 첫 번째 프롬프트와 달리 두 번째 프롬프트는 글에서 무엇을 다루는지를 정리한 것을 볼 수 있습니다. 이외에도 제목 기반, 핵심 메시지 소개, 분위기 또는 톤 반영, 대상 독자 맞춤형 등의 프롬프트를 다음과 같이 작성할 수 있습니다.

서론 작성 시 사용할 수 있는 프롬프트 예시

주제 기반 서론

 저는 [글의 주제]에 대해 글을 쓰고 있습니다. 이 주제와 관련된 배경 정보와 중요한 개념들을 소개하는 서론을 작성해 주세요.

제목 기반 서론

 [글의 제목]이라는 제목의 글을 위해, 제목과 연관된 배경 정보와 글의 방향성을 제시하는 서론을 만들어 주세요.

핵심 주장 또는 결론을 소개하는 서론

 [글의 핵심 주장 또는 결론]을 전달하고자 합니다. 이 주장/결론과 관련된 배경 정보와 맥락을 제공하는 서론을 작성해 주세요.

문제 또는 이슈를 소개하는 서론

 [글에서 다룰 문제 또는 이슈]를 다루는 글을 쓰고 있습니다. 이 문제/이슈의 중요성과 관련 개념을 설명하는 서론을 만들어 주세요.

대상 독자 맞춤형 서론

 제 글의 대상 독자는 [대상 독자층]입니다. 이들이 글을 이해하는 데 필요한 배경지식과 정보를 제공하는 서론을 작성해 주세요.

분위기 또는 톤을 반영한 서론

 [글의 분위기 또는 톤]의 분위기로 글을 쓰고 싶습니다. 이 분위기를 반영하는 인트로를 만들어 주세요.

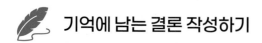

기억에 남는 결론 작성하기

결론은 글의 핵심 메시지를 전달하고 강조하는 역할로, 주요 논점을 다시 확인하고 중요한 아이디어나 교훈을 간략히 정리합니다. 또, 독자가 얻을 수 있는 가치나 행동 변화 등을 제안할 수 있습니다. 결론은 글의 첫인상과 마지막 인상을 강화하여 독자가 주제와 주장을 명확히 이해하고 기억하도록 도와줍니다.

챗GPT를 활용하면 효과적인 결론 작성에 큰 도움을 받을 수 있습니다. 사용자는 글의 주요 내용과 전달하고자 하는 메시지를 챗GPT에게 제공하고 효과적으로 요약하고 강조하는 결론 작성을 요청할 수 있습니다.

결론 작성을 요청할 때도 마찬가지로 어떤 부분에 중점을 두고 작성할지 알려주는 것이 중요합니다. 주제 요약, 결론 재확인, 대상 독자 맞춤형 등에 따라 결론의 방향이 달라집니다. 다음은 글의 핵심 주제를 요약하고 독자에게 전달할 메시지를 강조한 결론 작성을 요청한 프롬프트입니다.

결론 작성하기

 [원고]의 핵심 주제와 논의된 주요 포인트를 요약하고, 글에서 다룬 내용을 바탕으로 독자에게 주는 메시지를 명확하게 제시할 수 있는 결론을 작성해 주세요.
 – 글의 주제를 다시 한 번 강조해 독자가 핵심 주제에 대한 중요성을 깨닫도록 작성해 주세요.
 – 원고 길이는 400자 이내로 제공해 주세요.

[원고]
챗GPT로 글쓰기의 새로운 길을 열다는 인공지능 시대의 혁신적인 글쓰기 방법입니다.

… (중략)

챗GPT를 활용한 글쓰기는 인공지능 시대의 혁신적인 방법으로, 전통적인 글쓰기 방식과는 큰 차이를 보입니다. 이 기술은 글쓰기 과정을 단축시키고, 효율적이며 창의적인 결과를 제공합니다. 챗GPT는 시간을 절약하고, 다양한 아이디어를 통해 창의성을 증진시키며, 맞춤형 지침을 제공하여 작가의 스타일을 보완하는 데 유용합니다.

이 글에서 논의한 바와 같이, 챗GPT는 글쓰기의 새로운 지평을 열어 주며, 더 나은 완성도를 갖춘 글을 작성하는 데 큰 도움이 됩니다. 이제 글쓰기는 더 이상 혼자서 고군분투하는 과정이 아닙니다. 챗GPT와 함께라면 창의적이고 효율적인 글쓰기를 경험할 수 있습니다. 인공지능을 활용한 글쓰기가 어떻게 당신의 글을 변화시킬 수 있는지 직접 경험해 보시기 바랍니다.

앞서 프롬프트처럼 주제를 요약하고 주요 포인트를 강조하는 방법 외에도 미래를 전망하거나 대상 문제 해결 및 추가 연구를 제안하는 방식의 프롬프트를 작성할 수 있습니다.

결론 작성 프롬프트 예시

주제 요약 및 주요 포인트 강조

저는 [글의 주제]에 대해 글을 썼습니다. 이 주제를 다시 요약하고, 독자에게 중요한 포인트를 다시 강조하는 결론을 작성해 주세요.

핵심 주장 또는 결론 재확인

제 글의 핵심 주장은 [글의 핵심 주장]입니다. 이 주장을 다시 확인하고, 독자에게 남기는 메시지를 명확하게 전달하는 결론을 작성해 주세요.

미래 전망 및 제언

[글의 주제]에 대해 다룬 글입니다. 이 주제와 관련된 미래 전망을 제시하고, 독자에게 실질적인 조언이나 행동 권고를 포함하는 결론을 작성해 주세요.

대상 독자 맞춤형 결론 작성

제 글의 대상 독자는 [대상 독자층]입니다. 이들의 특성과 관심사를 고려하여, 그들에게 맞춤형 결론을 작성해 주세요.

문제 해결 및 추가 연구 제안

[글에서 다룬 문제 또는 질문]에 대해 다룬 글입니다. 이 문제를 해결하기 위한 결론을 제시하고, 추가 연구나 조사가 필요한 부분을 제안하는 결론을 작성해 주세요.

챗GPT를 활용하여 결론을 작성할 때는 글의 목적, 핵심 주장, 대상 독자 등 필요한 정보를 구체적으로 제공하는 것이 좋습니다. 그러면 글의 주요 내용을 요약하고 일관된 메시지를 전달하며, 독자에게 의미 있는 인상을 남기는 결론을 만들 수 있습니다.

Chapter 11

챗GPT로 글쓰기 스타일 개발하기

모든 글에는 쓴 사람의 스타일이 반영되어 있습니다. 챗GPT를 활용해 자신의 글쓰기 스타일을 개발해 글쓰기 역량을 더 탄탄하게 다질 수 있고 이를 반영해 개인화된 글을 생성할 수 있습니다. 또, 챗GPT를 활용해 여러 베스트셀러 작가들의 스타일을 분석해 그들의 스타일을 반영한 글을 생성하는 방법도 살펴보겠습니다.

챗GPT에 나의 글쓰기 스타일 학습시키기

글은 개인의 정체성과 창의성을 표현하는 수단입니다. 이는 챗GPT와 같은 생성 AI를 사용해 글을 생성할 때도 고스란히 반영할 수 있습니다. 이 과정은 사용자의 기존 글을 챗GPT에 제공하는 것으로 시작합니다. 챗GPT는 입력된 글을 통해 사용자의 어투, 문체, 문장 구성, 어휘 선택, 톤 등을 학습하고 분석하고 이를 바탕으로 새로운 글을 작성합니다. 이렇게 생성된 글은 단순히 챗GPT가 제공한 것을 넘어 사용자의 개성과 창의성이 담긴 작품이 됩니다. 즉, 사용자의 독창성을 유지하면서 시간과 노력을 절약할 수 있고 독자에게도 친숙하고 매력적으로 다가갈 수 있습니다.

먼저 사용자의 글을 챗GPT에게 학습시키기 위해선 사용자가 작성해 둔 원고와 준비해야 합니다. 챗GPT에게 원고 학습을 시키기 위해서는 충분한 분량의 샘플 원고가 제공되어야 합니다. 최근 업데이트로, 챗GPT는 한 번에 최대 8,192 토큰까지 처리할 수 있게 되었습니다. 이는 원고의 맥락과 내용을 보다 심도 있게 이해하고 학습할 수 있게 해줍니다. 다음 작업에서는 샘플 원고의 길이를 약 4000자로 설정하여 진행했지만, 필요에 따라 더 많은 내용을 포함시킬 수 있습니다. 다음과 같이 원고 분석을 요청하는 프롬프트와 함께 직접 작성한 원고를 입력합니다.

사용자의 원고 분석하기

[원고]를 글의 어투, 글의 형태, 어미, 글에서 사용된 비유와 표현, 문체를 분석해 주세요.
분석한 내용을 불릿 포인트로 제시해 주고, 분석한 내용을 [원고 분석] 이라고 하겠습니다.

[원고]
직장에 가장 적합한 자가 그곳에서 살아남는다
무능한 상사 아래에서 일하는 능력 있는 직원은 오래 버티지 못한다. 더 좋은 직장으로 옮길 수 있어 퇴사를 결정하는 경우도 봤지만 왜 늘 이런 일이 반복되는지 궁금했다. 무능한 상사를 해고하고 유능한 부하 직원이 회사에 남는 것이 회사에 더 나은 일이라고 생각했기 때문이다. 그런데 그 답을 한 온라인 미디어에서 찾아냈다.

온라인 미디어 〈ㅍㅍㅅㅅ〉에 실린 칼럼 "왜 무능한 상사가 회사에서 잘리지 않을까?"에 따르면, 직장에 가장 적합한 자가 그곳에서 살아남는다고 한다. 조직에 맞게 적응했느냐 그렇지 못했느냐에 따라 생존이 결정된다는 뜻이다. 다시 말하자면 직장에서의 생존은 능력의 유무가 아니라 그 사람이 직장에 적합한지 아닌지에 달렸다는 이야기다.

채용정보검색엔진 〈잡서치〉가 2016년 3월, 직장인 644명을 대상으로 진행한 기업 문화와 직장생활 설문조사에서 직장인에게 퇴사 생각이 들게 하는 가장 큰 요인으로 '기업 문화' 가 꼽힌 것은 바로 이런 점을 잘 보여준다. 이 조사에서 직장인 53.9퍼센트가 "기업 문화로 이직이나 퇴사를 결정하게 된다."라고 답했다. 직장인 3명 중 1명 꼴인 28.5퍼센트는 "퇴사 결정의 70퍼센트 이상 요인이 기업 문화"라고 답했다.

기업의 문화와 맞지 않아 퇴사하는 사람 중 상당수는 불합리한 평가를 퇴사 이유로 꼽는다. 업무 능력에 따른 평가가 아닌 내부 정치 능력으로 업무를 평가받기 때문이라는 것이다.

2016년 3월 호 『시사인』의 〈살고 싶어서 퇴사합니다〉라는 기사에 실린 퇴사자의 고백은 우리 사회에 시사하는 바가 크다. "지금 의회 사는 일을 통한 성과가 아니라, 내부 정치가 곧 능력이다. 업무 내용을 설명해 줘도 알아듣지 못하는 상사가 다른 이들에 비해 승진이 빠르게 정말 이상했다. 회사 내 온갖 부서와 커넥션이 있고 본부장이 가는 술자리에 다 따라다니는 게 비법이라고 하니 이런 분위기를 견디지 못하면 결국 나올 수밖에 없다."

회사는 전쟁터, 밖은 낭떠러지다?
직장인은 '회사는 전쟁터'라고 한다. 그러나 회사 밖은 낭떠러지다. 그러니 전쟁터에서 어떻게든 버티려 애쓰는 것이 현실이다. 하지만 회사 밖을 경험하고 살아가는 사람들은 현실은 낭떠러지가 아니라 '새로운 평야'라고 말한다. 누가 더 열심히 살아가느냐에 따라 자신만의 영역을 차지할 수도 있고 가치도 얻을 수 있기 때문이다. 직장인이 회사 밖을 낭떠러지라고 추측하는 것은 바로 그 낭떠러지를 지나야만 만날 수 있는 평야를 보지 못해서다.

나도 10년 전에 회사를 나와 직업을 찾았다. 회사에서는 생계를 위해 살았지만, 이제는 어디서나 적용할 수 있는 전문성을 확보해 많은 기업에서 제안을 받는다. 스스로 이런 환경을 만들어야 한다. 회사 밖 시간이 나에게 이로운 환경이 될 수 있게 투자해야 하고, 그럴 때 전문성이 길러진다. 전문성은 당신을 살린다.

토끼 vs. 거북이 중에 어떤 직장생활을 할 것인가?
"토끼는 거북이를 보았고 거북이는 목표를 보았다."라는 글을 페이스북에서 보고 무릎을 탁쳤다. 이 글은 토끼가 경기에서 진 이유는 잠 때문이 아니라 목표 대신 경쟁 상대인 거북이만 바라봤기 때문이다.

직장생활도 토끼와 거북이의 경주와 다를 바 없다. 스트레스를 주는 직장 상사만 의식하면 내 직장생활은 상사에 의해 결정된다. 직장생활이라는 긴 레이스를 완주할 수 있느냐 없느냐 또한 상사에 의해 결정된다. 힘들면 지쳐 나가떨어지거나 포기하기 쉽다. 거북이처럼 완주를 위해 자신만의 목표를 가져야 한다. 그리고 꾸준히 걸어야 한다.

나 역시 직장에서는 토끼처럼 살았다. 상사의 눈치를 보며 아침저녁으로 보고하고 그의 결정을 따랐다. 이를 거역하는 일은 상상할 수 없었다. 저녁과 주말에도 직장인으로 살았기에 개인 시간이 늘 부족했지만 그래야만 하는 줄 알았다. 이런 생활에 지쳐 회사를 나와 1인 기업이 되면서 비로소 토끼가 아닌 거북이처럼 살게 되었고, 스스로 나를 고용하며 진정한 직업인이 되었다.

직장생활을 '귀머거리 3년, 장님 3년, 벙어리 3년'이라는 속담에 빗대 표현하는 것
만 봐도 그 고됨의 정도를 알 수 있다. 이 비유는 직장에서는 들어도 못 들은 척, 봐
도 못 본 척 언행을 조심하라는 의미다. '메신저 감옥'이라는 말은 퇴근해도 때와 장
소를 가리지 않고 울려대는 메신저를 가리킨다. 사무실을 벗어나도 일과 상사로부
터 벗어나지 못하는 현실을 표현한 말이다. '출근충'이란 말도 있다. 출근과 벌레충자
를 합친 말로 이른 새벽에 출근해 밤늦게까지 일하면서도 박봉에 시달리는 직장인
을 조롱하는 표현이다. 직장인들의 현실을 압축적으로 나타내는 재치 있는 표현들
이지만 마냥 웃기에는 씁쓸하다

[원고 분석]

어투

- 진지하고 비판적인 어투를 사용하여 직장생활의 현실을 논의하고 있다.
- 독자를 설득하려는 의도를 가진 어조로 문제의식을 드러낸다.

글의 형태

- 논설문 형식으로, 구체적인 사례와 조사 결과를 제시하며 논리를 전개한다.
- 다양한 인용과 실제 예시를 통해 주장을 뒷받침하고 있다.

어미

- 종결어미와 연결어미를 사용하여 문장의 흐름을 자연스럽게 이어나간다.
- 주장을 강조하기 위해 단정적인 어미를 주로 사용한다.

비유와 표현

- 비유를 통해 직장생활의 어려움을 표현한다.
  예: "회사는 전쟁터, 밖은 낭떠러지다"
- 토끼와 거북이 비유를 통해 경쟁과 목표 설정의 중요성을 강조한다.
- 속담과 신조어를 사용하여 직장생활의 현실을 생생하게 전달한다.
  예: "귀머거리 3년, 장님 3년, 벙어리 3년", "메신저 감옥", "출근충"

문체

- 논리적이고 분석적인 문체로, 독자가 쉽게 이해할 수 있도록 체계적으로 구성되
  어 있다.

- 구체적인 데이터와 실제 사례를 활용하여 신뢰성을 높인다.
- 직장생활의 현실을 비판적으로 다루며 독자에게 공감을 유도하는 문체를 사용한다.

사용자의 글쓰기 스타일을 챗GPT가 분석한 내용은 [원고 분석]이라 명명해 둡니다. 이제 챗GPT가 학습한 사용자 스타일로 재작성할 원고를 입력합니다. 작성할 원고의 내용을 한 번에 많은 내용을 요청하기보다는 1200~1500자 정도로 넣어 보면서 어떻게 작성되는지 살펴보는 것이 좋습니다.

사용자 스타일을 반영한 원고 재작성 프롬프트

 앞에서 작업한 [원고 분석]을 활용해 아래 [원고]를 재작성해 주세요.

[원고]
챗GPT로 글쓰기의 새로운 길을 열다는 인공지능 시대의 혁신적인 글쓰기 방법입니다. 이는 글쓰기의 새로운 지평을 열고자 하는 모든 이에게 도움이 될 것입니다. 챗GPT를 활용한 글쓰기의 중요성은 기존 방식과의 차이에서 시작됩니다. 전통적인 글쓰기가 인간의 창의력과 노력에 의존했다면, 챗GPT는 인공지능의 능력을 활용해 과정을 단축하고 효율적이며 창의적인 결과를 제공합니다.
챗GPT를 활용한 글쓰기가 중요한 이유를 이해하기 위해서는 먼저 챗GPT와 기존 글쓰기 방식의 차이를 알아야 합니다. 기존의 글쓰기는 주로 인간의 창의력과 노력에 의존하여 많은 시간과 에너지가 필요했습니다. 반면 챗GPT는 인공지능의 능력을 활용하여 글쓰기 과정을 단축시키고, 더욱 효율적이고 창의적인 결과를 제공합니다.

챗GPT를 활용한 글쓰기는 몇 가지 중요한 이유로 주목받고 있습니다.
첫째, 시간을 절약할 수 있습니다. 챗GPT는 빠르게 아이디어를 생성하고 글의 초안을 작성할 수 있어, 작가가 편집과 다듬기에 더 많은 시간을 투자할 수 있게 합니다. 이로 인해 최종 결과물의 완성도가 높아집니다.

둘째, 창의성을 증진시킵니다. 챗GPT는 다양한 아이디어와 접근 방식을 제안하여 작가의 창의성을 자극하고, 고정된 사고방식에서 벗어나 새로운 시각으로 글을 쓰는 데 도움을 줍니다.

셋째, 맞춤형 지침을 제공합니다. 챗GPT는 작가의 스타일과 요구에 맞춰 글을 수정하고 보완할 수 있어, 독창적이고 일관된 글쓰기 스타일을 유지하는 데 매우 유용합니다.

이러한 특징들로 인해 챗GPT는 글쓰기 과정을 혁신적으로 변화시키고 있으며, 더 효율적이고 창의적인 글쓰기를 가능하게 합니다.

 챗GPT로 글쓰기의 새로운 길을 열다: 인공지능 시대의 혁신적인 글쓰기 방법
챗GPT를 활용한 글쓰기는 현대 글쓰기의 새로운 지평을 여는 혁신적인 방법입니다. 전통적인 글쓰기가 인간의 창의력과 노력에 주로 의존했다면, 챗GPT는 인공지능의 능력을 활용해 글쓰기 과정을 효율적이고 창의적으로 변화시킵니다.
챗GPT를 통한 글쓰기의 중요성을 이해하기 위해서는 기존 글쓰기 방식과의 차이를 알아야 합니다. 기존의 글쓰기는 많은 시간과 에너지를 필요로 하며, 작가의 창의력과 노력이 필수적이었습니다. 반면, 챗GPT는 인공지능의 능력을 활용하여 글쓰기 과정을 단축하고, 더욱 효율적이고 창의적인 결과를 제공합니다.
챗GPT를 활용한 글쓰기가 주목받는 이유는 다음과 같습니다.

시간 절약: 챗GPT는 빠르게 아이디어를 생성하고 글의 초안을 작성할 수 있어, 작가가 편집과 다듬기에 더 많은 시간을 투자할 수 있게 합니다. 이로 인해 최종 결과물의 완성도가 높아집니다.

창의성 증진: 챗GPT는 다양한 아이디어와 접근 방식을 제안하여 작가의 창의성을 자극하고, 고정된 사고방식에서 벗어나 새로운 시각으로 글을 쓰는 데 도움을 줍니다.

맞춤형 지침 제공: 챗GPT는 작가의 스타일과 요구에 맞춰 글을 수정하고 보완할 수 있어, 독창적이고 일관된 글쓰기 스타일을 유지하는 데 매우 유용합니다.

추가로 입력한 원고가 앞서 학습한 사용자의 스타일을 반영해 재작성된 것을 확인할 수 있습니다. 또는 주제와 대상 독자, 핵심 메시지 등만 가지고도 학습한 사용자의 스타일을 적용한 글을 작성하는 방법도 있습니다.

사용자 스타일을 반영한 원고 생성 프롬프트

[원고 분석]을 활용해 '챗GPT를 직장 내 비즈니스 글쓰기에 활용하는 법'에 대한 주제로 짧은 글을 작성해 주세요. 대상 독자는 직장인입니다.

챗GPT를 직장 내 비즈니스 글쓰기에 활용하는 법
현대 직장생활에서 비즈니스 글쓰기는 중요한 역량 중 하나입니다. 하지만 바쁜 업무 속에서 효율적이고 창의적인 글쓰기를 유지하는 것은 쉽지 않습니다. 여기서 챗GPT가 직장인들에게 큰 도움을 줄 수 있습니다.

1. 아이디어 생성과 초안 작성
챗GPT는 빠르게 다양한 아이디어를 생성하고 글의 초안을 작성하는 데 유용합니다. 짧은 시간 안에 다양한 접근 방식과 아이디어를 제공하여, 직장인들이 글쓰기에 필요한 창의적인 자극을 받을 수 있습니다. 이는 곧 효율성의 증대로 이어지며, 중요한 업무에 더 많은 시간을 투자할 수 있게 합니다.

2. 맞춤형 피드백과 수정
챗GPT는 사용자의 스타일과 요구에 맞춰 글을 수정하고 보완할 수 있습니다. 이는 직장인들이 자신만의 일관된 글쓰기 스타일을 유지하는 데 큰 도움이 됩니다. 또한, 구체적인 피드백을 제공함으로써 글의 품질을 높이는 데 기여합니다.

3. 복잡한 문서 작성 지원
비즈니스 문서는 종종 복잡하고 체계적인 구성을 요구합니다. 챗GPT는 이러한 문서를 작성할 때 구조를 제안하고, 논리적인 흐름을 유지하도록 도와줍니다. 이를 통해 직장인들은 더 명확하고 설득력 있는 문서를 작성할 수 있습니다.

4. 시간 절약

챗GPT를 활용하면 글쓰기 과정을 단축할 수 있습니다. 빠르게 초안을 작성하고, 수정 및 보완 과정을 거치면서 시간 절약이 가능합니다. 더분에 다른 중요한 업무에 더 많은 시간을 할애할 수 있습니다.

챗GPT는 직장인들이 비즈니스 글쓰기를 보다 효율적이고 창의적으로 할 수 있도록 도와줍니다. 이를 통해 직장 내 커뮤니케이션이 개선되고, 업무 성과도 향상될 것입니다. 챗GPT를 활용해 글쓰기에 새로운 혁신을 경험해 보세요.

이 과정에서 중요한 점은 원고 분석으로 파악한 사용자의 글쓰기 스타일을 최대한 반영하는 것입니다. 동시에 명확하고 간결한 문장, 자연스러운 글의 흐름과 논리 전개, 맞춤법과 문법 준수 등 기본적인 글쓰기 원칙도 함께 고려해야 합니다.

또한 장시간 작업 시 챗GPT의 메모리가 유지되지 않을 수 있으므로 주기적으로 [원고 분석]이 무엇인지를 프롬프트로 요청하여 정확히 기억하고 있는지 확인하는 것이 좋습니다.

챗GPT로 나만의 글쓰기 스타일 개발하기

나만의 글쓰기 스타일을 [원고 분석]을 통해 챗GPT에게 학습시켰다면 이를 조금씩 개선하면서 나만의 스타일을 유지하고 향상시킬 수 있습니다. 뿐만 아니라 다양한 스타일을 실험해 창의성과 개성을 부각시키고, 새로운 글쓰기 아이디어를 얻을 수 있습니다.

먼저 [원고 분석]을 참고하여 새로운 글을 작성합니다. 챗GPT에게 특정 주제나 톤으로 글을 작성하도록 요청하면, 다양한 스타일을 실험해 볼 수 있습니다. 이 단계에서는 다음과 같은 프롬프트를 사용합니다.

사용자 스타일을 반영한 원고 재작성 프롬프트

 앞서 작업한 [원고 분석]을 기반으로 [새 원고]를 다시 작성해 주세요.

[새 원고]
챗GPT를 활용한 비즈니스 글쓰기
챗GPT로 글쓰기의 새로운 길을 여는 것은 인공지능 시대의 혁신적인 글쓰기 방법입니다. 이는 글쓰기의 새로운 지평을 열고자 하는 모든 사람에게 도움이 될 것입니다. 챗GPT를 활용한 글쓰기의 중요성은 기존 방식과의 차이에서 시작됩니다. 전통적인 글쓰기는 인간의 창의력과 노력에 의존하여 많은 시간과 에너지가 필요한 반면, 챗GPT는 인공지능의 능력을 활용해 글쓰기 과정을 단축하고, 효율적이며 창의적인 결과를 제공합니다.
챗GPT를 활용한 글쓰기는 다음과 같은 이유로 주목받고 있습니다.
첫째, 챗GPT는 빠르게 아이디어를 생성하고 글의 초안을 작성할 수 있어 시간을 절약할 수 있습니다. 이로 인해 작가는 편집과 다듬기에 더 많은 시간을 투자할 수 있게 되며, 최종 결과물의 완성도가 높아집니다.

둘째, 챗GPT는 다양한 아이디어와 접근 방식을 제안하여 작가의 창의성을 자극하고, 고정된 사고방식에서 벗어나 새로운 시각으로 글을 쓰는 데 도움을 줍니다. 이는 글쓰기에 있어 창의성 증진에 큰 역할을 합니다.

셋째, 챗GPT는 작가의 스타일과 요구에 맞춰 글을 수정하고 보완할 수 있어 독창적이고 일관된 글쓰기 스타일을 유지하는 데 매우 유용합니다. 이는 맞춤형 지침을 제공함으로써 가능합니다.

이러한 특징들로 인해 챗GPT는 글쓰기 과정을 혁신적으로 변화시키고 있으며, 더 효율적이고 창의적인 글쓰기를 가능하게 합니다. 챗GPT를 활용한 글쓰기는 인공지능 시대에 필수적인 도구로 자리매김할 것이며, 작가들에게 새로운 가능성을 제시할 것입니다.

챗GPT로 글쓰기의 새로운 길을 열다: 인공지능 시대의 혁신적인 글쓰기 방법

챗GPT를 활용한 글쓰기는 현대 글쓰기의 새로운 지평을 여는 혁신적인 방법입니다. 전통적인 글쓰기가 인간의 창의력과 노력에 주로 의존했다면, 챗GPT는 인공지능의 능력을 활용해 글쓰기 과정을 효율적이고 창의적으로 변화시킵니다.

챗GPT를 통한 글쓰기의 중요성을 이해하기 위해서는 기존 글쓰기 방식과의 차이를 알아야 합니다. 기존의 글쓰기는 많은 시간과 에너지를 필요로 하며, 작가의 창의력과 노력이 필수적이었습니다. 반면, 챗GPT는 인공지능의 능력을 활용하여 글쓰기 과정을 단축하고, 더욱 효율적이고 창의적인 결과를 제공합니다.

챗GPT를 활용한 글쓰기가 주목받는 이유는 다음과 같습니다.

1. 시간 절약: 챗GPT는 빠르게 아이디어를 생성하고 글의 초안을 작성할 수 있어, 작가가 편집과 다듬기에 더 많은 시간을 투자할 수 있게 합니다. 이로 인해 최종 결과물의 완성도가 높아집니다.

2. 창의성 증진: 챗GPT는 다양한 아이디어와 접근 방식을 제안하여 작가의 창의성을 자극하고, 고정된 사고방식에서 벗어나 새로운 시각으로 글을 쓰는 데 도움을 줍니다.

3. 맞춤형 지침 제공: 챗GPT는 작가의 스타일과 요구에 맞춰 글을 수정하고 보완할 수 있어, 독창적이고 일관된 글쓰기 스타일을 유지하는 데 매우 유용합니다.

이러한 특징들로 인해 챗GPT는 글쓰기 과정을 혁신적으로 변화시키고 있으며, 더 효율적이고 창의적인 글쓰기를 가능하게 합니다.

챗GPT를 활용한 글쓰기는 단순한 도구 이상의 의미를 가집니다. 이는 작가들이

더 나은 글을 쓸 수 있도록 돕고, 창의성과 효율성을 극대화하여 새로운 글쓰기 방법을 제시합니다. 챗GPT는 인공지능 시대에 맞는 혁신적인 글쓰기의 동반자가 될 것입니다.

[원고 분석]을 활용하면 기존 스타일을 유지하면서도 새로운 스타일을 실험할 수 있습니다. 다음 프롬프트는 더 공식적이고 전문적인 톤과 용어를 활용해 원고 재작성을 요청합니다.

스타일 개발하기 ①

[원고 분석]을 기반으로 [새 원고]를 다시 작성해 주세요.
– 공식적이고 전문적인 톤을 사용해 주세요.
– 전문 용어를 활용해 주세요.

챗GPT를 활용한 비즈니스 글쓰기: 인공지능 시대의 혁신적 접근
챗GPT를 활용한 비즈니스 글쓰기는 인공지능 시대의 혁신적 글쓰기 방법으로 자리매김하고 있습니다. 이 방법은 글쓰기의 새로운 지평을 열고자 하는 모든 사람에게 유익하며, 기존 글쓰기 방식과는 본질적으로 차별화된 점에서 중요성을 지닙니다. 전통적인 글쓰기는 인간의 창의력과 노력에 크게 의존하여 많은 시간과 에너지를 요구합니다. 반면, 챗GPT는 인공지능의 고도화된 능력을 활용하여 글쓰기 과정을 대폭 단축하고, 보다 효율적이면서도 창의적인 결과물을 제공합니다.
챗GPT를 활용한 글쓰기가 주목받는 이유는 다음과 같습니다.
아이디어 생성 및 초안 작성의 신속성
챗GPT는 신속하게 아이디어를 생성하고 글의 초안을 작성할 수 있어 시간을 절약합니다. 이는 작가가 편집과 다듬기에 더 많은 시간을 할애할 수 있게 하여 최종 결과물의 완성도를 높이는 데 기여합니다.
창의성 증진 및 새로운 시각 제공
챗GPT는 다양한 아이디어와 접근 방식을 제안하여 작가의 창의성을 자극합니다. 이는 작가가 고정된 사고방식에서 벗어나 새로운 시각으로 글을 쓰는 데 도움을 주며, 창의성 증진에 큰 역할을 합니다.

스타일 및 요구에 맞춘 맞춤형 글쓰기

챗GPT는 작가의 스타일과 요구에 맞춰 글을 수정하고 보완할 수 있습니다. 이는 독창적이고 일관된 글쓰기 스타일을 유지하는 데 매우 유용하며, 맞춤형 지침을 제공함으로써 가능합니다.

이러한 특징들로 인해 챗GPT는 글쓰기 과정을 혁신적으로 변화시키고 있으며, 더욱 효율적이고 창의적인 글쓰기를 가능하게 합니다. 챗GPT를 활용한 글쓰기는 인공지능 시대에 필수적인 도구로 자리 잡을 것이며, 작가들에게 새로운 가능성을 제시할 것입니다.

따라서 챗GPT를 활용한 비즈니스 글쓰기는 현대 직장인들에게 시간 절약과 창의성 증진이라는 2가지 주요 이점을 제공하며, 이는 곧 업무 성과 향상으로 이어질 것입니다. 인공지능의 힘을 활용해 비즈니스 글쓰기에 혁신을 도입해 보십시오.

이번에는 톤을 바꿔 부드럽고 친절한 스타일을 요청해 보겠습니다.

스타일 개발하기 ②

[원고 분석]을 바탕으로 앞서 작성한 원고를 말랑하고 부드러운 톤으로 바꿔 주세요. 전문 용어는 괄호 안에 개념 설명을 덧붙여서 독자의 이해를 도와주세요.

챗GPT를 활용한 비즈니스 글쓰기: 인공지능 시대의 새로운 접근

챗GPT를 활용한 비즈니스 글쓰기는 인공지능 시대의 새로운 글쓰기 방법이에요. 이 방법은 글쓰기에 대한 새로운 길을 열고자 하는 모든 사람에게 큰 도움이 될 거예요. 전통적인 글쓰기는 우리의 창의력과 노력이 많이 필요해서 많은 시간과 에너지를 소모하게 되죠. 하지만 챗GPT는 인공지능(사람처럼 생각하고 학습하는 컴퓨터 기술)의 능력을 활용해 글쓰기 과정을 단축하고, 효율적이며 창의적인 결과물을 제공한답니다.

챗GPT를 활용한 글쓰기가 주목받는 이유를 살펴볼게요.

아이디어 생성 및 초안 작성의 신속성

챗GPT는 빠르게 다양한 아이디어를 생성하고 글의 초안을 작성할 수 있어요. 이로 인해 우리는 편집과 다듬기에 더 많은 시간을 투자할 수 있게 되며, 최종 결과물의 완성도가 높아져요.

창의성 증진 및 새로운 시각 제공

챗GPT는 다양한 아이디어와 접근 방식을 제안하여 우리의 창의력을 자극해요. 고정된 사고방식에서 벗어나 새로운 시각으로 글을 쓰는 데 큰 도움이 되죠. 이는 글쓰기에 있어 창의성을 크게 증진시켜 준답니다.

스타일 및 요구에 맞춘 맞춤형 글쓰기

챗GPT는 우리가 원하는 스타일과 요구에 맞춰 글을 수정하고 보완할 수 있어요. 이는 독창적이고 일관된 글쓰기 스타일을 유지하는 데 매우 유용하답니다. 맞춤형 지침을 제공해 주기 때문에 가능한 일이에요.

이런 특징들 덕분에 챗GPT는 글쓰기 과정을 혁신적으로 변화시키고 있어요. 더 효율적이고 창의적인 글쓰기를 가능하게 하죠. 챗GPT를 활용한 글쓰기는 인공지능 시대에 꼭 필요한 도구로 자리잡을 것이며, 새로운 가능성을 제시해 줄 거예요. 따라서 챗GPT를 활용한 비즈니스 글쓰기는 현대 직장인들에게 시간 절약과 창의력 증진이라는 2가지 큰 이점을 제공해요. 이는 업무 성과 향상으로 이어질 거예요. 인공지능의 힘을 활용해 비즈니스 글쓰기에 혁신을 도입해 보세요.

같은 원고를 입력해도 요청하는 글쓰기 스타일에 따라 어투, 대상 독자, 주제 전달 방식 등이 달라집니다. 이 과정을 통해 나만의 글쓰기 스타일을 체계적으로 분석하고 원하는 방향을 찾을 수 있습니다.

베스트셀러 작가들의 글쓰기 스타일 분석하기

베스트셀러 작가들의 글은 단순히 이야기를 전달하는 것을 넘어 독자의 마음을 사로잡는 힘이 있습니다. 챗GPT는 이들이 작성한 방대한 양의 텍스트 데이터를 학습하여 해당 작가와 유사한 문장을 생성할 수 있습니다. 이를 활용하면 베스트셀러 작가들의 글쓰기 특징을 분석하고 그들의 스타일을 모방한 글을 생성할 수 있습니다. 예를 들어, 헤밍웨이의 간결한 문체나 무라카미 하루키의 몽환적인 분위기 등을 학습하고 모방할 수 있습니다.

이 과정은 앞서 사용자의 글쓰기 스타일을 학습시키고 생성하는 과정과 동일합니다. 먼저 원하는 작가의 글을 챗GPT에게 학습시키고 원고 스타일을 분석한 다음 기존 원고를 재생성하거나 새로운 원고의 생성을 요청하는 것입니다. 다음은 유시민 작가가 동아일보에서 연재 중인 칼럼 중 〈[유시민의 세상읽기] '이상한 나라' 프로야구〉(출처: donga.com/news/List/Series_70040100000024/article/all/20000201/7505125/1)의 일부를 발췌해 작가의 스타일 분석을 요청한 프롬프트입니다.

유시민 작가의 스타일 분석을 요청한 프롬프트

 아래 [원고]의 글쓰기 스타일을 분석해 주세요. 이 분석 결과를 [유시민]이라고 지정하겠습니다.

[원고]

우리 프로야구가 출범한 것은 1982년, 쿠데타와 양민학살을 통해 권력을 탈취한
전두환 정권의 서슬 푸른 시절이다. 국민의 정치적 관심을 호도하려는 교활한 책략
이라는 사회 일각의 비판에도 불구하고 프로야구는 18년의 세월 동안 대중의 폭넓
은 사랑을 받는 스포츠로 정착했다. 그런데 최근 선수협의회 결성을 둘러싸고 벌어
진 일련의 사태를 보면 도대체 우리가 어느 시대에 살고 있는지가 다 의심스러울 지
경이다.

사회는 문민정부를 지나 '시장경제와 민주주의의 병행 발전'을 국정지표로 내건 '국
민의 정부' 시대에 접어든지 오래건만 야구계는 여전히 '5공시대'를 벗어나지 못하고
있다. 한국야구위원회(KBO)가 지배하는 프로야구의 세계는 '집회와 결사의 자유'
를 국민의 기본권으로 규정한 대한민국 헌법 제21조가 효력을 발휘하지 못하는 '이
상한 나라'다.

[유시민]의 글쓰기 스타일 분석

유시민의 글쓰기는 명확하고 분석적이며, 정치적, 사회적 현안을 다룰 때 날카로운
비판 의식을 바탕으로 논리를 전개하는 것이 특징입니다. 그의 글쓰기 스타일을 아
래와 같이 분석해 보겠습니다.

1. 강력한 도입부

역사적 배경과 맥락 제시: 유시민은 글의 시작에서 1982년 프로야구 출범 당시의
정치적 배경을 제시하며 독자의 관심을 끌고 있습니다. 이는 단순한 사건 설명을 넘
어 독자에게 당시의 사회적 분위기를 전달하는 효과가 있습니다.

비판적 어조: "쿠데타와 양민학살을 통해 권력을 탈취한 전두환 정권의 서슬 푸른
시절"이라는 표현을 통해 권력의 부정적인 면을 날카롭게 지적하고 있습니다. 이는
독자에게 강렬한 인상을 남기며 글의 방향성을 제시합니다.

2. 논리적 전개

명확한 논거 제시: 프로야구 선수협의회 결성을 둘러싼 사건을 통해 한국 야구계의
문제점을 지적합니다. "집회와 결사의 자유"라는 헌법적 권리와 현실의 불일치를 꼬
집으며 논지를 전개합니다.

구체적 사례 사용: 선수들의 휴대전화 압수, 격리, 협박 등의 구체적 사례를 제시함

으로써 독자가 문제의 심각성을 쉽게 이해할 수 있도록 돕습니다. 이는 주장을 더욱 설득력 있게 만드는 요소입니다.

3. 비유와 비교

과거와의 비교: 80년대 노조 탄압과 현재의 선수협의회 탄압을 비교하며, 과거와 현재의 상황이 본질적으로 다르지 않음을 강조합니다. 이는 독자가 현 상황의 부당함을 더욱 명확히 인식하도록 합니다.

강렬한 비유 사용: "불순과 배후를 들먹이는 행태"와 같은 표현은 과거 독재정권의 논리를 그대로 따르고 있음을 상기시키며, 현재 상황에 대한 비판의 날을 세웁니다.

4. 경제적 논리 도입

시장 경제의 원리: 프로야구를 시장경제의 일환으로 설명하며, 선수협의회의 필요성을 경제적 관점에서 접근합니다. 이는 단순한 도덕적 논쟁을 넘어 경제적 논리를 통해 주장의 설득력을 높이는 전략입니다.

자유와 경쟁 강조: "시장 경제는 상충하는 이해관계를 가진 개별 경제 주체들이 서로 견제하고 경쟁하는 분권적 시스템"이라는 설명을 통해, 선수협의회 결성의 정당성을 경제적 논리로 뒷받침합니다.

5. 결론부에서의 타협 제안

대안을 제시하는 결론: 글의 마지막 부분에서는 구단과 선수 간의 타협과 절충을 제안하며, 비판적이지만 건설적인 결말을 도출합니다. 이는 독자가 단순한 비판에서 벗어나 문제 해결의 가능성을 모색하게 합니다.

논리적 일관성 유지: 선수들의 기본적 자유와 권리를 존중해야 한다는 주장을 일관되게 유지하며, 이를 위한 구체적 절차를 제시합니다. 이는 글의 구조적 완성도를 높이는 요소입니다.

유시민 작가의 글은 논리적이며 명확한 주장을 펼치는 동시에 구체적 사례와 경제적 논리를 도입하여 설득력을 높이고 있습니다. 강렬한 비판과 더불어 타협을 제안하는 균형 잡힌 접근이 돋보이며, 역사적 맥락과 사회적 현안을 유기적으로 연결하여 독자의 이해를 돕고 있습니다. 이러한 스타일은 독자에게 깊은 인상을 남기며, 문제의 심각성을 명확히 전달하는 데 효과적입니다.

이처럼 작가의 글만으로 해당 작가의 글을 분석할 수 있어 자신의 글쓰기 스타일에 이를 적용하고 피드백을 받을 수 있어 마치 작가가 옆에서 세세하게 조언하는 것과 같은 효과를 얻을 수 있습니다.

이번에는 사용자의 원고에 앞서 분석한 유시민 작가의 스타일을 적용해 원고를 분석하고 개선할 것을 요청해 보겠습니다.

작가의 스타일을 반영해 원고를 개선하는 프롬프트

 아래 [원고]를 [유시민] 작가 스타일을 활용해 분석하고 개선 사항을 제공해 주세요.

[원고]
챗GPT로 글쓰기의 새로운 길을 열다: 인공지능 시대의 혁신적인 글쓰기 방법
챗GPT를 활용한 글쓰기는 현대 글쓰기의 새로운 지평을 여는 혁신적인 방법입니다. 전통적인 글쓰기가 인간의 창의력과 노력에 주로 의존했다면, 챗GPT는 인공지능의 능력을 활용해 글쓰기 과정을 효율적이고 창의적으로 변화시킵니다. 예를 들어, 복잡한 연구 보고서를 작성할 때 챗GPT는 자료 조사부터 초안 작성까지 도와주어 작가가 편집과 다듬기에 집중할 수 있게 합니다.
챗GPT를 통한 글쓰기의 중요성을 이해하기 위해서는 기존 글쓰기 방식과의 차이를 알아야 합니다. 기존의 글쓰기는 많은 시간과 에너지를 필요로 하며, 작가의 창의력과 노력이 필수적이었습니다. 반면, 챗GPT는 인공지능의 능력을 활용하여 글쓰기 과정을 단축하고, 더욱 효율적이고 창의적인 결과를 제공합니다.
챗GPT를 활용한 글쓰기가 주목받는 이유는 다음과 같습니다.
1. 시간 절약: 챗GPT는 빠르게 아이디어를 생성하고 글의 초안을 작성할 수 있어, 작가가 편집과 다듬기에 더 많은 시간을 투자할 수 있게 합니다. 이로 인해 최종 결과물의 완성도가 높아집니다.
2. 창의성 증진: 챗GPT는 다양한 아이디어와 접근 방식을 제안하여 작가의 창의성을 자극하고, 고정된 사고방식에서 벗어나 새로운 시각으로 글을 쓰는 데 도움을 줍니다.

3. 맞춤형 지침 제공: 챗GPT는 작가의 스타일과 요구에 맞춰 글을 수정하고 보완할 수 있어, 독창적이고 일관된 글쓰기 스타일을 유지하는 데 매우 유용합니다.

이러한 특징들로 인해 챗GPT는 글쓰기 과정을 혁신적으로 변화시키고 있으며, 더 효율적이고 창의적인 글쓰기를 가능하게 합니다.

챗GPT를 활용한 글쓰기는 단순한 도구 이상의 의미를 가집니다. 이는 작가들이 더 나은 글을 쓸 수 있도록 돕고, 창의성과 효율성을 극대화하여 새로운 글쓰기 방법을 제시합니다. 챗GPT는 인공지능 시대에 맞는 혁신적인 글쓰기의 동반자가 될 것입니다.

유시민 작가의 스타일을 반영하여 원고를 분석하고 개선해 보겠습니다. 유시민 작가는 명확하고 간결한 문체, 논리적 구성, 풍부한 배경지식을 바탕으로 독자가 쉽게 이해할 수 있도록 글을 전개합니다.

1. 분석
명확하고 간결한 문체
현재 원고는 비교적 명확하고 간결하게 작성되었으나, 불필요한 반복과 장황한 설명이 있습니다. 예를 들어, "챗GPT를 활용한 글쓰기의 중요성을 이해하기 위해서는 기존 글쓰기 방식과의 차이를 알아야 합니다."와 같은 문장은 간결하게 정리할 수 있습니다.

논리적 구성
전체적으로 논리적 흐름은 잘 유지되고 있으나, 각 단락 간의 연결이 좀 더 매끄럽게 이어질 필요가 있습니다. 예를 들어, 각 이유를 설명하는 부분에서 더 명확한 전환 문구가 필요합니다.

풍부한 배경지식
챗GPT의 기능과 장점을 설명하는 부분에서 좀 더 구체적인 사례나 통계 자료를 추가하면 글의 신뢰도가 높아질 수 있습니다.

2. 개선된 원고
챗GPT로 글쓰기의 새로운 길을 열다: 인공지능 시대의 혁신적인 글쓰기 방법
챗GPT를 활용한 글쓰기는 현대 글쓰기의 새로운 지평을 여는 혁신적인 방법입니

다. 전통적으로 글쓰기는 인간의 창의력과 노력에 의존했지만, 챗GPT는 인공지능의 능력을 통해 글쓰기 과정을 효율적이고 창의적으로 변화시키고 있습니다. 예를 들어, 복잡한 연구 보고서를 작성할 때 챗GPT는 자료 조사부터 초안 작성까지 도와주어 작가가 편집과 다듬기에 집중할 수 있게 합니다.

기존의 글쓰기는 많은 시간과 에너지를 필요로 하며, 작가의 창의력과 노력이 필수적이었습니다. 반면, 챗GPT는 인공지능의 능력을 활용하여 글쓰기 과정을 단축하고, 더욱 효율적이고 창의적인 결과를 제공합니다.

챗GPT를 활용한 글쓰기가 주목받는 이유는 다음과 같습니다.

시간 절약: 챗GPT는 빠르게 아이디어를 생성하고 글의 초안을 작성하여, 작가가 편집과 다듬기에 더 많은 시간을 투자할 수 있게 합니다. 이로 인해 최종 결과물의 완성도가 높아집니다.

창의성 증진: 챗GPT는 다양한 아이디어와 접근 방식을 제안하여 작가의 창의성을 자극하고, 새로운 시각으로 글을 쓰는 데 도움을 줍니다.

맞춤형 지침 제공: 챗GPT는 작가의 스타일과 요구에 맞춰 글을 수정하고 보완하여, 독창적이고 일관된 글쓰기 스타일을 유지하는 데 매우 유용합니다.

이러한 특징들로 인해 챗GPT는 글쓰기 과정을 혁신적으로 변화시키고 있으며, 더 효율적이고 창의적인 글쓰기를 가능하게 합니다.

챗GPT를 활용한 글쓰기는 단순한 도구 이상의 의미를 가집니다. 이는 작가들이 더 나은 글을 쓸 수 있도록 돕고, 창의성과 효율성을 극대화하여 새로운 글쓰기 방법을 제시합니다. 챗GPT는 인공지능 시대에 맞는 혁신적인 글쓰기의 동반자가 될 것입니다.

챗GPT의 강력한 기능 중 하나는 대화형 AI라는 것입니다. 즉, 실시간으로 응답에 대해 질문하고 즉각 답변을 받으면서 소통할 수 있습니다. 이는 마치 작가와 직접 소통하면서 글쓰기를 배우는 것과 유사합니다.

원고 개발에 관한 질의응답

 [유시민] 작가 스타일의 문체적 특징을 고려할 때 [원고]에서 어떤 점을 보완하면 좋을까요?

 유시민 작가 스타일의 문체적 특징을 고려하여 [원고]를 보완하기 위해 다음과 같은 점들을 추가하면 좋습니다.

구체적인 예시와 사례:
유시민 작가는 독자가 쉽게 이해할 수 있도록 구체적인 예시와 사례를 많이 사용합니다. 원고에 챗GPT를 사용한 실제 사례나 구체적인 상황을 추가하면 더욱 효과적일 것입니다.

명확한 논리적 흐름:
논리적 흐름이 명확하도록 각 단락 간의 연결을 강화해야 합니다. 각 단락이 자연스럽게 이어지도록 전환 문구를 추가하는 것이 좋습니다.

간결하고 명확한 문장:
불필요한 반복이나 장황한 설명을 줄이고, 간결하고 명확하게 문장을 구성합니다. 복잡한 문장은 짧고 간결하게 나누는 것이 좋습니다.

풍부한 배경지식:
배경지식을 바탕으로 주제를 깊이 있게 다루어야 합니다. 챗GPT의 기술적 배경이나 작동 원리에 대한 설명을 간략히 추가하면 좋습니다.

챗GPT는 작가의 다양한 글과 분석 결과를 제공해 사용자가 이를 모방하여 연습할 수 있도록 돕습니다. 이를 통해 사용자는 작가의 스타일을 깊이 이해하고 체득할 수 있는 것은 물론이고 자신의 스타일을 개발할 수 있습니다.

이외에도 여러 베스트셀러 작가들의 이들의 글을 책으로만 읽는 것이 아니라 직접 그들의 스타일로 글을 써달라고 요청할 수 있습니다. 이는 작가의 글쓰기 스타일을 이해하는 데 큰 도움이 될 것입니다. 국내외 작가들의 글쓰기 스타일은 매우 다양합니다. 대표적인 작가와 문체 특징과 대표 도서를 정리하면 다음과 같습니다.

한국 베스트셀러 작가의 문체 특징과 대표 도서

- 유시민: 명확하고 간결한 문체, 논리적 구성과 풍부한 배경지식, 『거꾸로 읽는 세계사』

- 김영하: 현대적이고 감각적인 문체, 인간 본성에 대한 탐구, 『살인자의 기억법』

- 공지영: 사회적 이슈와 인권 문제에 대한 관심, 따뜻한 인간애, 『우리들의 행복한 시간』

- 박완서: 전통적인 한국 사회와 가족, 여성의 삶을 깊이 있게 탐구, 『그 많던 싱아는 누가 다 먹었을까』

- 황석영: 역사와 사회에 대한 깊은 통찰, 강렬한 서사적 묘사, 『장길산』

- 정유정: 심리 스릴러와 드라마 장르, 긴장감 넘치는 전개, 『7년의 밤』

- 이문열: 고전적이고 전통적인 문체, 도덕적이고 철학적인 주제, 『사람의 아들』

- 조정래: 역사와 정치적 현실에 대한 강한 관심, 방대한 서사, 『태백산맥』

- 김훈: 간결하고 힘 있는 문체, 자연과 인간의 관계, 『칼의 노래』

해외 베스트셀러 작가의 문체 특징과 대표 도서

- 말콤 글래드웰(Malcolm Gladwell): 독창적인 스토리텔링과 심리학, 사회학, 경제학을 융합하여 흥미로운 이야기를 풀어냄, 『아웃라이어(Outliers)』

- 마이클 루이스(Michael Lewis): 경제, 금융, 스포츠 분야의 실제 사례를 바탕으로 깊이 있는 분석 제공, 『머니볼(Moneyball)』

- 니얼 퍼거슨(Niall Ferguson): 역사와 경제를 결합한 이야기를 통해 현재의 이슈를 설명, 『The Ascent of Money』

- 찰스 두히그(Charles Duhigg): 습관과 생산성에 대한 심리학적 접근을 통해 실생활에 적용 가능한 통찰 제공, 『습관의 힘(The Power of Habit)』

- 스티븐 더브너(Stephen Dubner) & 스티븐 레빗(Steven Levitt): 경제학적 관점에서 일상적인 현상을 분석하여 흥미로운 통찰 제공, 『프리코노믹스(Freakonomics)』

- 애덤 그랜트(Adam Grant): 조직 심리학과 인간 행동에 대한 연구를 바탕으로 리더십과 성공 논의, 『기브 앤 테이크(Give and Take)』

- 유발 하라리(Yuval Noah Harari): 인류의 역사와 미래를 통찰력 있게 분석하여 새로운 시각 제공, 『사피엔스(Sapiens)』

- 로버트 치알디니(Robert Cialdini): 설득과 영향력에 관한 심리학적 연구를 통해 사람들의 행동 설명, 『설득의 심리학(Influence)』

이 중 김훈 작가와 말콤 글래드웰 작가의 스타일을 같은 주제에 적용해 생성한
원고를 비교해 보겠습니다.

김훈의 스타일로 원고 생성을 요청한 프롬프트

 김훈 작가의 스타일로 '인공지능 시대를 살아가는 법'이라는 주제의 글을 작성해 주
세요.

 인공지능 시대, 살아가는 법

인공지능의 시대가 도래했다. 우리는 지금까지 인간만이 할 수 있다고 믿었던 일들
을 기계에게 맡기기 시작했다. 그 변화의 흐름 속에서 인간이 어떻게 살아가야 할지
에 대한 질문이 우리 앞에 놓여 있다.

첫째, 지식과 경험의 재해석이 필요하다. 인공지능은 방대한 데이터를 분석하고, 빠
르게 결론을 도출해낸다. 하지만 인간의 경험과 직관, 그리고 감성은 기계가 쉽게 따
라올 수 없는 영역이다. 우리는 인공지능이 제공하는 정보를 기반으로 새로운 방식
으로 지식을 해석하고, 경험을 재구성해야 한다.

둘째, 협력과 공존의 자세가 중요하다. 인공지능은 우리의 적이 아니라 동반자다. 우
리는 인공지능과의 협력을 통해 더 나은 결과를 만들어낼 수 있다. 인간이 가진 창
의력과 인공지능의 효율성을 결합하여 새로운 가치를 창출해야 한다. 이는 서로의
강점을 이해하고, 보완해나가는 과정에서 가능해진다.

셋째, 끊임없는 학습과 적응이 요구된다. 인공지능 기술은 빠르게 발전하고 있으며,
그 속도에 맞추어 우리도 끊임없이 배우고, 적응해야 한다. 이는 단순히 새로운 기
술을 익히는 것을 넘어, 변화에 대한 긍정적인 태도와 열린 마음을 가지는 것을 의
미한다.

인공지능 시대를 살아가는 법은 단순히 기술을 활용하는 것에 그치지 않는다. 인간
의 고유한 가치를 지키며, 변화에 능동적으로 대응하고, 협력과 공존을 통해 새로운
가능성을 열어가는 것이다. 이러한 태도와 노력이 인공지능 시대를 살아가는 우리

에게 요구되는 자세이다. 인공지능의 시대는 우리가 어떻게 대응하느냐에 따라 위기가 될 수도, 기회가 될 수도 있다. 인간다움을 잃지 않으면서도, 변화에 능동적으로 대응하는 자세가 필요하다. 그리하여 우리는 인공지능 시대에 맞는 새로운 삶의 방식을 찾아 나가야 한다.

말콤 글래드웰의 스타일로 원고 생성을 요청한 프롬프트

말콤 글래드웰 작가의 스타일로 '인공지능 시대를 살아가는 법'이라는 주제의 글을 작성해 주세요.

인공지능 시대를 살아가는 법

인공지능(AI)이 우리의 일상에 깊숙이 자리 잡은 지금, 우리는 어떻게 이 변화를 맞이하고 적응해야 할까요? 이 질문에 답하기 위해, 먼저 인공지능이 우리에게 어떤 영향을 미치는지 살펴보겠습니다. 인공지능은 단순히 기술의 진보를 의미하는 것이 아닙니다. 이는 우리의 사고방식과 행동 양식을 근본적으로 변화시키는 혁명입니다.

1. 인공지능과 인간의 공존

인공지능은 많은 분야에서 인간의 능력을 증강시키고 있습니다. 의료, 금융, 교육, 제조업 등 다양한 산업에서 인공지능은 더 빠르고 정확한 데이터를 제공함으로써 의사결정을 돕고 있습니다. 하지만 이 과정에서 중요한 것은 인공지능이 인간의 역할을 완전히 대체하는 것이 아니라, 보완하고 지원하는 도구로 사용된다는 점입니다.

예를 들어, 의료 분야에서 인공지능은 방대한 의료 데이터를 분석하여 질병을 조기에 발견하고 치료 계획을 수립하는 데 큰 도움을 줍니다. 하지만 최종 결정은 여전히 인간 의사가 내리며, 이는 인공지능이 제공하는 정보를 바탕으로 한 인간의 판단이 얼마나 중요한지를 보여 줍니다. 인공지능과 인간의 협력은 공존의 새로운 패러다임을 만들어 가고 있습니다.

2. 변화에 대한 유연한 적응

인공지능 시대를 살아가기 위해 우리는 변화에 유연하게 적응하는 능력을 길러야 합니다. 이는 단순히 새로운 기술을 배우는 것을 넘어, 끊임없이 변화하는 환경에 대해 열린 마음으로 대응하는 것을 의미합니다. 변화를 두려워하기보다, 이를 기회로 삼아 자신의 역량을 확장하는 것이 필요합니다.

3. 창의성과 감성의 중요성

인공지능이 뛰어난 데이터 처리 능력을 가지고 있지만, 창의성과 감성은 여전히 인간만이 가질 수 있는 고유한 능력입니다. 인공지능이 반복적이고 규칙적인 업무를 효율적으로 처리하는 동안, 인간은 창의적인 문제 해결과 감성적인 소통을 통해 새로운 가치를 창출할 수 있습니다.

예술, 문학, 음악 등 창의적인 분야에서 인공지능의 역할은 보조적입니다. 인공지능이 제공하는 도구와 데이터를 활용하여 새로운 아이디어를 개발하고, 인간의 감성을 표현하는 작품을 만드는 것은 여전히 인간의 몫입니다. 따라서 우리는 창의성과 감성을 더욱 발전시키고, 이를 통해 인공지능과 차별화된 가치를 제공해야 합니다.

4. 윤리적 고려와 책임감

인공지능의 발전과 함께 윤리적 고려와 책임감은 더욱 중요해지고 있습니다. 인공지능 알고리즘의 공정성, 투명성, 프라이버시 보호 등은 우리 사회가 해결해야 할 중요한 과제입니다. 우리는 인공지능이 사람들에게 미치는 영향을 깊이 고민하고, 이를 바탕으로 책임 있는 사용을 추구해야 합니다.

예를 들어, 인공지능이 채용 과정에서 차별적인 결정을 내리지 않도록 알고리즘의 공정성을 검토하고, 개인의 데이터가 악용되지 않도록 철저히 보호하는 것이 필요합니다. 이는 인공지능 시대에 우리가 지켜야 할 중요한 윤리적 원칙입니다.

결론

인공지능 시대를 살아가는 법은 단순히 기술을 익히는 것을 넘어, 인간의 고유한 능력을 더욱 발전시키고, 윤리적 책임감을 가지고 인공지능을 활용하는 것입니다. 인공지능과 인간의 공존을 통해 우리는 더욱 풍요로운 미래를 만들어 갈 수 있습니다. 변화에 유연하게 적응하고, 창의성과 감성을 발휘하며, 윤리적 고려를 잊지 않는다면, 우리는 인공지능 시대를 성공적으로 살아갈 수 있을 것입니다.

글쓰기 역량을 업그레이드하고 자신만의 글쓰기 스타일을 개발 및 정착시키려면 챗GPT와의 상호 작용을 일회성으로 그치지 않고 꾸준히 여러 작가와 자신의 글을 분석하고 적용해야 합니다.

PART 4

실무에 바로 쓰는
비즈니스 글쓰기

Chapter 12

챗GPT로 책 쓰기

1만 자 이상의 긴 글을 작성할 때는 글쓰기의 기본 단계를 따라야 합니다. 챗GPT를 활용해 논문이나 한 권의 책을 완성하는 과정을 단계별로 살펴보겠습니다.

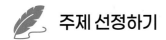

주제 선정하기

챗GPT는 한 번에 생성할 수 있는 글자 수에 제한이 있습니다. 따라서 논문이나 책 같은 긴 글을 쓸 때는 체계적인 접근이 필요합니다. 이 문제를 해결하려면 글쓰기의 기본 단계를 따라야 합니다. 먼저 글의 주제를 명확히 정하고, 전체 구조를 설계한 후 전체 글을 몇 개의 챕터로 나눈 다음 각 챕터의 세부 내용을 구체화합니다. 지금부터 챗GPT를 사용해 긴 글을 쓰는 방법을 단계별로 설명하겠습니다. 이 방법으로 1만 자 이상의 글을 체계적이고 효율적으로 작성할 수 있습니다.

첫 번째 단계는 주제를 선정하는 것입니다. 글의 주제를 명확히 하는 것은 글쓰기의 가장 기본적이고 중요한 단계입니다. 주제는 글 전체의 방향성과 내용을 결정하는 핵심 요소이기 때문입니다. 따라서 글을 쓰기 전에 독자의 관심사와 글의 목적을 고려하여 적절한 주제를 선택해야 합니다. 주제를 선정할 때는 독자의 관심사, 글의 목적 그리고 구체성을 고려합니다.

주제 구체화

"챗GPT를 활용한 효과적인 글쓰기 방법" 주제로 장문의 글을 작성하려고 합니다. 대상 독자는 직장인으로, 이들에게 챗GPT를 활용해 업무 효율을 높이고 생산성을 극대화하는 방법을 제시하고자 합니다.

챗GPT를 활용한 효과적인 글쓰기 방법
디지털 시대에 직장인들은 점점 더 많은 업무를 효율적으로 처리하고, 생산성을 극대화해야 하는 도전에 직면해 있습니다. 특히, 보고서 작성, 이메일 작성, 프레젠테이션 준비 등 글쓰기와 관련된 업무는 많은 시간을 요구합니다. 챗GPT와 같은 인공지능 도구를 활용하면 이러한 업무를 더욱 효율적으로 처리할 수 있습니다. 이 글에서는 직장인들이 챗GPT를 활용하여 업무 효율을 높이고, 생산성을 극대화하는 방법을 소개하겠습니다.

1. 챗GPT의 기본 기능과 활용 방법

챗GPT는 오픈AI에서 개발한 강력한 자연어 처리 모델로, 다양한 텍스트 생성, 문법 교정, 아이디어 제안 등의 기능을 제공합니다. 이러한 기능은 직장인들이 업무에 필요한 다양한 글을 작성할 때 매우 유용합니다.

기본 내용: 챗GPT는 사용자가 입력한 키워드나 주제에 따라 관련된 텍스트를 생성해 줍니다. 이는 짧은 이메일부터 긴 보고서까지 다양한 형태의 글쓰기에 적용될 수 있습니다.

사용 방법: 예를 들어, 주간 보고서를 작성해야 하는 경우, 챗GPT에게 주요 성과와 목표를 입력하면, 이를 바탕으로 보고서 초안을 생성할 수 있습니다. 생성된 초안을 바탕으로 세부 사항을 추가하고 수정하면, 시간과 노력을 절약할 수 있습니다.

사례: 한 직장인이 매주 작성하는 프로젝트 진행 상황 보고서를 챗GPT의 도움을 받아 작성하게 되었습니다. 그는 주요 키워드와 필요한 정보를 입력했고, 챗GPT는 이를 바탕으로 구조화된 보고서 초안을 제공했습니다. 이를 통해 그는 보고서 작성 시간을 절반으로 단축할 수 있었습니다.

2. 아이디어 발굴 및 문체 다양화

챗GPT는 단순히 텍스트를 생성하는 것 외에도, 아이디어를 발굴하고 문체를 다양화하는 데 도움을 줄 수 있습니다. 이는 특히 창의적인 작업이나 다양한 스타일의 글쓰기가 필요한 직장인들에게 유용합니다.

기본 내용: 새로운 프로젝트나 캠페인을 계획할 때, 챗GPT는 관련된 아이디어를 제공할 수 있습니다. 또한, 동일한 내용을 다양한 문체로 작성하도록 지시할 수 있어, 상황에 맞는 최적의 문체를 선택할 수 있습니다.

사용 방법: 예를 들어, 마케팅 캠페인을 위한 아이디어를 찾고 있다면, 챗GPT에게 주제를 입력하고 아이디어를 요청할 수 있습니다. 또한, 챗GPT에게 동일한 내용을 캐주얼한 톤, 전문적인 톤 등 다양한 스타일로 작성하도록 지시할 수 있습니다.

사례: 한 마케팅 담당자는 새로운 캠페인 아이디어를 찾기 위해 챗GPT를 활용했습니다. 그는 "여름 프로모션 아이디어"라는 키워드를 입력했고, 챗GPT는 다양한 아이디어를 제안했습니다. 이를 바탕으로 그는 팀 회의에서 여러 아이디어를 제시할 수 있었고, 최종적으로 성공적인 캠페인을 실행할 수 있었습니다.

3. 블록 극복 및 글쓰기 효율성 향상
글쓰기 블록은 많은 직장인들이 겪는 문제입니다. 챗GPT는 이러한 블록을 극복하고 글쓰기 효율성을 향상시키는 데 도움을 줄 수 있습니다.

기본 내용: 챗GPT는 사용자가 글쓰기에 어려움을 겪을 때, 다음 부분을 제안하거나, 주어진 내용을 바탕으로 추가적인 텍스트를 생성할 수 있습니다.

사용 방법: 예를 들어, 보고서를 작성하다가 중간에 막히는 경우, 챗GPT에게 지금까지 작성된 내용을 입력하고 다음 부분을 제안하도록 요청할 수 있습니다. 이는 글쓰기의 흐름을 유지하고 생산성을 높이는 데 큰 도움이 됩니다.

사례: 한 연구원은 중요한 연구 보고서를 작성하는 중간에 글이 막히는 경험을 자주 했습니다. 챗GPT를 활용하여 작성된 내용을 입력하고 다음 내용을 요청하면, 챗GPT는 적절한 텍스트를 제안했습니다. 이를 통해 그는 글쓰기 블록을 극복하고 보고서를 제시간에 완성할 수 있었습니다.

결론
챗GPT는 직장인들이 글쓰기를 효율적으로 처리하고 생산성을 극대화하는 데 매우 유용한 도구입니다. 챗GPT의 기본 기능을 이해하고 이를 효과적으로 활용하면, 보고서, 이메일, 프레젠테이션 등 다양한 업무에서 시간을 절약하고 더 나은 결과를 얻을 수 있습니다. 아이디어 발굴, 문체 다양화, 글쓰기 블록 극복 등 다양한 측면에서 챗GPT의 도움을 받아 업무 효율을 높여보세요. AI와 함께하는 글쓰기는 이제 시작에 불과하며, 그 가능성은 무궁무진합니다.

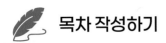

목차 작성하기

두 번째 단계는 글의 개요, 즉 목차를 작성하는 것입니다. 주제를 정했다면 글 전체의 구조를 설계하고 각 챕터의 내용을 구체화해야 합니다. 이때 목차를 작성하는 것은 매우 효과적입니다. 목차는 글의 전반적인 흐름을 미리 파악하고 각 챕터에서 다룰 내용을 체계적으로 정리하는 데 도움이 됩니다.

목차 작성 프롬프트

 "챗GPT를 활용한 효과적인 글쓰기 방법"이라는 주제로 책을 작성하려고 합니다.
– 총 4개의 챕터로 구성되어 있으며 각 챕터는 3개의 소챕터로 나눠 주세요.
– 대상 독자는 직장인으로, 이들에게 챗GPT를 활용해 업무 효율을 높이고 생산성을 극대화하는 방법을 제시하고자 합니다.

 챗GPT를 활용한 효과적인 글쓰기 방법

목차
챕터 1. 챗GPT 이해하기
  – 1.1 챗GPT란 무엇인가?
  – 1.2 챗GPT의 기본 기능
  – 1.3 챗GPT 활용의 장단점

챕터 2. 업무 효율성을 위한 챗GPT 활용법
  – 2.1 보고서 작성의 효율성 향상
  – 2.2 이메일과 커뮤니케이션 간소화
  – 2.3 프레젠테이션 자료 준비

챕터 3. 창의적 아이디어 발굴과 문제 다양화

- 3.1 창의적인 마케팅 아이디어 발굴

- 3.2 다양한 문체로 글쓰기

- 3.3 콘텐츠 블록 극복하기

챕터 4. 챗GPT 활용 시 주의 사항과 팁

- 4.1 챗GPT 사용 시 주의해야 할 점

- 4.2 챗GPT 활용의 베스트 프랙티스

- 4.3 챗GPT로 생산성 극대화하기

이렇게 개요를 작성하면 글의 뼈대가 완성됩니다. 이를 토대로 글을 쓰면 논리 정연하고 일관성 있는 글을 완성할 수 있습니다. 이제 목차의 각 챕터에 대한 내용을 구체적으로 요청합니다.

챕터 구체화 프롬프트

 이제부터 순차적으로 책 작업을 진행하려고 합니다. 각 챕터에서 다루는 내용을 자세하게 제공해 주세요.

 물론입니다. 각 챕터와 소챕터에 대해 상세히 설명해드리겠습니다. 먼저, 챕터 1부터 시작하겠습니다.

챕터 1: 챗GPT 이해하기
1.1 챗GPT란 무엇인가?
기본 개념과 역사
챗GPT는 오픈AI에서 개발한 자연어 처리 모델로, GPT(Generative Pre-trained Transformer) 시리즈의 일환입니다. GPT 모델은 대규모 텍스트 데이터로 사전 학습된 후, 특정 작업에 맞게 추가 학습을 통해 높은 수준의 자연어 이해 및 생성 능력을 갖추게 됩니다.

발전 상황

처음 GPT 모델이 발표된 이후, 여러 차례의 개선과 발전을 거쳐 현재의 챗GPT에 이르게 되었습니다. 최신 버전의 챗GPT는 더욱 향상된 언어 이해 능력과 텍스트 생성 능력을 보유하고 있어, 다양한 분야에서 활용될 수 있습니다.

1.2 챗GPT의 기본 기능

텍스트 생성

챗GPT는 사용자가 입력한 키워드나 문장을 바탕으로 관련 텍스트를 생성합니다. 이는 짧은 문장부터 긴 문단까지 다양하게 활용될 수 있습니다.

문법 교정

챗GPT는 입력된 텍스트의 문법적 오류를 찾아 수정해 줄 수 있습니다. 이를 통해 문서의 품질을 높이고, 문법적으로 올바른 텍스트를 작성할 수 있습니다.

아이디어 제안

챗GPT는 특정 주제에 대해 다양한 아이디어를 제안할 수 있습니다. 이는 보고서 작성, 블로그 포스트 작성, 마케팅 캠페인 기획 등에서 유용하게 사용될 수 있습니다.

1.3 챗GPT 활용의 장단점

장점

1. 시간 절약: 챗GPT는 빠르게 텍스트를 생성하여 업무 시간을 단축시킵니다.
2. 창의력 증진: 다양한 아이디어와 문체를 제안하여 창의적인 작업을 돕습니다.
3. 문법적 정확성: 문법 교정 기능을 통해 문서의 정확성을 높입니다.

단점

1. 정확성 문제: 챗GPT가 생성하는 정보가 항상 정확하지 않을 수 있습니다. 따라서 반드시 검토가 필요합니다.
2. 중복 내용: 생성된 텍스트가 반복적이거나 중복될 수 있습니다.
3. 맥락 이해 부족: 특정 상황에서 맥락을 완벽하게 이해하지 못할 수 있습니다.

챕터 2: 업무 효율성을 위한 챗GPT 활용법

2.1 보고서 작성의 효율성 향상

기본 개념

보고서는 직장에서 중요한 문서로, 프로젝트 진행 상황, 연구 결과, 사업 계획 등을 전달하는 데 사용됩니다. 챗GPT는 이러한 보고서를 작성할 때 시간을 절약하고 효율성을 높이는 데 도움이 됩니다.

사용 방법

1. 주요 성과와 목표 입력: 챗GPT에게 보고서의 주요 성과와 목표를 입력하면, 이를 바탕으로 보고서 초안을 생성합니다.

2. 세부 사항 추가: 생성된 초안을 바탕으로 필요한 세부 사항을 추가하고 수정합니다.

3. 문법 교정: 최종 보고서를 챗GPT를 통해 문법적으로 교정합니다.

사례

한 직장인이 매주 작성하는 프로젝트 진행 상황 보고서를 챗GPT의 도움을 받아 작성하게 되었습니다. 그는 주요 키워드와 필요한 정보를 입력했고, 챗GPT는 이를 바탕으로 구조화된 보고서 초안을 제공했습니다. 이를 통해 그는 보고서 작성 시간을 절반으로 단축할 수 있었습니다.

2.2 이메일과 커뮤니케이션 간소화

기본 개념

직장인들은 많은 시간을 이메일 작성과 커뮤니케이션에 소비합니다. 챗GPT를 통해 이러한 과정을 간소화하고 효율적으로 처리할 수 있습니다.

사용 방법

1. 이메일 초안 생성: 챗GPT에게 이메일 주제와 주요 내용을 입력하면, 이를 바탕으로 이메일 초안을 작성합니다.

2. 맞춤형 답변: 받은 이메일에 대한 적절한 답변을 챗GPT에게 요청하여 작성합니다.

3. 문법 교정: 작성된 이메일을 챗GPT를 통해 문법적으로 교정합니다.

사례

한 마케팅 담당자는 중요한 고객에게 보낼 이메일을 작성해야 했습니다. 그는 챗GPT에게 이메일 주제와 주요 내용을 입력했고, 챗GPT는 이를 바탕으로 이메일 초안을 작성했습니다. 이를 통해 그는 이메일 작성 시간을 단축하고, 더욱 효과적인 커뮤니케이션을 할 수 있었습니다.

2.3 프레젠테이션 자료 준비

기본 개념

프레젠테이션은 정보를 시각적으로 전달하는 중요한 도구입니다. 챗GPT를 통해 프레젠테이션 자료를 준비하면, 내용의 구성과 시각적 요소를 효과적으로 준비할 수 있습니다.

1. 핵심 내용 구성: 챗GPT에게 프레젠테이션 주제와 주요 내용을 입력하여 핵심 내용을 구성합니다.

2. 슬라이드 텍스트 작성: 챗GPT를 통해 각 슬라이드에 들어갈 텍스트를 작성합니다.

3. 시각적 자료 보완: 작성된 텍스트를 바탕으로 시각적 자료(예: 그래프, 이미지)를 준비합니다.

사례

한 연구원이 중요한 연구 결과를 발표해야 했습니다. 그는 챗GPT에게 연구 주제와 주요 결과를 입력했고, 챗GPT는 이를 바탕으로 프레젠테이션 초안을 작성했습니다. 이를 통해 그는 프레젠테이션 자료를 보다 효과적으로 준비할 수 있었습니다.

챕터 3: 창의적 아이디어 발굴과 문체 다양화

3.1 창의적인 마케팅 아이디어 발굴

기본 개념

마케팅 캠페인은 창의적인 아이디어가 핵심입니다. 챗GPT는 새로운 아이디어를 발굴하는 데 도움을 줄 수 있습니다.

사용 방법

1. 키워드 입력: 챗GPT에게 마케팅 캠페인 주제와 관련 키워드를 입력합니다.

2. 아이디어 제안: 챗GPT가 제안하는 다양한 아이디어를 검토합니다.

3. 아이디어 구체화: 제안된 아이디어를 바탕으로 구체적인 캠페인 계획을 수립합니다.

사례

한 마케팅 담당자는 새로운 캠페인 아이디어를 찾기 위해 챗GPT를 활용했습니다. 그는 "여름 프로모션 아이디어"라는 키워드를 입력했고, 챗GPT는 다양한 아이디어를 제안했습니다. 이를 바탕으로 그는 팀 회의에서 여러 아이디어를 제시할 수 있었고, 최종적으로 성공적인 캠페인을 실행할 수 있었습니다.

3.2 다양한 문체로 글쓰기

기본 개념

다양한 문체로 글을 작성하면, 독자에게 더 큰 영향을 미칠 수 있습니다. 챗GPT는 동일한 내용을 여러 스타일로 작성하는 데 도움을 줄 수 있습니다.

사용 방법

1. 내용 입력: 챗GPT에게 특정 주제나 내용을 입력합니다.
2. 문체 선택: 챗GPT에게 캐주얼한 톤, 전문적인 톤 등 다양한 문체로 글을 작성하도록 지시합니다.
3. 문체 비교: 생성된 텍스트를 비교하여 상황에 맞는 최적의 문체를 선택합니다.

사례

한 블로거는 다양한 독자층을 대상으로 글을 작성해야 했습니다. 그는 챗GPT에게 동일한 내용을 캐주얼한 톤과 전문적인 톤으로 작성하도록 요청했습니다. 이를 통해 그는 독자층에 맞는 최적의 문체를 선택할 수 있었습니다.

3.3 콘텐츠 블록 극복하기

기본 개념

글쓰기 블록은 많은 직장인들이 겪는 문제입니다. 챗GPT는 이러한 블록을 극복하는 데 도움을 줄 수 있습니다.

사용 방법

1. 작성된 내용 입력: 챗GPT에게 지금까지 작성된 내용을 입력합니다.
2. 다음 부분 제안: 챗GPT에게 다음 부분을 제안하도록 요청합니다.
3. 제안된 내용 검토: 챗GPT가 제안한 내용을 바탕으로 글을 이어나갑니다.

사례

한 연구원은 중요한 연구 보고서를 작성하는 중간에 글이 막히는 경험을 자주 했습니다. 챗GPT를 활용하여 작성된 내용을 입력하고 다음 내용을 요청하면, 챗GPT는 적절한 텍스트를 제안했습니다. 이를 통해 그는 글쓰기 블록을 극복하고 보고서를 제시간에 완성할 수 있었습니다.

챕터 4: 챗GPT 활용 시 주의 사항과 팁

4.1 챗GPT 사용 시 주의해야 할 점

기본 개념

챗GPT를 사용할 때는 몇 가지 주의 사항을 염두에 두어야 합니다. 이는 생성된 텍스트의 품질과 신뢰성을 보장하는 데 중요합니다.

사용 방법

1. 사실 확인: 챗GPT가 생성한 정보는 반드시 사실 여부를 확인해야 합니다.
2. 중복 내용 검토: 생성된 텍스트가 반복적이지 않은지 검토합니다.
3. 문맥 이해: 챗GPT가 특정 상황에서 문맥을 잘 이해하고 있는지 확인합니다.

사례

한 직장인이 챗GPT를 활용하여 보고서를 작성하던 중, 생성된 텍스트에서 사실과 다른 내용을 발견했습니다. 그는 생성된 정보를 다시 확인하고 수정하여 최종 보고서의 품질을 높일 수 있었습니다.

4.2 챗GPT 활용의 베스트 프랙티스

기본 개념

챗GPT를 효과적으로 활용하기 위해서는 몇 가지 베스트 프랙티스를 따르는 것이 중요합니다.

사용 방법

1. 명확한 지시 제공: 챗GPT에게 구체적이고 명확한 지시를 제공합니다.
2. 다양한 버전 생성: 여러 번 텍스트를 생성하여 가장 적합한 것을 선택합니다.
3. 피드백 활용: 챗GPT에게 피드백을 제공하여 더 나은 결과를 얻습니다.

사례

한 마케터는 챗GPT를 사용하여 다양한 이메일 초안을 작성했습니다. 그는 챗GPT에게 명확한 지시를 제공하고, 여러 버전의 텍스트를 생성하여 가장 적합한 것을 선택했습니다. 이를 통해 그는 보다 효과적인 이메일을 작성할 수 있었습니다.

4.3 챗GPT로 생산성 극대화하기

기본 개념

챗GPT를 통해 업무 생산성을 극대화할 수 있습니다. 이를 위해서는 챗GPT를 적절히 활용하는 방법을 이해하는 것이 중요합니다.

사용 방법

1. 업무 자동화: 반복적인 업무를 챗GPT를 통해 자동화합니다.
2. 효율적인 자료 수집: 챗GPT를 사용하여 필요한 자료를 빠르게 수집합니다.
3. 업무 우선순위 설정: 챗GPT에게 업무 우선순위를 설정하도록 요청합니다.

사례

한 프로젝트 매니저는 챗GPT를 활용하여 프로젝트 계획을 자동화하고, 필요한 자료를 신속하게 수집했습니다. 이를 통해 그는 프로젝트 관리의 효율성을 크게 향상시킬 수 있었습니다.

목차를 잡고 각 챕터를 구체화하면 이후 본문을 작성할 때 어떤 주제로 글을 전개해야 할지 틀을 잡고 진행할 수 있어 기획 의도에서 글이 벗어나는 것을 방지할 수 있고 집필 속도를 낼 수 있어 효율적입니다.

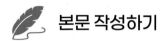

본문 작성하기

구체적인 목차까지 준비되었다면 본격적으로 글을 작성할 차례입니다. 이 단계에서 챗GPT를 적극 활용하면 글쓰기 과정을 훨씬 수월하게 진행할 수 있습니다. 이때 작성할 프롬프트는 최대한 구체적이고 명확해야 합니다. 또, 전체를 한 번에 작성하는 것보다 챕터별 또는 소제목별로 작성을 요청하면서 해당하는 부분에 구체적으로 어떤 내용이 포함되어야 하는지, 대상 독자와 이 글의 목적은 무엇인지 등을 자세히 설명합니다.

챕터별 본문 작성 프롬프트

 '챕터 1: 챗GPT 이해하기'를 작성해 주세요. 대상 독자는 챗GPT를 활용한 글쓰기에 큰 관심을 가지고 있는 직장인이며 이들에게 챗GPT를 활용해 업무 효율을 높이고 생산성을 극대화하는 방법을 제시하고자 합니다.
– 대상 독자와 목적을 고려하여 자세하게 내용을 제공해 주세요.

 챕터 1: 챗GPT 이해하기
1.1 챗GPT란 무엇인가?

기본 개념과 역사
챗GPT는 오픈AI에서 개발한 고도화된 자연어 처리 모델입니다. GPT(Generative Pre–trained Transformer) 시리즈의 최신 버전으로, 방대한 텍스트 데이터를 바탕으로 학습되어 다양한 언어 작업을 수행할 수 있습니다. GPT 모델은 2018년 처음 발표되었으며, 이후 여러 차례의 업데이트와 개선을 거쳐 챗GPT에 이르게 되었습니다.

챗GPT는 특정 주제에 대한 텍스트 생성, 문법 교정, 요약, 번역, 대화 생성 등 다양한 기능을 제공하며, 직장인들에게 매우 유용한 도구로 사용될 수 있습니다. 특히, 업무 효율을 높이고 생산성을 극대화하는 데 있어 큰 도움이 됩니다.

발전 상황

처음 GPT 모델이 등장한 이후, 오픈AI는 지속적으로 모델을 개선해 왔습니다. GPT-2, GPT-3 그리고 최신 GPT-4에 이르기까지 모델의 성능과 기능은 비약적으로 향상되었습니다. 챗GPT는 최신 버전의 GPT 모델로, 더 나은 언어 이해와 텍스트 생성 능력을 갖추고 있습니다. 이는 직장인들이 다양한 업무 상황에서 챗GPT를 활용할 수 있는 가능성을 더욱 넓혀줍니다.

1.2 챗GPT의 기본 기능

텍스트 생성

챗GPT는 사용자가 입력한 키워드나 문장을 바탕으로 관련 텍스트를 생성합니다. 이는 짧은 이메일부터 긴 보고서까지 다양한 형태의 글쓰기에 적용될 수 있습니다. 예를 들어, 프로젝트 개요를 작성하거나 회의록을 작성할 때 챗GPT의 텍스트 생성 기능을 사용하면 시간을 절약할 수 있습니다.

문법 교정

챗GPT는 입력된 텍스트의 문법적 오류를 찾아 수정해 줄 수 있습니다. 이를 통해 문서의 품질을 높이고, 문법적으로 올바른 텍스트를 작성할 수 있습니다. 직장인들은 챗GPT를 통해 중요한 보고서나 이메일의 문법을 빠르게 교정할 수 있어, 보다 전문적인 이미지를 유지할 수 있습니다.

아이디어 제안

챗GPT는 특정 주제에 대해 다양한 아이디어를 제안할 수 있습니다. 이는 보고서 작성, 블로그 포스트 작성, 마케팅 캠페인 기획 등에서 유용하게 사용될 수 있습니다. 예를 들어, 새로운 프로젝트를 시작할 때 챗GPT에게 아이디어를 요청하면, 다양한 창의적인 제안을 받을 수 있습니다.

1.3 챗GPT 활용의 장단점

장점

1. 시간 절약: 챗GPT는 빠르게 텍스트를 생성하여 업무 시간을 단축시킵니다. 직장인들은 반복적인 글쓰기 작업을 자동화함으로써, 더 중요한 업무에 집중할 수 있습니다.

2. 창의력 증진: 챗GPT는 다양한 아이디어와 문체를 제안하여 창의적인 작업을 돕습니다. 이는 마케팅 캠페인 기획이나 콘텐츠 작성에 특히 유용합니다.

3. 문법적 정확성: 문법 교정 기능을 통해 문서의 정확성을 높입니다. 이는 직장인들이 보다 전문적이고 신뢰할 수 있는 문서를 작성하는 데 큰 도움이 됩니다.

단점

1. 정확성 문제: 챗GPT가 생성하는 정보가 항상 정확하지 않을 수 있습니다. 따라서 생성된 텍스트는 반드시 검토가 필요합니다. 직장인들은 챗GPT의 출력을 활용할 때, 항상 사실 확인을 해야 합니다.

2. 중복 내용: 생성된 텍스트가 반복적이거나 중복될 수 있습니다. 이는 특히 긴 문서를 작성할 때 문제가 될 수 있으며, 이러한 중복을 피하기 위해 여러 버전의 텍스트를 생성하고 비교하는 과정이 필요합니다.

3. 맥락 이해 부족: 챗GPT는 특정 상황에서 맥락을 완벽하게 이해하지 못할 수 있습니다. 직장인들은 이를 보완하기 위해 추가적인 설명이나 지시를 제공해야 합니다.

목차에 맞춰 각 챕터를 차례로 작성하면 1만 자 이상의 긴 글도 완성할 수 있습니다. 내용을 더 추가하고 싶다면 "1.1 챗GPT란 무엇인가?"와 같은 주제로 프롬프트를 다시 요청해 글을 보완하면 됩니다. 이런 반복 작업으로 책을 완성하기까지 모든 과정에 챗GPT를 활용할 수 있습니다. 또, 이전에 작성한 내용을 참고할 수 있으며 실시간으로 사례나 외부 자료를 검색하여 보완할 수 있어 방대한 분량의 글을 작성할 때 특히 유용합니다. 이 순서를 따라 작성하면 장문의 글도 일관성과 논리성을 유지할 수 있습니다.

이렇게 글을 완성한 후에는 반드시 검토와 교정 과정을 거쳐야 합니다. 맞춤법, 문법, 문장의 호흡과 리듬, 논리적 흐름을 꼼꼼히 점검해야 합니다. 내용의 모순이나 일관성도 세심하게 살펴봐야 합니다.

Chapter 13

SNS, 블로그 콘텐츠 작성하기

챗GPT는 사용자의 요청에 따라 다양한 스타일과 톤의 글을 생성할 수 있습니다. 페이스북, 인스타그램, 블로그와 같이 여러 플랫폼에 따라 다양한 글을 자연스럽게 생성하는 방법을 살펴보겠습니다.

페이스북에 업로드할 게시글과 이미지 생성하기

페이스북은 전 세계에 걸친 수많은 사용자와 방대한 콘텐츠로, 주요 SNS 중하나입니다. 그러나 매일매일 페이스북 페이지를 관리하고 새로운 콘텐츠를지속적으로 생산하는 일은 쉽지 않습니다. 이때 챗GPT를 활용하면 다음과 같은 도움을 받아 페이스북을 운영할 수 있습니다.

페이스북 운영에 챗GPT 활용 시 장점

- **콘텐츠 아이디어 도출**: 최신 트렌드와 뉴스에 기반한 콘텐츠 아이디어를 제공하여 제작할 콘텐츠에 대한 흥미로운 주제를 도출할 수 있습니다.

- **맞춤형 글 작성**: 간단한 프롬프트를 활용해 제품 소개, 이벤트 알림, 고객 후기 등의 다양한 글을 작성할 수 있습니다.

- **일관된 톤과 스타일 유지**: 브랜드의 목소리를 일관되게 유지할 수 있습니다.

- **시간 절약**: 빠르게 콘텐츠를 생성하여 운영에 드는 시간을 단축시킬 수 있습니다.

- **법적 윤리적 문제 고려**: 저작권과 지식재산권을 준수하고, 사회적 책임을 고려한 콘텐츠를 생성합니다.

SNS 콘텐츠의 주요 특징은 이미지가 역할을 한다는 것입니다. 따라서 챗GPT와 연동된 이미지 생성 AI인 DALL·E를 함께 사용하겠습니다. DALL·E는 챗GPT Plus 플랜을 구독하고 있다면 챗GPT에서 이미지 생성을 요청하는 프롬프트로 간단하게 이용할 수 있습니다.

✨ **Plus**

월 USD $20

나의 현재 플랜

✓ 새 기능에 대한 얼리 액세스

✓ GPT-4, GPT-4o, GPT-3.5에 액세스

✓ 고급 데이터 분석, 파일 업로드, 비전, 웹 검색에
  액세스

✓ DALL·E 이미지 생성

✓ 맞춤형 GPT 생성 및 사용

내 구독을 관리하세요
결제 문제로 도움이 필요합니다

페이스북에 회사의 제품 로고를 액자에 담은 이미지를 회사 소개 글과 함께 업로드해 보겠습니다. 소개 글과 함께 회사 로고가 액자에 담긴 이미지 생성까지 한 번에 요청합니다. 이때 글 작성을 요청하는 프롬프트와 이미지를 생성하는 프롬프트를 따로 작성합니다.

페이스북 게시글을 작성하는 프롬프트

 페이스북에 디자인 회사를 소개하는 글과 이미지를 업로드하려고 합니다. 사용자가 관심을 가질 수 있도록 간단하고 매력적인 소개글과 관련 태그, 이미지를 생성해 주세요.
생성할 이미지 설명: 'Hong'이라는 텍스트를 독특하게 디자인하고 깔끔한 액자에 넣어 벽에 걸린 이미지를 생성해 주세요.

안녕하세요! 저희 회사 'Hong'을 소개합니다. 저희는 창의적이고 독창적인 디자인을 통해 고객들에게 최고의 경험을 제공하는 것을 목표로 하고 있습니다. 'Hong'은 혁신과 품질을 중시하며, 항상 고객의 만족을 최우선으로 생각합니다. 여러분의 관심과 성원에 감사드리며, 앞으로도 계속해서 기대에 부응하는 서비스를 제공하겠습니다.

#Hong #혁신 #디자인 #고객만족 #창의성

이번에는 작성한 원고를 페이스북에 소개하는 게시글을 작성해 보겠습니다. 소개할 원고를 첨부하고 매력적인 소개글과 태그 작성을 요청합니다.

콘텐츠 소개를 위한 게시글을 작성하는 프롬프트

아래 [원고]를 페이스북에 소개하려고 합니다. 사용자가 관심을 가질 수 있도록 매력적인 소개글과 관련 태그를 작성해 주세요.

[원고]
챗GPT를 활용한 소셜 미디어 글쓰기 팁
챗GPT를 사용한 소셜 미디어 콘텐츠 제작은 현대 디지털 소통 환경에서 점점 더 중요해지고 있습니다. 이 AI 도구는 사용자가 간단한 프롬프트를 입력하여 다양한 맞춤형 콘텐츠를 빠르고 효율적으로 만들 수 있게 도와줍니다. 이는 소셜 미디어 콘텐츠 제작에 큰 이점으로 작용하여, 사용자는 시간을 절약하고 콘텐츠의 질을 높일 수 있습니다.

챗GPT의 장점 중 하나는 사용자가 원하는 내용을 정확하고 자연스럽게 표현할 수 있다는 것입니다. 최신 뉴스, 트렌드, 개인적 견해, 교육 콘텐츠 등 다양한 주제의 글을 쉽게 작성할 수 있어, 콘텐츠 제작자가 여러 주제에 빠르게 대응하고 독창적이고 창의적인 콘텐츠를 만드는 데 유용합니다.

또한, 챗GPT는 사용자의 입력에 따라 다양한 스타일과 톤으로 글을 쓸 수 있습니다. 이는 브랜드의 일관된 목소리를 유지하거나 특정 대상을 겨냥한 소통 방식을 구현하는 데 도움이 됩니다. 젊은 층을 위한 캐주얼한 톤의 글이나 전문적이고 공식적인 내용의 글 등 다양한 요구사항에 맞는 콘텐츠를 제작할 수 있습니다.

챗GPT로 콘텐츠를 만들 때는 윤리와 법적 측면도 고려해야 합니다. AI로 생성된 콘텐츠는 저작권, 지식재산권, 사회적 책임 등을 염두에 두어야 합니다. 사용자는 이를 고려하여 콘텐츠를 기획하고 생성해야 우수한 콘텐츠를 제공하면서도 법적, 윤리적 문제를 피할 수 있습니다.

 챗GPT를 활용한 소셜 미디어 글쓰기 팁! ✍

✂ AI 도구를 이용해 더 빠르고 효율적으로, 그리고 창의적으로 소셜 미디어 콘텐츠를 만들어 보세요. 최신 트렌드, 개인적 견해, 교육 콘텐츠 등 다양한 주제를 쉽게 작성할 수 있습니다. 윤리와 법적 측면도 놓치지 마세요.

태그: #챗GPT #소셜미디어 #콘텐츠제작 #AI활용 #디지털마케팅 #트렌드 #효율성 #창의성 #법적책임 #저작권

사진을 활용한 인스타그램 게시글 작성하기

인스타그램은 전 세계에서 가장 인기 있는 SNS 플랫폼 중 하나로, 개인과 브랜드에게 중요한 마케팅 도구이기도 합니다. 인스타그램에 챗GPT를 활용할 때는 콘텐츠 아이디어 도출은 물론이고 팔로워의 관심을 끌고 참여를 유도하는 인스타그램의 캡션이나 이미지 또는 동영상에 대한 설명을 수월하게 작성할 수 있습니다.

이번에는 챗GPT로 인스타그램에서 팔로워들의 관심을 끌고 브랜드의 인지도를 높이기 위해 콘텐츠를 소개하는 글을 작성해 보겠습니다. 첨부한 사진을 간단히 설명하고 적절한 소개 글과 태그 추천을 요청합니다.

콘텐츠를 소개하는 프롬프트

 최근 출간한 '[책 제목]' 표지 사진과 함께 인스타그램 게시글을 작성해 주세요. 이 책의 주요 내용을 소개하고 이 책이 독자에게 어떤 가치를 제공할 수 있는지, 실용적인 팁으로 어떤 것을 다루고 있는지 소개해 주세요. 게시글에 알맞은 해시태그를 함께 제안해 주세요.

안녕하세요 여러분! 🙋 오늘은 최근 출간된 책 "오늘부터 실패하지 않게 일하는 법"을 소개해드릴게요. 이 책은 프로 일잘러가 되기 위한 업무 가이드를 담고 있으며, 저자인 홍순성 님의 실질적인 팁과 조언이 가득합니다.

이 책을 통해 얻을 수 있는 몇 가지 주요 내용은 다음과 같습니다.

효율적인 업무 관리: 시간을 효과적으로 관리하고, 업무 우선순위를 설정하는 방법을 배울 수 있습니다.

생산성 향상: 불필요한 업무를 줄이고, 효율적으로 일할 수 있는 방법을 제공합니다.

실패를 줄이는 법: 흔히 저지르는 실수를 피하고, 더 나은 결과를 얻기 위한 전략을 알려줍니다.

이 책은 업무에서의 성공을 꿈꾸는 모든 분들에게 큰 도움이 될 것입니다. 하루하루를 더욱 생산적이고 의미 있게 만들고 싶다면, 이 책을 꼭 읽어 보세요!

#책추천 #업무효율 #자기계발

원고를 일일이 설명하거나 구체적인 책 설명을 하지 않아도 첨부한 책의 표지 이미지만으로 챗GPT는 시각적 요소와 책의 내용을 연결 지어 흥미로운 게시글을 생성할 수 있습니다.

두 번째 예시로 제품 또는 장소를 소개하는 이미지를 첨부하고 게시글 작성을 요청해 보겠습니다. 이번에는 해시태그의 개수, 게시글의 글자 수 등 세부 요청 사항을 추가합니다.

제품 또는 장소를 소개하는 프롬프트

대전 성심당에서 유명한 망고 시루 사진을 보고 이를 홍보하는 인스타그램 게시글을 만들어 주세요. 망고 시루의 독특한 비주얼과 맛에 대한 경험을 공유하고, 성심당의 인기 메뉴로서 매력을 어필해야 합니다.

– 대전 여행이나 맛집 탐방과 관련된 해시태그 5개도 추천해 주세요.

– 게시글은 300자 내로 작성해 주세요.

 안녕하세요 여러분! 🚗 오늘은 대전 성심당에서 맛본 망고 시루를 소개할게요. 이 망고 시루는 정말 독특한 비주얼과 맛을 자랑합니다. 신선한 망고가 듬뿍 올라간 이 케이크는 상큼하고 달콤한 맛이 일품이에요.

성심당의 망고 시루는 그 매력적인 비주얼 덕분에 눈으로 한 번, 입으로 두 번 반하게 만드는 디저트입니다. 대전 여행을 계획 중이시라면, 성심당에 꼭 들러 이 특별한 망고 시루를 맛보세요. 여러분의 여행과 맛집 탐방 리스트에 필수로 추가해야 할 메뉴입니다!

#대전맛집 #성심당 #망고시루 #대전여행 #맛집탐방

사진과 함께 프롬프트를 준비하면 챗GPT가 해당 SNS에 최적화된 콘텐츠를 간단하게 생성합니다. 이를 참고하여 개성 있고 매력적인 게시글을 완성할 수 있습니다. 이렇게 작성한 콘텐츠는 인스타그램뿐만 아니라 X, 스레드와 같이 이미지나 동영상 위주로 바이럴이 용이한 SNS라면 어디든 활용할 수 있습니다. 새로운 콘텐츠 작성에 대한 아이디어를 얻고 콘텐츠를 생성하는 물론이고 마케팅 성과를 높이는 방법, SEO를 고려한 키워드와 태그 도출 등에도 챗GPT를 활용할 수 있습니다.

템플릿을 활용해 꾸준히 블로그에 글쓰기

블로그는 페이스북, 인스타그램과 같이 이미지나 동영상을 활용한 짧은 글을 쓰는 SNS와 달리 게시글의 분량 제한이 적고 다양한 콘텐츠를 게시할 수 있어서 보다 심층적인 콘텐츠를 작성하기 적합한 플랫폼입니다. 그만큼 작성할 수 있는 콘텐츠의 범위가 폭넓어서 명확한 주제를 선정하고 해당 주제에 걸맞은 콘텐츠를 꾸준히 게시하는 것이 블로그를 잘 운영하는 기본적인 방법입니다.

블로그 글을 작성하는 과정은 원고를 쓰는 과정과 비슷합니다. 주제를 선정하고 초안을 작성한 다음 피드백과 교정 단계를 거칩니다. 단, 꾸준히 비슷한 형식의 글을 작성하는 것이 운영에 효과적인 블로그의 특성상 이번에는 템플릿을 활용해 보겠습니다.

먼저 주제를 선정하고 초안을 작성합니다. 글감이 떠오르지 않으면 챗GPT에게 관련 아이디어를 간단하게 전달하는 것만으로도 구체적인 주제를 얻을 수 있습니다. 또는 다음과 같이 대략적으로 구성한 원고를 작성하고 대상 독자를 지정하면 구체적인 원고를 작성해 줍니다.

블로그 콘텐츠 작성

 아래와 같은 내용으로 블로그에 게시할 글을 작성하려고 합니다. 관련 내용으로 직장인이나 프리랜서, 전문직 등의 독자에게 도움이 되는 글을 작성해 주세요.

[원고]

챗GPT 시대 업무 생산성이 달라지다. 기존에는 생산성을 높이고자 한다면 스마트 워킹으로 다양한 클라우드 서비스를 사용해서 업무 환경을 개선으로 일하는 스타일을 만드는 인프라 구축이 많았다. 근데 챗GPT시대 업무 생산성을 업무에 상당 부분의 해당하는 보고서, 이메일, 기획, 아이디어, 회의록 등등 글쓰기 작업을 도와주어 결국 직장인에게 시간을 줄여 주는 진정한 생산성을 만들어 준다.

이전에는 뭔가 인프라 구축부터 많은 것을 했다면 이젠 그럴 필요가 줄었다.

뭔가 큰 차이점이 생기고 있는데 제대로 짚이는 것은 아직 없다(관련해서 추가할 만한 내용이 있다면 추천해 주세요.).

제목: 챗GPT 시대, 업무 생산성의 새로운 패러다임

현재 우리는 챗GPT 시대를 맞이하고 있습니다. 기존에는 스마트워킹을 통해 클라우드 서비스를 활용하는 것이 업무 생산성의 주요한 방향이었습니다. 그러나 챗GPT가 등장하면서 새로운 생산성 패러다임이 출현했습니다.

과거에는 업무 환경을 개선하고, 클라우드 기반의 인프라를 구축하는 것에 주력했습니다. 하지만 챗GPT 시대에는 이러한 접근법이 크게 변화하고 있습니다. 이제는 인프라 구축에 많은 노력을 기울일 필요가 줄어들었습니다.

챗GPT는 보고서, 이메일, 기획, 아이디어 생성, 회의록 작성 등, 업무의 상당 부분을 차지하는 글쓰기 작업을 담당합니다. 이로 인해 직장인들은 더 많은 시간을 창의적이고 전략적인 업무에 투자할 수 있게 되었습니다. 이는 기존의 생산성 개념을 넘어서, 진정한 생산성 향상을 가져옵니다.

이제 우리는 굳이 복잡한 인프라를 구축하거나, 업무 환경을 개선하기 위해 많은 시간을 투자하지 않아도 됩니다. 우리의 생산성 파트너인 챗GPT가 그 역할을 대신해 주기 때문입니다.

결국 챗GPT 시대의 생산성은 직장인뿐만 아니라 프리랜서, 전문직 등 모든 직업 군에게 도움을 줄 수 있습니다. 더 효율적인 업무 수행, 더 높은 품질의 작업 결과, 그리고 더 많은 창의적인 시간을 갖게 해주는 챗GPT는 업무 생산성의 새로운 패러다임을 제시하고 있습니다.

요즘 같은 시대에 살고 있는 우리 모두는 이 새로운 패러다임을 깨닫고, 이를 최대한 활용하여 우리의 업무 생산성을 더욱 높여나가야 합니다. 그렇게 해야 우리는 챗GPT 시대의 진정한 승자가 될 수 있을 것입니다 글을 작성할 때 정해진 형식 없이 메모하듯 작성해도 되지만, 정확한 주제와 원하는 형식이 있다면 더 효과적으로 글을 쓸 수 있습니다. 이 과정을 거쳐 초안을 작성했다면 챗GPT의 피드백을 받거나 사용자의 의도에 맞게 글을 수정하면서 완성할 수 있습니다.

앞서 언급했듯 블로그는 일정한 형식의 꾸준한 콘텐츠를 업로드하는 것이 운영의 핵심입니다. 따라서 챗GPT로 콘텐츠를 생성한다면 다음 프롬프트를 템플릿처럼 활용하는 것이 좋습니다. 다음은 주제와 세부 사항에 중점을 두고 작성을 요청한 프롬프트입니다.

주제와 세부 사항 중심 콘텐츠 생성을 위한 프롬프트

"챗GPT를 통해 좋은 글을 작성하는 방법"이라는 주제로 글을 작성하려 합니다. 아래 규칙에 맞게 자세하게 작성해 주세요.
1) 주제: 챗GPT를 통해 좋은 글을 작성하는 방법
2) 세부 사항:
– 챗GPT의 기본 기능과 좋은 글 작성에 어떻게 활용할 수 있는지 소개
– 독자의 관심을 끌고 유지하는 기법 설명
– 챗GPT로 글을 작성할 때 피해야 할 실수와 효과적인 활용 팁
3) 목적과 대상 독자: 글쓰기 역량을 향상시키고자 하는 작가나 블로거
4) 응답 방식: 서론, 본론, 결론으로 제공. 원고 길이는 1000자 정도 제공

제목: 챗GPT를 통해 좋은 글을 작성하는 방법
서론
디지털 시대의 도래와 함께 글쓰기의 패러다임이 변화하고 있습니다. 이제 우리는 인공지능(AI)을 활용하여 글을 작성하고, 이를 통해 창의력과 생산성을 극대화할 수 있습니다. 그 중 챗GPT는 매우 유용한 도구로 떠오르고 있습니다. 이 글에서는 챗GPT의 기본 기능과 이를 활용하여 좋은 글을 작성하는 방법, 독자의 관심을 끌고 유지하는 기법, 그리고 챗GPT를 사용하면서 피해야 할 실수와 효과적인 활용 팁에 대해 알아보겠습니다.

본론

1. 챗GPT의 기본 기능과 활용 방법

챗GPT는 오픈AI에서 개발한 강력한 자연어 처리 모델로, 다양한 주제에 대해 글을 작성하거나 아이디어를 제시할 수 있습니다. 기본적으로 챗GPT는 다음과 같은 기능을 제공합니다.

- 텍스트 생성: 주제나 키워드를 입력하면 관련된 텍스트를 생성합니다.
- 문법 및 스타일 교정: 입력된 텍스트의 문법적 오류를 수정하고, 스타일을 일관되게 유지할 수 있습니다.
- 아이디어 브레인스토밍: 글쓰기 아이디어나 주제를 제안해 줍니다.

이러한 기능을 활용하여, 우리는 초안을 작성하거나 글의 방향성을 잡는 데 도움을 받을 수 있습니다.

2. 독자의 관심을 끌고 유지하는 기법

좋은 글은 독자의 관심을 끌고, 그 관심을 유지해야 합니다. 이를 위해 다음과 같은 기법을 사용할 수 있습니다.

- 강렬한 도입부: 흥미로운 질문이나 놀라운 사실로 글을 시작하여 독자의 호기심을 자극합니다.
- 구체적인 예시와 이야기: 추상적인 개념보다는 구체적인 사례나 이야기를 통해 독자가 쉽게 공감할 수 있도록 합니다.
- 적절한 헤드라인과 서브헤드라인 사용: 글을 읽기 쉽게 나누고, 중요한 포인트를 강조합니다.
- 시각적 요소 활용: 이미지나 인포그래픽을 포함하여 독자의 시각적 관심을 끕니다.

3. 챗GPT를 사용해 글을 작성할 때 피해야 할 실수와 효과적인 활용 팁

챗GPT를 효과적으로 활용하기 위해서는 몇 가지 주의 사항과 팁을 염두에 두어야 합니다.

- 중복된 내용 피하기: 챗GPT가 생성한 텍스트는 종종 반복적일 수 있습니다. 이를 피하기 위해 생성된 텍스트를 검토하고 수정합니다.

– 사실 확인: 챗GPT는 정보를 생성하지만, 항상 정확하지는 않습니다. 생성된 텍스트의 사실 여부를 반드시 확인해야 합니다.
– 일관된 스타일 유지: 챗GPT가 생성하는 텍스트는 스타일이 일관되지 않을 수 있습니다. 이를 수정하여 글의 전체적인 톤과 스타일을 일관되게 유지합니다.

효과적인 활용을 위한 팁은 다음과 같습니다.
– 명확한 지시 제공: 챗GPT에게 명확하고 구체적인 지시를 제공하면 더 나은 결과를 얻을 수 있습니다.
– 다양한 버전 생성: 여러 번 텍스트를 생성하여 가장 적합한 것을 선택합니다.
– 피드백 활용: 챗GPT가 생성한 텍스트에 대해 피드백을 제공하면, 더 나은 결과를 얻을 수 있습니다.

결론

챗GPT는 글쓰기를 향상시키고자 하는 작가나 블로거들에게 강력한 도구가 될 수 있습니다. 챗GPT의 기본 기능을 이해하고 이를 효과적으로 활용하는 방법을 알면, 창의적이고 흥미로운 글을 작성하는 데 큰 도움이 됩니다. 독자의 관심을 끌고 유지하는 기법을 적용하고, 피해야 할 실수와 활용 팁을 숙지하여, 챗GPT를 통해 더 나은 글을 작성해 보시기 바랍니다. AI와 함께하는 글쓰기는 이제 시작에 불과하며, 그 가능성은 무궁무진합니다.

이렇게 작성한 콘텐츠의 구조를 유지하면서 블로그에 맞게 서술형으로 변경하겠습니다. 또, 소제목 작성까지 추가로 요청했습니다.

콘텐츠 구조 변경

 문서 구조는 유지하되 서론, 본론, 결론이라는 문구를 제거하고 본론은 첫째, 둘째, 셋째로 소제목을 넣어 작성해 주세요.
  – 본론은 모두 서술형으로 작성해 주세요.
  – 본론에서 다룬 각 내용을 기본 내용과 사용 방법, 사례순으로 정리해 주세요.
  – 소제목은 적합한 제목으로 작성해 주세요.

챗GPT를 통해 좋은 글을 작성하는 방법

디지털 시대의 도래와 함께 글쓰기의 패러다임이 변화하고 있습니다. 이제 우리는 인공지능(AI)을 활용하여 글을 작성하고, 이를 통해 창의력과 생산성을 극대화할 수 있습니다. 그 중 챗GPT는 매우 유용한 도구로 떠오르고 있습니다. 이 글에서는 챗 GPT의 기본 기능과 이를 활용하여 좋은 글을 작성하는 방법, 독자의 관심을 끌고 유지하는 기법, 그리고 챗GPT를 사용하면서 피해야 할 실수와 효과적인 활용 팁에 대해 알아보겠습니다.

첫째, 챗GPT의 기본 기능과 활용 방법

챗GPT는 오픈AI에서 개발한 강력한 자연어 처리 모델로, 다양한 주제에 대해 글을 작성하거나 아이디어를 제시할 수 있습니다. 기본적으로 챗GPT는 텍스트 생성, 문법 및 스타일 교정, 아이디어 브레인스토밍 등의 기능을 제공합니다. 텍스트 생성 기능을 사용하면 주제나 키워드를 입력하여 관련된 텍스트를 얻을 수 있으며, 문법 및 스타일 교정 기능을 통해 글의 문법적 오류를 수정하고 스타일을 일관되게 유지할 수 있습니다. 또한, 아이디어 브레인스토밍 기능은 글쓰기 아이디어나 주제를 제안받는 데 유용합니다.

이러한 기능들을 활용하면 초안을 작성하거나 글의 방향성을 잡는 데 큰 도움이 됩니다. 예를 들어, 블로그 글을 작성할 때 챗GPT에게 주제를 입력하고 초안을 받아보면, 글의 전체적인 구조를 잡는 데 용이합니다. 또한, 문법 및 스타일 교정 기능을 통해 최종적으로 글을 다듬을 수 있습니다.

둘째, 독자의 관심을 끌고 유지하는 기법

좋은 글은 독자의 관심을 끌고, 그 관심을 유지해야 합니다. 이를 위해 강렬한 도입부를 활용하여 흥미로운 질문이나 놀라운 사실로 글을 시작하는 것이 좋습니다. 이렇게 하면 독자의 호기심을 자극할 수 있습니다. 또한, 구체적인 예시와 이야기를 통해 추상적인 개념보다는 독자가 쉽게 공감할 수 있는 내용을 전달하는 것이 중요합니다.

적절한 헤드라인과 서브헤드라인을 사용하면 글을 읽기 쉽게 나누고, 중요한 포인트를 강조할 수 있습니다. 시각적 요소를 활용하여 이미지나 인포그래픽을 포함하면 독자의 시각적 관심을 끌 수 있습니다. 예를 들어, 여행 블로그 글에서 독자의 관심을 끌기 위해 강렬한 도입부로 여행지의 놀라운 사실을 소개하고, 구체적인 여행 경험을 이야기로 풀어내면 독자는 더 쉽게 글에 몰입할 수 있습니다.

셋째, 챗GPT를 사용해 글을 작성할 때 피해야 할 실수와 효과적인 활용 팁

챗GPT를 효과적으로 활용하기 위해서는 몇 가지 주의 사항과 팁을 염두에 두어야 합니다. 중복된 내용을 피하기 위해 챗GPT가 생성한 텍스트를 검토하고 수정하는 것이 중요합니다. 챗GPT는 정보를 생성하지만 항상 정확하지는 않으므로, 생성된 텍스트의 사실 여부를 반드시 확인해야 합니다. 또한, 챗GPT가 생성하는 텍스트는 스타일이 일관되지 않을 수 있으므로, 이를 수정하여 글의 전체적인 톤과 스타일을 일관되게 유지해야 합니다.

효과적인 활용을 위한 팁으로는 명확한 지시를 제공하는 것이 있습니다. 챗GPT에게 명확하고 구체적인 지시를 제공하면 더 나은 결과를 얻을 수 있습니다. 다양한 버전의 텍스트를 생성하여 가장 적합한 것을 선택하는 것도 좋은 방법입니다. 챗GPT가 생성한 텍스트에 대해 피드백을 제공하면 더 나은 결과를 얻을 수 있습니다.

다음은 구조를 명확히 하고 내용을 체계적으로 전개하는 형식의 프롬프트입니다.

명확한 구조와 체계적 전개를 위한 프롬프트

 아래 규칙에 맞게 원고를 작성해 주세요.

(1) 기본 지침:
전문 카피라이터로서 주어진 주제에 맞춰 블로그 글을 작성해야 합니다.
아래 제약 조건과 주제에 기반하여 최고의 콘텐츠를 제작해 주세요.

(2) 제약 조건:
- 서론부터 독자의 관심을 사로잡을 수 있는 요소를 포함시키고, 본문은 대중적인 키워드와 정보를 활용하여 구성해야 합니다.

- 초보자 대상 글은 이해하기 쉬운 설명과 친절한 어투를, 전문가 대상 글은 분석적이고 정보가 풍부한 어투를 사용해야 합니다.
- 글은 일관된 흐름을 유지하면서도 리듬과 템포를 조절해야 합니다. 문장은 적절한 길이를 유지하며 내용을 단순화하여 자연스러운 흐름을 이끌어야 합니다.
- 글의 길이는 주제의 복잡성에 따라 조정합니다. 간단한 주제는 50~100 단어로, 복잡한 주제는 200~300 단어로 작성하세요.

(3) 입력문: 글의 주제
- 주제: "챗GPT를 활용한 효과적인 마케팅 콘텐츠 작성법"
- 세부 주제(1): 챗GPT의 언어 생성 기능 소개 및 마케팅 콘텐츠로서 활용 방법
- 세부 주제(2): 아이디어 발굴, 문체 다양화, 블록 극복 등을 위한 챗GPT 활용 구체적 예시
- 세부 주제(3): 챗GPT를 마케팅 콘텐츠 작성에 활용할 때의 주의점 및 유용한 팁
- 목적과 대상 독자: 챗GPT를 통해 창의적이고 효과적인 마케팅 콘텐츠를 작성하고자 하는 마케터 및 글쓰기에 관심 있는 사람들에게 가이드 제공

(4) 출력문: 글 구성 방식
- 서론에서는 독자의 관심을 끌고 글의 주제에 대한 이해도를 높이기 위한 내용을 제공해 주고 추가로 주제의 핵심인 '무엇(What)'을 명확히 하고, 그 중요성인 '왜(Why)'를 설명합니다.
- 본론에서는 최소 3가지 세부 주제를 '어떻게(How)'의 관점에서 구체적으로 다루며, 각각의 세부 주제에 제목을 작성합니다. 그리고 이에 대한 자세한 정보와 실용적인 예시와 해결 방안을 제시합니다.
- 결론에서는 주제에 대한 핵심 사항을 요약하고 독자들이 취해야 할 행동이나 메시지를 분명히 합니다.

챗GPT를 활용해 효과적인 마케팅 콘텐츠 작성 방법
디지털 마케팅이 점점 더 중요해지는 오늘날, 창의적이고 효과적인 마케팅 콘텐츠를 작성하는 것은 마케터들에게 중요한 과제입니다. 챗GPT와 같은 인공지능 도구를 활용하면 이러한 과제를 더욱 쉽게 해결할 수 있습니다. 이 글에서는 챗GPT의 언어 생성 기능을 소개하고, 이를 마케팅 콘텐츠 작성에 어떻게 활용할 수 있는지, 그리고 챗GPT를 효과적으로 활용하기 위한 구체적인 예시와 주의 사항을 다루겠습니다.

챗GPT의 언어 생성 기능과 마케팅 콘텐츠 제작자로서 활용 방법

챗GPT는 오픈AI에서 개발한 자연어 처리 모델로, 텍스트 생성, 문법 교정, 아이디어 제안 등 다양한 기능을 제공합니다. 이러한 기능은 마케팅 콘텐츠를 작성할 때 매우 유용하게 사용될 수 있습니다. 예를 들어, 새로운 제품 출시와 관련된 블로그 글을 작성해야 할 때, 챗GPT에게 제품의 주요 특징과 대상 독자를 입력하면, 관련된 텍스트를 빠르게 생성할 수 있습니다. 이 과정에서 시간과 노력을 절약할 수 있으며, 창의적인 아이디어를 쉽게 얻을 수 있습니다.

챗GPT를 활용하여 마케팅 콘텐츠를 작성할 때는 명확한 지시를 제공하는 것이 중요합니다. 구체적인 키워드와 주제를 입력하면 더 나은 결과를 얻을 수 있습니다. 또한, 생성된 텍스트를 바탕으로 마케터의 전문 지식과 경험을 추가하여 더욱 완성도 높은 콘텐츠를 만들 수 있습니다.

아이디어 발굴, 문체 다양화, 블록 극복을 위한 챗GPT 활용 예시

챗GPT는 아이디어 발굴에 있어서도 큰 도움이 됩니다. 새로운 캠페인을 계획하거나 콘텐츠 주제를 찾을 때 챗GPT에게 간단한 키워드를 입력하면 관련된 아이디어를 제안받을 수 있습니다. 예를 들어, "여름철 건강 관리"라는 키워드를 입력하면, 다양한 콘텐츠 아이디어를 얻을 수 있습니다. 이를 통해 마케터는 보다 창의적이고 흥미로운 콘텐츠를 제작할 수 있습니다.

문체의 다양화도 챗GPT를 통해 가능해집니다. 동일한 내용을 다양한 스타일로 작성하도록 지시하면, 독자에게 더욱 다채로운 읽기 경험을 제공할 수 있습니다. 예를 들어, 캐주얼한 톤과 전문적인 톤으로 동일한 주제를 작성하도록 하여, 대상 독자에 맞춘 콘텐츠를 쉽게 생성할 수 있습니다.

작가의 블록을 극복하는 데도 챗GPT는 유용합니다. 글이 막힐 때 챗GPT에게 글의 다음 부분을 제안하도록 하면, 이를 바탕으로 다시 글을 이어나갈 수 있습니다. 이렇게 하면 글쓰기의 흐름을 유지하고 생산성을 높일 수 있습니다.

챗GPT를 마케팅 콘텐츠 작성에 활용할 때의 주의점 및 유용한 팁

챗GPT를 활용할 때 몇 가지 주의 사항을 염두에 두어야 합니다. 첫째, 챗GPT가 생성한 텍스트는 항상 정확하지 않을 수 있습니다. 따라서 생성된 콘텐츠를 반드시 검토하고 사실 여부를 확인해야 합니다. 둘째, 중복된 내용이 발생할 수 있으므로 이를 피하기 위해 여러 번 텍스트를 생성하고 비교하는 것이 좋습니다.

효과적인 활용을 위한 팁으로는, 명확하고 구체적인 지시를 제공하는 것이 중요합니다. 예를 들어, "신제품 소개 글 작성"이라는 지시보다는 "스마트폰 신제품의 주요 기능과 장점을 강조하는 블로그 글 작성"이라는 구체적인 지시를 제공하면 더 나은 결과를 얻을 수 있습니다. 또한, 여러 번 텍스트를 생성하여 다양한 버전을 비교하고, 가장 적합한 것을 선택하는 것이 좋습니다. 피드백을 통해 챗GPT의 출력을 지속적으로 개선하는 것도 중요합니다.

결론

챗GPT는 마케터들에게 창의적이고 효과적인 마케팅 콘텐츠를 작성하는 데 강력한 도구가 될 수 있습니다. 챗GPT의 언어 생성 기능을 활용하여 시간과 노력을 절약하고, 다양한 아이디어를 얻을 수 있습니다. 또한, 챗GPT를 통해 문체를 다양화하고 작가의 블록을 극복할 수 있습니다. 그러나 챗GPT를 사용할 때는 주의 사항을 염두에 두고, 명확한 지시와 피드백을 통해 최상의 결과를 얻는 것이 중요합니다. 챗GPT와 함께 창의적이고 효과적인 마케팅 콘텐츠를 작성해 보세요.

챗GPT는 글쓰기 능력이나 콘텐츠 제작 효율을 향상시키고자 하는 작가나 블로거들에게 강력한 도구가 될 수 있습니다. 독자의 관심을 끌고 유지하는 기법을 적용하고, 피해야 할 실수와 활용 팁을 숙지하여 효율적으로 블로그를 운영하기 바랍니다. 단, 챗GPT를 비롯해 생성 AI로 콘텐츠를 만들 때는 저작권, 지식재산권, 사회적 책임 등 윤리와 법적 측면도 고려해야 합니다.

Chapter 14

정보 검색·수집·요약하기

챗GPT에 특정 키워드나 주제를 입력하면 관련 뉴스를 신속하게 검색하고 요약된 정보를 제공받을 수 있습니다. 이렇게 수집한 정보에서 핵심만 요약하고 분석하여 문서 작성 등에 활용하는 방법을 살펴보겠습니다.

웹 브라우징 기술로 최신 정보 검색하기

챗GPT는 특정 일자까지의 데이터만 사전 학습되었지만, 웹 브라우징 기술을 활용해 최신 뉴스 검색이 가능합니다. 예를 들어 사용자가 "생성 AI에 대한 최신 뉴스(2024년 5월 이후)를 검색해서 제공해 주세요."와 같이 특정 키워드나 주제, 일정을 입력하면 챗GPT는 다양한 출처에서 정보를 수집합니다. 이렇게 수집한 정보를 요약하고 분석할 수도 있습니다.

단, 주의할 점이 있습니다. 정보의 정확성을 항상 확인해야 합니다. 챗GPT는 가능한 한 신뢰할 만한 출처에서 정보를 가져오지만, 오류가 있을 수 있으므로 중요한 정보는 원본 출처를 직접 확인하는 것이 좋습니다. 또, 다양한 관점을 고려해 균형 잡힌 시각을 유지해야 합니다. 특히 정치, 경제, 사회 문제는 여러 의견이 존재할 수 있습니다. '기후 변화 대응 정책'과 같은 주제는 환경 단체, 정부, 기업의 입장이 다를 수 있으므로 챗GPT에게 "이 문제에 대한 다양한 입장을 설명해 주세요."라고 요청하는 등 사용자 스스로 균형을 찾는 것이 중요합니다.

그렇다면 챗GPT를 활용해 뉴스를 검색하고 정보를 수집해 보겠습니다. 다음 프롬프트는 웹 브라우징 기술을 사용하지 않고 챗GPT가 이미 학습한 데이터 안에서 정보를 불러옵니다.

기본 검색 기능을 활용한 프롬프트

 스마트폰 사용으로 교통 사고가 나는 경우가 얼마나 되나요?

 스마트폰 사용과 관련된 교통 사고는 전 세계적으로 중요한 안전 문제로 부각되고 있습니다. 정확한 통계를 제공하기 위해 여러 국가와 기관의 데이터를 참고할 수 있습니다. 미국의 경우, 미국 고속도로 교통 안전국(NHTSA, National Highway Traffic Safety Administration)의 통계에 따르면 스마트폰 사용으로 인한 운전 중 산만함이 교통 사고의 주요 원인 중 하나로 나타났습니다.

주요 통계 자료:
1. 미국:
    – 2019년 NHTSA 보고서에 따르면, 미국에서 약 3,142명의 사람들이 운전 중 스마트폰 사용으로 인해 발생한 사고로 사망했습니다.
    – 운전 중 스마트폰 사용으로 인한 사고는 전체 교통 사고의 약 9%를 차지합니다.
    – 2020년 기준, 운전 중 스마트폰 사용으로 인한 교통 사고로 인한 부상자는 약 400,000명으로 추산됩니다.

2. 대한민국:
    – 한국교통안전공단의 통계에 따르면, 2020년 기준으로 스마트폰 사용으로 인한 교통 사고는 약 4,300건이 발생했으며, 이는 전체 교통 사고의 약 1%를 차지합니다.
    – 스마트폰 사용으로 인한 사고로 약 100명이 사망하고, 6,000명 이상이 부상을 입었습니다.

3. 유럽연합(EU):
    – 유럽교통안전위원회(ETSC, European Transport Safety Council)의 보고서에 따르면, 스마트폰 사용으로 인한 운전 중 산만함이 유럽의 교통 사고의 주요 원인 중 하나로 꼽힙니다.
    – 2020년 기준, 스마트폰 사용으로 인해 발생한 교통 사고는 전체 사고의 약 10%를 차지합니다.

사고 유형:

– 충돌 사고: 운전 중 스마트폰을 사용하다가 전방 주시를 소홀히 하여 충돌 사고가 발생하는 경우가 많습니다.

– 보행자 사고: 운전자가 스마트폰을 사용하다가 보행자를 인지하지 못해 발생하는 사고입니다.

– 신호 위반: 스마트폰 사용으로 인해 교통 신호를 인지하지 못해 발생하는 사고입니다.

사고 예방 대책:

– 법적 규제 강화: 많은 국가에서 운전 중 스마트폰 사용을 금지하는 법률을 시행하고 있습니다. 예를 들어, 한국은 2019년부터 운전 중 휴대전화 사용에 대한 처벌을 강화하였습니다.

– 기술적 해결책: 차량 제조사들은 스마트폰 사용을 줄이기 위한 다양한 기술을 도입하고 있습니다. 예를 들어, 핸즈프리 시스템, 음성 인식 시스템 등이 있습니다.

– 교육과 캠페인: 교통 안전 관련 기관들은 운전 중 스마트폰 사용의 위험성을 알리기 위한 교육과 캠페인을 진행하고 있습니다.

스마트폰 사용으로 인한 교통 사고는 예방할 수 있는 사고로, 운전자들의 주의와 법적 규제, 기술적 지원이 필요합니다. 운전 중에는 항상 스마트폰 사용을 자제하고, 안전 운전에 집중하는 것이 중요합니다.

이는 과거의 경향을 분석하는 데 유용하지만 최신 통계나 실시간 데이터를 제공하지 못합니다. 웹 브라우징 기술을 활용해 최신 정보나 실시간 검색이 필요하다면 프롬프트에 다음과 같이 연도나 "실시간 검색"과 같은 키워드를 포함합니다.

웹 브라우징 기술을 활용한 검색 프롬프트

 스마트폰 사용으로 교통 사고가 나는 경우가 얼마나 되나요? 2024년 이후 실시간 검색을 활용해 주세요.

스마트폰 사용으로 인한 교통 사고는 심각한 문제로 대두되고 있으며, 최신 통계에 따르면 이러한 사고의 발생률이 상당히 높은 것으로 나타났습니다.

주요 통계

1. 미국:
   - 사망자 수: 2024년 자료에 따르면, 미국에서는 스마트폰 사용으로 인한 교통 사고로 연간 약 3,000명의 사망자가 발생하고 있습니다. 이는 전체 교통 사고 사망자의 약 14%에 해당합니다.
   - 부상자 수: 매년 약 400,000명이 스마트폰 사용으로 인한 사고로 부상을 입고 있으며, 이는 전체 교통 사고의 약 15%를 차지합니다.
   - 사고 발생 빈도: 미국에서는 매년 약 100만 건의 교통 사고가 스마트폰 사용으로 인해 발생하고 있습니다.

2. 기타 주요 통계:
   - 스마트폰 사용으로 인한 사고의 21%는 특히 10대 운전자들 사이에서 발생하고 있습니다.
   - 스마트폰을 사용하면서 운전하는 경우 사고 위험이 최대 6배 증가하며, 이는 음주 운전보다도 위험한 것으로 평가되고 있습니다.

사고 유형 및 원인

- 문자 메시지 송수신: 운전 중 문자 메시지를 보내거나 읽는 행위는 시각적, 수동적, 인지적 산만함을 동시에 유발하여 사고를 일으킬 가능성이 높습니다.
- 통화: 핸즈프리 기기를 사용하는 경우에도 사고 위험이 증가하며, 핸드헬드 기기를 사용하는 경우 사고 위험이 더욱 높아집니다.
- GPS 사용: 많은 사람들이 GPS 사용을 덜 위험한 행위로 여기지만, 실제로는 텍스트 메시지 송수신과 비슷한 수준의 산만함을 초래합니다.

예방 대책

- 법적 규제: 현재 미국의 47개 주에서 운전 중 문자 메시지 송수신을 금지하고 있으며, 일부 주에서는 모든 형태의 핸드헬드 기기 사용을 금지하고 있습니다.
- 교육 및 캠페인: 교통 안전 기관들은 운전 중 스마트폰 사용의 위험성을 알리기 위한 다양한 교육 프로그램과 캠페인을 진행하고 있습니다.

- 기술적 지원: 자동차 제조사들은 핸즈프리 시스템, 음성 인식 시스템 등을 통해 운전 중 스마트폰 사용을 최소화하려는 노력을 기울이고 있습니다.

스마트폰 사용으로 인한 교통 사고를 줄이기 위해서는 운전자의 주의와 함께 법적 규제와 기술적 지원이 필수적입니다. 안전한 운전을 위해 스마트폰 사용을 자제하고, 필요한 경우 차량 정지 후 사용하는 것이 중요합니다.

사용자의 요청에 따라 챗GPT는 신뢰할 수 있는 다양한 뉴스 출처와 온라인 데이터베이스에서 최신 통계를 검색합니다. 이를 통해 최신 뉴스나 통계와 같은 데이터를 얻을 수 있습니다. 덕분에 사용자는 기존의 축적된 데이터를 활용할지 아니면 최신 자료를 함께 찾을지 고려할 수 있습니다.

수집한 정보 분석하기

챗GPT는 데이터를 기반으로 자료 분석에도 뛰어난 기능을 가지고 있습니다. 단순히 데이터를 요약해서 보여 줄 뿐만 아니라 데이터를 기반으로 특정 현상이 왜 일어났는지 분석까지 가능합니다. 낯선 전문 용어는 즉각 질문해 답을 찾을 수 있고, 어려운 개념은 수준을 조정해 설명을 요청할 수 있어 다른 매체를 검색하거나 시간을 들여 학습할 필요가 없습니다.

예시로 미국의 직업 수요를 분석하는 과정을 살펴보겠습니다. 챗GPT에게 〈Generative AI and the future of work in America〉라는 기사의 링크를 제공했습니다.

🔗 기사 링크: mckinsey.com/mgi/our-research/generative-ai-and-the-future-of-work-in-america

정보 수집 및 분석

 다음 온라인 기사 링크의 내용과 그래프를 분석해 미국에서 어떤 직업이 증가하고 감소하는지 자세하게 분석해주세요.

링크: www.mckinsey.com/mgi/our-research/generative-ai-and-the-future-of-work-in-america

---

 분석된 그래프 내용과 텍스트 정보 요약

해당 그래프와 텍스트 정보는 2030년까지 미국 노동 시장의 변화를 예측하고 있습니다. 이 분석에서는 어떤 직업이 성장하고, 어떤 직업이 줄어들며, 충원하기 어려운 직업이 무엇인지에 대한 정보를 제공합니다.

성장하는 직업군
헬스케어: 고령화 인구 증가로 인해 헬스케어 분야의 수요가 크게 증가할 것으로 예상합니다. 이 분야는 건강 보조, 기술자, 웰니스 관련 직업 등을 포함합니다.
STEM(과학, 기술, 공학, 수학): 디지털화와 기술 발전에 따라 STEM 직업군의 수요도 꾸준히 증가할 것입니다.
운송 및 물류: 전자상거래의 성장으로 인해 운송 및 물류 서비스의 수요가 증가하고 있습니다.
비즈니스 및 법률 전문가: 디지털 전환과 관련된 업무가 증가하면서 이 분야의 수요도 높아질 것입니다.
관리직: 조직 내에서의 관리 및 조정 역할을 수행하는 관리직의 수요도 증가할 것으로 보입니다.

감소하는 직업군
사무 지원: 자동화와 AI의 도입으로 인해 사무 지원 직무는 감소할 것으로 예상합니다.
고객 서비스: 고객 서비스 직무 역시 자동화의 영향으로 줄어들 가능성이 큽니다.
음식 서비스: 팬데믹 동안 크게 타격을 입은 음식 서비스 직무도 감소할 것으로 보입니다.
생산직: 자동화와 기술 발전으로 인해 일부 생산직 역시 감소할 것으로 예상합니다.

충원하기 어려운 직업군

건설업: 인프라 프로젝트와 관련된 수요 증가에도 불구하고, 건설업은 이미 38만 명의 인력 부족을 겪고 있어 충원이 어려운 직업군 중 하나입니다.

헬스케어: 헬스케어 분야의 수요 증가에도 불구하고, 인력 충원이 쉽지 않을 것으로 보입니다. 이는 고령화 인구 증가와 연관이 있습니다.

주요 통계 및 예측

2019년에서 2022년 사이 미국 노동 시장은 860만 건의 직업 이동이 발생했으며, 이는 이전 3년 기간보다 50% 증가한 수치입니다.

2030년까지 최대 30%의 노동 시간이 자동화될 수 있으며, 이는 생성형 AI의 도입에 의해 가속화될 것입니다.

2030년까지 1200만 건의 직업 전환이 예상되며, 이는 고임금 직업으로의 이동이 포함됩니다.

저임금 직업에 종사하는 노동자는 고임금 직업에 비해 최대 14배 더 많은 직업 전환이 필요할 것으로 보입니다.

결론

AI와 자동화 기술의 발전은 노동 시장에 큰 영향을 미칠 것으로 예상되며, 이는 특정 직업군의 수요 증가와 감소를 초래할 것입니다. 이러한 변화에 대응하기 위해서는 재교육 및 기술 업그레이드가 필요하며, 기업들은 더 넓은 인재 풀에서 채용을 해야 할 것입니다.

자료 출처:

McKinsey 보고서
World Economic Forum 보고서
Exploding Topics 통계 자료

챗GPT는 그래프를 세밀하게 분석하여 직업 수요의 변화를 구체적으로 설명합니다. 만약 내용을 봐도 정확히 이해되지 않는다면, 챗GPT에게 쉽게 설명해달라고 요청할 수 있습니다. 이렇게 하면 누구나 쉽게 복잡한 정보를 이해할 수 있습니다.

왜 이런 현상이 일어나고 있는지 초등학생도 이해할 수 있도록 자세하게 설명해 주세요. 전문 용어는 따로 설명해 주세요.

간단한 설명

1. 직업 성장 및 전환
2030년까지 약 1,200만 개의 직업 전환이 예상되고 있어. 직업 전환이란 사람들이 한 직업에서 다른 직업으로 옮기는 것을 의미해.

2. 직업 성장 요인
왜 직업이 성장하고 있는지 알아보자.
– 헬스케어 수요 증가: 사람들이 더 오래 살고 있기 때문에 병원이나 의사, 간호사 같은 헬스케어 직업의 수요가 늘어나고 있어.
– 디지털화와 기술 발전: 컴퓨터와 기술이 발전하면서 새로운 직업들이 생겨나고 있어.
– 라스트 마일 배송 수요 증가: 온라인 쇼핑이 많아지면서 물건을 집까지 배달하는 서비스의 수요가 늘어나고 있어.

3. 성장하는 직업군
이제 어떤 직업들이 앞으로 많이 필요할지 알아보자.
– 헬스케어 전문가: 의사, 간호사, 건강 관련 기술자 등.
– STEM 전문가: 과학, 기술, 공학, 수학 분야의 직업들.
– 운송 및 물류: 택배, 물류 관리 등.
– 관리자 및 비즈니스/법률 전문가: 회사에서 일하는 관리자, 변호사 등.

4. 자동화와 AI
– 자동화: 로봇이나 컴퓨터가 사람 대신 일을 하는 것
– 생성형 AI: 챗GPT 같은 인공지능이 많은 일을 자동으로 처리할 수 있어. 이 때문에 일부 직업은 자동화될 가능성이 커.

5. 미국 노동자의 비율
2022년 기준으로 미국에서 일하는 사람들 중 36%가 성장하는 직업군에 속해 있어.

6. 직업 전환의 필요성

2022년부터 2030년 사이에 100만 명의 사람들이 성장하는 직업군에서 다른 직업으로 옮길 것으로 예상돼. 이는 변화하는 경제와 기술 환경에 적응하기 위한 거야.

왜 이런 현상이 일어나고 있나요?

1. 기술 발전: 기술이 빠르게 발전하면서 컴퓨터와 로봇이 많은 일을 대신하게 되었어.
2. 인구 고령화: 사람들이 더 오래 살게 되면서 의료 서비스의 수요가 증가했어.
3. 온라인 쇼핑 증가: 온라인 쇼핑이 늘어나면서 물류와 배송 서비스가 중요해졌어.

이런 변화들은 사람들이 일하는 방식을 바꾸고, 새로운 직업들이 생겨나는 동시에 일부 직업들은 사라지게 만들고 있어.

이렇게 데이터 요약과 그래프 분석, 전문 용어 설명까지 챗GPT만으로 모두 해결할 수 있습니다. 단, 앞서 언급했듯이 챗GPT는 실수를 할 수 있으므로 사실 관계가 중요한 데이터라면 반드시 원출처를 직접 확인하는 과정이 필요합니다.

수집한 정보 요약 및 보고서 작성하기

문서를 요약하거나 다양한 포맷의 이미지, 텍스트, 문서, 온라인 영상 자료 등을 처리하고 관리하는 것은 시간이 많이 드는 일입니다. 그러나 챗GPT를 활용하면 사용자는 긴 기사나 문서를 읽는 데 많은 시간을 들이지 않고도, 챗GPT가 제공하는 요약을 통해 핵심 내용을 빠르게 파악할 수 있습니다. 해외 뉴스나 자료를 번역하는 것도 단번에 처리할 수 있습니다.

다음 프롬프트에 첨부한 자료는 앞서 수집한 정보를 분석할 때 쓰였던 기사에서 다운로드한 76쪽 분량의 맥킨지사가 발표한 영문 보고서입니다. 해당 보고서에서 요약하고자 하는 부분만 챗GPT에 입력하거나 다운로드받은 파일을 그대로 첨부한 다음 요약을 요청하는 프롬프트를 다음과 같이 작성합니다.

영문 보고서 번역 및 요약

 다음 보고서의 주요 내용을 간략하게 요약해 주세요.

[보고서 첨부]

Which jobs will be in demand? Which ones are shrinking? And which ones could be hardest to fill?
DOWNLOADS
Full Report (76 pages)
At a glance

During the pandemic (2019–22), the US labor market saw 8.6 million occupational shifts, 50 percent more than in the previous three-year period. Most involved people leaving food services, in-person sales, and office support for different occupations.

By 2030, activities that account for up to 30 percent of hours currently worked across the US economy could be automated—a trend accelerated by generative AI. However, we see generative AI enhancing the way STEM, creative, and business and legal professionals work rather than eliminating a significant number of jobs outright. Automation's biggest effects are likely to hit other job categories. Office support, customer service, and food service employment could continue to decline.

(이하 생략)

 맥킨지 보고서 "생성형 AI와 미국의 미래 일자리"는 생성형 AI가 미국의 노동 시장에 미칠 영향을 다루고 있습니다. 주요 내용은 다음과 같습니다:

1. 자동화와 일자리 변화: 생성형 AI는 여러 산업에서 일상적이고 반복적인 업무를 자동화할 수 있으며, 이는 일부 직업의 대체를 가져올 수 있습니다.

2. 새로운 직업 창출: AI 기술 발전은 새로운 직업과 산업의 창출을 촉진할 수 있습니다.

3. 경제 성장과 생산성 향상: AI 도입은 기업의 생산성과 효율성을 향상시켜 경제 성장에 기여할 수 있습니다.

4. 재교육과 기술 향상: AI로 인한 변화에 적응하기 위해 노동자들의 재교육과 기술 향상이 필요합니다.

5. 직업의 질 향상: AI는 단순 반복 작업을 줄여 사람들이 창의적이고 가치 있는 업무에 집중할 수 있게 합니다.

세부 사항

1. 자동화와 일자리 변화:
   - AI는 특히 제조업, 행정업무, 고객 서비스 등에서 자동화를 촉진합니다.
   - 반복적이고 예측 가능한 작업은 AI로 대체될 가능성이 높습니다.

2. 새로운 직업 창출:
   - AI 개발 및 유지보수와 관련된 새로운 일자리들이 생겨날 것입니다.
   - 데이터 분석, AI 윤리, AI 교육 등 새로운 직업군이 형성될 것입니다.

3. 경제 성장과 생산성 향상:
   - AI 기술은 생산성을 크게 향상시켜 기업의 비용 절감과 효율성을 높입니다.
   - 경제 전반에 걸쳐 새로운 가치 창출과 혁신을 촉진할 수 있습니다.

4. 재교육과 기술 향상:
   - 노동자들은 변화하는 직무 요구에 맞추어 새로운 기술을 배우고 기존 기술을 업그레이드해야 합니다.
   - 정부와 기업은 재교육 프로그램과 직업 훈련에 투자해야 합니다.

5. 직업의 질 향상:
   - AI는 인간이 더 창의적이고 전략적인 역할을 수행하도록 도울 수 있습니다.
   - 업무 만족도와 직무의 질을 향상시키는 데 기여할 수 있습니다.

이 보고서는 AI가 노동 시장에 미치는 영향을 최대한 긍정적으로 활용하기 위해, 정부, 기업, 교육 기관 간의 협력이 필요하다고 강조합니다.

 해당 보고서 내용을 토대로 팬데믹 이후 가장 크게 성장할 것으로 예상되는 직업군은 무엇이며, 이들의 성장 요인은 무엇인가요? 또, 자동화 및 생성형 AI가 2030년까지 미국 노동 시장에 미칠 주요 영향은 무엇인가요?

팬데믹 이후 가장 크게 성장할 것으로 예상되는 직업군과 성장 요인

가장 크게 성장할 직업군:

1. 헬스케어:
   - 건강 보조원, 건강 기술자, 웰니스 종사자: 약 350만 개의 새로운 일자리 예상
   - 의료 전문가: 추가로 200만 개의 일자리 예상
2. STEM(과학, 기술, 공학, 수학):
   - STEM 전문가: 23%의 수요 증가 예상
3. 운송 서비스:
   - 운송 서비스 관련 직종: 9%의 성장 예상

성장 요인:

- 인구 고령화: 인구의 고령화로 인해 의료 서비스 수요가 증가하며, 이에 따라 헬스케어 직업군의 성장 예상
- 디지털 전환: 디지털 경제로의 전환과 기술 투자가 계속되면서, STEM 분야의 전문가에 대한 수요 증가
- 전자상거래 증가: 전자상거래의 성장으로 인해 물류 및 운송 서비스 직종의 수요가 증가.

자동화 및 생성형 AI가 2030년까지 미국 노동 시장에 미칠 주요 영향

주요 영향:

1. 자동화의 확산:
   - 시간당 자동화 비율 증가: 2030년까지 현재 작업 시간의 최대 30%가 자동화될 수 있음
   - 자동화에 의해 영향을 받는 직종: 사무 지원, 고객 서비스, 음식 서비스 등의 직종에서 큰 변화 예상

2. 생성형 AI의 도입:
   - 광범위한 직업군에 영향: 생성형 AI는 전문 지식, 사람과의 상호 작용, 창의성이 필요한 작업에도 영향을 미칠 것
   - 업무 방식의 변화: 생성형 AI 도구는 코드 작성, 제품 디자인, 마케팅 콘텐츠 생성, 법률 문서 분석 등 다양한 분야에서 사용될 예정

– 고용 증대와 작업 효율 향상: 특정 직업군에서의 작업 활동이 자동화됨에 따라, 새로운 직업이 창출되고 기존 직업의 효율성이 향상될 것

3. 직업 이동 증가:
  – 직업 이동의 필요성 증가: 약 1180만 명의 노동자가 현재 감소하는 직업에서 새로운 직업으로 이동해야 할 가능성
  – 기술 격차 해결 필요: 새로운 직업으로 이동하기 위해 많은 노동자가 새로운 기술을 습득해야 함

4. 고용주의 채용 접근 방식 변화:
  – 능력 중심 채용: 자격보다는 기술과 역량을 중시한 채용 필요
  – 소외된 인구 채용: 농촌 근로자, 장애인 등 소외된 인구를 포함한 채용 확대

5. 고임금 직업 증가:
  – 고임금 직업의 증가: 2030년까지 고임금 직업(연간 57,000달러 이상) 수요 증가
  – 기술 및 교육 수준 향상 요구: 고임금 직업으로 이동하기 위해 높은 기술과 교육 수준이 요구될 것

결론
팬데믹 이후 헬스케어, STEM, 운송 서비스 직업군이 가장 크게 성장할 것으로 예상되며, 이는 인구 고령화, 디지털 전환, 전자상거래 증가와 같은 요인에 기인한다. 자동화 및 생성형 AI는 미국 노동 시장에 큰 변화를 가져올 것이며, 이는 자동화 비율 증가, 직업 이동의 필요성 증가, 고임금 직업의 증가, 고용주의 채용 접근 방식 변화 등을 포함한다. 이를 통해 미국 노동 시장은 더 높은 생산성과 효율성을 달성할 수 있을 것으로 예상된다.

보고서를 번역하고 요약했을 뿐만 아니라 보고서를 바탕으로 궁금한 것을 질문하면 이에 대한 답변까지 분석해서 응답합니다.

챗GPT는 요약뿐만 아니라 보고서, 발표 자료, 이메일 등 다양한 형태로 문서를 요약하여 업무 효율성을 높일 수 있습니다. 특정 문서 형식에 맞춰 요약한

내용을 작성하려면 다음과 같이 프롬프트를 입력합니다. 이 형식을 사용하면 글의 구조를 명확히 하고, 중요한 정보를 체계적으로 전달할 수 있습니다.

형식에 맞춰 요약하는 프롬프트

 앞서 첨부한 보고서를 아래 규칙에 맞게 요약해서 작성해 주세요.

제목: {주제에 맞는 흥미로운 제목}
1) 배경
   {해당 주제에 대한 배경 정보, 왜 중요한지, 혹은 현재 상황에 대한 설명}
2) 요약
   {주요 내용 요약 1: 주제의 가장 중요한 측면}
   {주요 내용 요약 2: 연구 결과, 사건의 발전, 논의의 주된 포인트}
   {주요 내용 요약 3: 예상되는 결과나 이후의 전망}
3) 핵심 메시지
   {독자에게 전달하고자 하는 가장 중요한 메시지}
4) 핵심 키워드
   {핵심 키워드 1: 주제와 직접적으로 관련된 핵심 단어나 구}
   {핵심 키워드 2: 검색 최적화(SEO)를 고려한 관련 키워드}
   {핵심 키워드 3: 내용을 잘 요약하는 중요 키워드}

 제목: 미국의 미래 일자리 변화와 생성 AI의 영향

1. 배경

미국의 노동 시장은 팬데믹 기간 동안 큰 변화를 겪었으며, 생성 AI의 발전으로 일자리 구성에도 변화가 예상됩니다. 특히 STEM, 창의적 직업, 비즈니스 및 법률 전문직 등이 자동화의 영향을 받을 것으로 보입니다.

2. 요약

2030년까지 미국 내 일부 업무의 최대 30%가 자동화될 수 있습니다.
추가적인 1200만 직업 전환과 고용 구조의 변화가 필요할 것으로 예측됩니다.
생성 AI는 일부 일자리 감소보다는 일하는 방식을 개선하는 데 더 크게 기여할 것으로 보입니다.

> 핵심 메시지 미래의 일자리는 기술 발전과 함께 변화하고 있으며, 이에 적응하기 위
> 해 교육과 훈련이 중요합니다.
>
> **3. 핵심 키워드**
> 자동화
> 생성 AI
> 직업 전환

이 형식에서 "{내용}" 부분을 필요에 따라 자유롭게 수정할 수 있습니다. 예를 들어 다른 내용을 포함하여 다음과 같이 구체적으로 작성할 수 있습니다.

요약 형식의 또 다른 예시 프롬프트

 2) 요약
　{주요 내용 요약 1: 주제에 대한 가장 중요한 부분, 핵심적인 사항을 함께 제공}
　{주요 내용 요약 2: 연구 결과와 논의의 핵심 사항, 예시와 사례 제공}
　{주요 내용 요약 3: 기대되는 결과와 향후 전망}

이렇게 챗GPT를 활용하면 긴 문서를 빠르게 요약하고 필요한 핵심 정보를 신속하게 파악하고 필요한 형식에 맞춰 요약본을 작성함으로써 업무 효율성을 극대화할 수 있습니다. 챗GPT는 다양한 자료를 분석하고 중요한 정보를 추출하는 데 강력한 도구가 될 것입니다.

Chapter 15

보고서 작성하기

보고서는 중요하면서도 까다로운 업무 중 하나입니다. 익숙하지 않은 주제를 다룰 때는 자료 조사에 많은 시간이 들고 자료를 수집해 보기 좋은 형식으로 정리하는 데도 많은 반복 작업이 필요하기 때문입니다. 이번에는 이 보고서 작성에 챗GPT를 활용해 효율을 대폭 높이는 방법을 살펴보겠습니다.

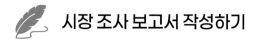 시장 조사 보고서 작성하기

챗GPT는 방대한 데이터베이스를 바탕으로 필요한 정보를 빠르게 수집하고 정리할 수 있습니다. 이를 통해 보고서 작성에 소요되는 시간을 크게 단축시킬 수 있으며, 업무 효율성을 높일 수 있습니다. 또, 다양한 분야의 방대한 정보를 담고 있는 데이터베이스를 활용해 보고서 작성에 필요한 주제와 관련된 다양하고 심도 있는 정보를 손쉽게 얻을 수 있어 보고서의 내용을 더욱 풍부하게 만들 수 있습니다. 새로운 관점과 아이디어를 얻을 수 있는 것도 챗GPT를 활용한 보고서 작성의 큰 장점입니다. 이는 보고서의 질적 향상에 기여할 수 있습니다. 챗GPT를 활용해 작성할 수 있는 보고서의 종류는 다음과 같습니다.

챗GPT로 작성할 수 있는 보고서의 종류

1. **연구 보고서**: 챗GPT는 방대한 데이터베이스를 기반으로 특정 주제에 대한 심층 분석과 통찰을 제공하여 다양한 정보와 사례를 통해 연구 보고서의 완성도를 높입니다.

2. **사업 계획서**: 새로운 사업 아이디어나 프로젝트 계획을 설명하는 보고서를 작성할 수 있습니다. 관련 산업 동향, 시장 분석, 경쟁사 정보 등을 제공받아 사업 계획서의 내용을 보다 구체적이고 설득력 있게 만들 수 있습니다.

3. **제안서**: 특정 문제에 대한 해결책이나 개선 방안을 제시하는 제안서 작성에 챗GPT를 활용할 수 있습니다. AI와 함께 문제 상황 분석, 유사 사례 연구, 다양한 해결 방안 등을 검토하며 최적의 제안을 도출할 수 있습니다.

4. **평가 보고서**: 제품, 서비스, 프로젝트 등의 성과를 평가하고 분석하는 보고서 작성에 챗GPT를 활용할 수 있습니다. AI의 도움을 받아 관련 데이터를 수집하고 분석하여 보다 객관적이고 종합적인 평가 결과를 도출할 수 있습니다.

각 보고서는 목적과 대상에 따라 작성 방식이 다르지만, 챗GPT를 활용하면 이러한 요구사항에 맞는 맞춤형 보고서를 쉽게 작성할 수 있습니다. 보고서의 유형과 목적에 적합한 프롬프트를 활용하여 챗GPT와 소통하면, 최적의 내용을 효율적으로 작성하여 높은 품질의 보고서를 단시간 내에 완성할 수 있습니다.

보고서를 작성할 때는 단계별로 접근하는 것이 효과적입니다. 먼저 보고서 주제와 관련된 자료를 모으고 분석합니다. 챗GPT를 활용하면 방대한 데이터베이스에서 필요한 정보를 빠르게 찾고, 주제를 깊이 이해할 수 있습니다. 이 단계에서는 자료의 신뢰성과 적절성을 평가하고, 보고서 작성에 필요한 정보를 선별하는 것이 중요합니다.

이렇게 모은 정보를 바탕으로 보고서를 작성합니다. 챗GPT와 대화하며 보고서의 구조와 내용을 구상하고, 목적에 맞는 형식과 문체를 선택합니다. 초안을 작성한 후 챗GPT의 피드백을 받아 내용을 보완하고 개선합니다. 이 단계에서는 보고서의 논리적 흐름과 일관성, 명확한 표현이 중요합니다.

마지막으로 작성한 보고서를 꼼꼼히 검토하고 필요한 부분을 고칩니다. 챗GPT를 활용하여 오탈자, 문법 오류, 어색한 표현 등을 찾아내고 교정합니다. 또한, 보고서의 목적과 독자층을 고려하여 내용의 적절성과 완성도를 평가하고, 필요하면 정보를 추가하거나 불필요한 부분을 제거합니다.

예시로 전기차 시장을 조사한 보고서를 작성해 보겠습니다. 먼저 자료 수집 및 분석을 시작합니다. 시장 조사 보고서를 작성할 때는 최신 자료를 포함해야 하므로 온라인 실시간 검색을 요청하는 것이 중요합니다. 그런 다음 주제와 목표 설정, 주제에 따라 필요한 자료와 분석 결과 마지막으로 인사이트 도출까지 요청합니다.

자료 수집 및 분석 프롬프트

 전기차 시장 동향 분석 보고서를 작성하기 위해 다음 자료에 대해 수집 및 분석해 주세요. (2024년 온라인 실시간 검색 포함)

1. 주제 정의 및 목표 설정: 전기차 시장 동향 분석 보고서의 주제 정의와 목표 설정을 도와주세요. 대상 독자 청중은 자동차 제조업체 경영진입니다. 보고서의 목적과 대상 독자에 대해 명확히 정의해 주세요.

2. 자료 수집 및 분석:
   - 시장 개요: 2024년 현재 전기차 시장의 규모, 성장률, 주요 특징에 대한 정보를 수집하고 분석해 주세요.
   - 주요 경쟁 업체 분석: Tesla, BYD, Nissan, Volkswagen, General Motors 등의 시장 점유율, 주요 모델, 강점과 약점을 분석해 주세요.
   - 시장 성장 예측: 2025년, 2030년까지의 전기차 시장 성장 예측과 주요 리서치 기관의 보고서 및 전문가 의견을 수집하고 분석해 주세요.
   - 소비자 트렌드: 소비자 선호도, 구매 동기, 최신 트렌드에 대한 정보를 수집하고 분석해 주세요.
   - 기술 발전: 배터리 기술, 충전 기술, 자율 주행 기술 등의 최신 기술 발전 상황을 조사해 주세요.
   - 정책 및 규제 동향: 주요 국가의 전기차 지원 정책, 법규, 환경 규제에 대한 정보를 수집하고 분석해 주세요.

3. 자료 분석 및 인사이트 도출: 수집된 데이터를 바탕으로 전기차 시장 동향 분석 보고서의 주요 인사이트를 도출해 주세요. 데이터는 시장 개요, 주요 경쟁 업체, 시장 성장 예측, 소비자 트렌드, 기술 발전, 정책 및 규제 동향을 포함합니다. 각 주제별로 주요 인사이트를 정리해 주세요.

 1. 주제 정의 및 목표 설정

주제: 전기차 시장 동향 분석
목표: 전기차 시장의 현재 상황과 미래 전망을 분석하여 자동차 제조업체 경영진에게 유용한 전략적 정보를 제공하는 것입니다. 이를 통해 경영진은 시장의 주요 동향을 이해하고, 향후 전략 수립에 반영할 수 있습니다.

대상 독자: 자동차 제조업체 경영진

2. 자료 수집 및 분석
시장 개요

2023년 현재 전기차 시장은 빠르게 성장하고 있습니다. 전기차 판매량은 전 세계적으로 약 14백만 대에 달했으며, 이는 2022년 대비 35% 증가한 수치입니다. 전기차의 시장 점유율은 18%로 상승하였으며, 이는 전년도 14%에서 증가한 것입니다. 중국, 유럽, 미국이 주요 시장을 차지하고 있으며, 특히 중국이 글로벌 전기차 판매의 60%를 차지하고 있습니다.

주요 경쟁 업체 분석

- Tesla: 시장 점유율 1위를 차지하며, Model S, Model 3, Model X, Model Y 등의 주요 모델을 보유하고 있습니다. Tesla는 혁신적인 기술력과 강력한 브랜드 인지도를 바탕으로 시장을 선도하고 있습니다.
- BYD: 중국의 대표적인 전기차 제조업체로, 다양한 가격대와 모델을 제공하며 빠르게 성장하고 있습니다.
- Nissan: Leaf 모델을 중심으로 시장에서 꾸준한 성과를 내고 있습니다.
- Volkswagen: ID 시리즈를 통해 전기차 라인업을 확장하며, 유럽 시장에서 강력한 존재감을 보이고 있습니다.
- General Motors: 다양한 전기차 모델을 출시하며 북미 시장에서 영향력을 확대하고 있습니다.

시장 성장 예측

전기차 시장은 2025년까지 연평균 성장률 30% 이상을 기록할 것으로 예상되며, 2030년까지는 시장 규모가 1.5조 달러에 이를 것으로 보입니다. 주요 리서치 기관에 따르면, 기술 발전, 환경 규제 강화, 소비자 인식 변화 등이 시장 성장의 주요 요인으로 작용할 것입니다.

소비자 트렌드

소비자들은 환경 친화성, 경제성, 최신 기술 등을 이유로 전기차를 선택하고 있습니다. 특히, 자율 주행 기술과 커넥티드 카 기능이 소비자들의 관심을 끌고 있습니다. 전기차의 성능과 편의성이 향상되면서 소비자들의 전기차에 대한 선호도가 지속적으로 증가하고 있습니다.

기술 발전
- 배터리 기술: 배터리 효율성의 개선과 비용 절감이 전기차 시장 성장에 중요한 역할을 하고 있습니다.
- 충전 기술: 고속 충전 기술의 발전으로 전기차 충전 시간이 단축되고 있으며, 이는 소비자 편의성을 크게 향상시키고 있습니다.
- 자율 주행 기술: 자율 주행 기능을 갖춘 전기차의 개발이 활발히 이루어지고 있으며, 이는 전기차 시장의 혁신적 요소로 작용하고 있습니다.

정책 및 규제 동향
주요 국가들은 전기차 보급을 촉진하기 위해 다양한 정책을 시행하고 있습니다. 중국, 유럽, 미국 등 주요 시장에서는 전기차 구매 보조금, 세제 혜택, 충전 인프라 구축 지원 등의 정책을 통해 전기차 보급을 장려하고 있습니다. 또한, 환경 규제 강화로 인해 내연기관차 판매가 점차 제한되고 있으며, 이는 전기차 수요 증가에 긍정적인 영향을 미치고 있습니다.

3. 자료 분석 및 인사이트 도출
- 시장 개요: 전기차 시장의 급격한 성장은 환경 규제와 기술 발전에 힘입은 것으로 보입니다.
- 경쟁 업체 분석: Tesla와 같은 선도 기업 외에도 다양한 업체들이 경쟁에 참여하고 있으며, 이는 시장의 다양성과 혁신을 촉진하고 있습니다.
- 시장 성장 예측: 미래 전기차 시장의 성장은 예측 가능하며, 이는 자동차 제조업체들이 장기적인 전략 수립에 참고할 만한 중요한 정보입니다.
- 소비자 트렌드: 소비자들은 지속 가능성과 경제성을 중시하며, 이는 전기차의 지속적인 수요를 뒷받침하고 있습니다.
- 기술 발전: 배터리 및 충전 기술의 발전은 전기차의 경쟁력을 강화하고 있습니다.
- 정책 및 규제: 정부의 지원 정책과 환경 규제는 전기차 시장의 성장을 촉진하는 주요 요인입니다.

이와 같은 분석을 통해 전기차 시장 동향에 대한 포괄적이고 체계적인 보고서를 작성할 수 있습니다.

이렇게 수집한 자료를 바탕으로 보고서 초안 작성을 진행합니다.

보고서 초안 작성 프롬프트

다음 구조를 바탕으로 전기차 시장 동향 분석 보고서의 내용을 상세히 작성해 주세요.

1. 서론: 보고서 작성의 목적, 중요성, 조사 방법 소개
2. 본론:
   – 시장 개요
   – 주요 경쟁 업체 분석: Tesla, BYD, Nissan, Volkswagen, General Motors
   – 시장 성장 예측
   – 소비자 트렌드 및 선호도
   – 기술 발전 및 혁신 요소
   – 정책 및 규제 동향
3. 결론: 조사 결과 요약, 주요 시사점, 향후 전망

전기차 시장 동향 분석 보고서
1. 서론
목적

본 보고서는 전기차 시장의 현재 동향과 미래 전망을 분석하여 자동차 제조업체 경영진에게 유용한 전략적 정보를 제공하는 것을 목적으로 합니다. 이를 통해 경영진은 전기차 시장의 주요 트렌드를 이해하고, 향후 전략 수립에 반영할 수 있습니다.

중요성 전기차 시장은 환경 규제 강화, 기술 발전, 소비자 인식 변화 등의 요인으로 급속히 성장하고 있습니다. 전기차의 확산은 자동차 산업뿐만 아니라 에너지, 환경 등 다양한 분야에 걸쳐 중요한 영향을 미치고 있습니다. 따라서 전기차 시장의 동향을 정확히 파악하는 것은 경영 전략 수립에 있어 필수적입니다.

조사 방법

본 보고서는 다양한 리서치 기관의 보고서, 전문가 의견, 최신 통계 데이터를 바탕으로 작성되었습니다. 주요 데이터 출처는 International Energy Agency(IEA), Grand View Research, Mordor Intelligence 등의 기관에서 제공한 자료입니다(Grand View Research((Mordor Intelligence).

2. 본론

시장 개요 2023년 현재 전기차 시장은 전 세계적으로 약 14백만 대의 판매량을 기록하며, 전년도 대비 35% 증가했습니다. 전기차의 시장 점유율은 18%로 상승하였으며, 주요 시장으로는 중국, 유럽, 미국이 있습니다. 중국은 전기차 판매의 60%를 차지하며, 글로벌 시장을 선도하고 있습니다(Grand View Research).

주요 경쟁 업체 분석

Tesla: Tesla는 전기차 시장 점유율 1위를 차지하고 있으며, 주요 모델로는 Model S, Model 3, Model X, Model Y가 있습니다. 혁신적인 기술력과 강력한 브랜드 인지도를 바탕으로 시장을 선도하고 있습니다.

BYD: 중국의 대표적인 전기차 제조업체로, 다양한 가격대와 모델을 제공하며 빠르게 성장하고 있습니다. BYD는 특히 배터리 기술에서 강점을 보이고 있습니다.

Nissan: Leaf 모델을 중심으로 시장에서 꾸준한 성과를 내고 있으며, 경제성과 신뢰성을 바탕으로 많은 소비자에게 인기를 끌고 있습니다.

Volkswagen: ID 시리즈를 통해 전기차 라인업을 확장하며, 유럽 시장에서 강력한 존재감을 보이고 있습니다. 최근에는 자율 주행 기술 개발에도 적극 나서고 있습니다.

General Motors: 다양한 전기차 모델을 출시하며 북미 시장에서 영향력을 확대하고 있습니다. GM은 배터리 기술과 충전 인프라 구축에 많은 투자를 하고 있습니다(Grand View Research)Mordor Intelligence).

시장 성장 예측

전기차 시장은 2025년까지 연평균 성장률 30% 이상을 기록할 것으로 예상되며, 2030년까지는 시장 규모가 1.5조 달러에 이를 것으로 보입니다. 주요 리서치 기관에 따르면, 기술 발전, 환경 규제 강화, 소비자 인식 변화 등이 시장 성장의 주요 요인으로 작용할 것입니다(Grand View Research).

소비자 트렌드 및 선호도

소비자들은 환경 친화성, 경제성, 최신 기술 등을 이유로 전기차를 선택하고 있습니다. 특히, 자율 주행 기술과 커넥티드 카 기능이 소비자들의 관심을 끌고 있습니다. 전기차의 성능과 편의성이 향상되면서 소비자들의 전기차에 대한 선호도가 지속적으로 증가하고 있습니다.

기술 발전 및 혁신 요소

배터리 기술: 배터리 효율성의 개선과 비용 절감이 전기차 시장 성장에 중요한 역할을 하고 있습니다. 고체 배터리 등 혁신적인 기술이 주목받고 있습니다.

충전 기술: 고속 충전 기술의 발전으로 전기차 충전 시간이 단축되고 있으며, 이는 소비자 편의성을 크게 향상시키고 있습니다.

자율 주행 기술: 자율 주행 기능을 갖춘 전기차의 개발이 활발히 이루어지고 있으며, 이는 전기차 시장의 혁신적 요소로 작용하고 있습니다.

정책 및 규제 동향 주요 국가들은 전기차 보급을 촉진하기 위해 다양한 정책을 시행하고 있습니다. 중국, 유럽, 미국 등 주요 시장에서는 전기차 구매 보조금, 세제 혜택, 충전 인프라 구축 지원 등의 정책을 통해 전기차 보급을 장려하고 있습니다. 또한, 환경 규제 강화로 인해 내연기관차 판매가 점차 제한되고 있으며, 이는 전기차 수요 증가에 긍정적인 영향을 미치고 있습니다(Mordor Intelligence).

3. 결론

조사 결과 요약

전기차 시장은 환경 규제 강화, 기술 발전, 소비자 인식 변화 등의 요인으로 급속히 성장하고 있습니다. 주요 경쟁 업체들은 혁신적인 기술과 다양한 모델을 통해 시장에서 경쟁하고 있으며, 소비자들은 환경 친화성, 경제성, 최신 기술 등을 이유로 전기차를 선택하고 있습니다. 정부의 지원 정책과 환경 규제 강화도 시장 성장에 중요한 역할을 하고 있습니다.

주요 시사점

자동차 제조업체들은 전기차 시장의 성장 가능성을 주목하고, 적극적인 시장 진출과 기술 개발을 통해 경쟁력을 강화해야 합니다. 또한, 소비자 트렌드와 정부 정책을 면밀히 분석하여 전략을 수립하는 것이 중요합니다.

향후 전망

전기차 시장은 앞으로도 지속적인 성장을 이어갈 것으로 예상됩니다. 배터리 기술의 발전, 충전 인프라의 확충, 자율 주행 기술의 도입 등은 전기차 시장의 주요 성장 동력이 될 것입니다.

이상과 같은 내용을 바탕으로 전기차 시장 동향 분석 보고서를 작성할 수 있습니다.

보고서에는 시각화가 무척 중요한 역할을 합니다. 단순히 데이터를 글자로 나열하는 것보다는 해당하는 차트와 그래프로 표현하는 것이 전달력을 높이기 때문입니다. 챗GPT를 활용하면 데이터에서 차트와 그래프의 이미지를 추출할 수 있습니다. 다음은 보고서에서 도출할 수 있는 차트 및 그래프를 요청하는 프롬프트입니다.

차트 및 그래프 보완 프롬프트

 전기차 시장 동향 분석 보고서에 다음 차트 및 그래프를 추가해 주세요.
1. 시장 개요: 전기차 판매량, 시장 점유율 변화 그래프
2. 주요 경쟁 업체 분석: 주요 제조업체의 시장 점유율 비교 차트
3. 시장 성장 예측: 미래 전기차 시장 성장 예측 그래프
4. 소비자 트렌드: 소비자 선호도 조사 결과 그래프
5. 기술 발전: 배터리 기술 발전 현황 그래프
6. 정책 및 규제 동향: 주요 국가의 전기차 지원 정책 비교 차트

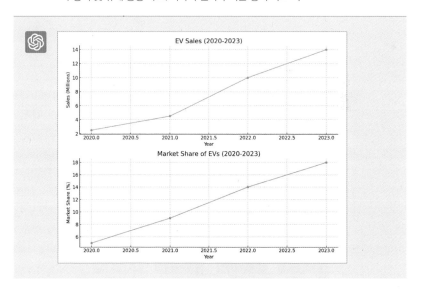

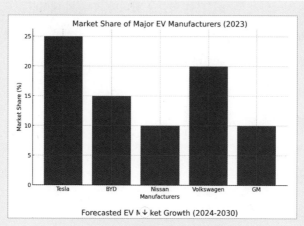

Forecasted EV Market Growth (2024-2030)

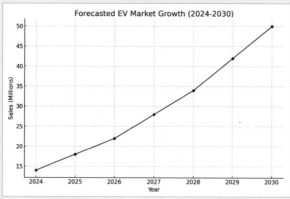

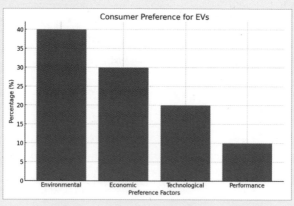

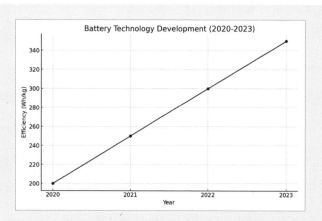

위의 차트 및 그래프는 전기차 시장 동향 분석 보고서에 포함될 내용을 시각적으로 잘 나타내고 있습니다. 각 차트는 다음과 같은 정보를 제공합니다.

시장 개요: 전기차 판매량과 시장 점유율 변화를 나타내는 그래프입니다. EV 판매량과 시장 점유율의 증가 추세를 시각화하였습니다.

주요 경쟁 업체 분석: 주요 전기차 제조업체들의 시장 점유율을 비교하는 막대 차트입니다. 각 제조업체의 시장 점유율을 한눈에 파악할 수 있습니다.

시장 성장 예측: 2024년부터 2030년까지의 전기차 시장 성장 예측을 나타내는 그래프입니다. 향후 시장 성장 추세를 시각적으로 표현하였습니다.

소비자 트렌드: 전기차 구매 요인에 대한 소비자 선호도를 나타내는 막대 차트입니다. 환경적 요인, 경제성, 기술적 요인, 성능 등의 소비자 선호도를 보여 줍니다.

기술 발전: 배터리 기술 발전 현황을 나타내는 그래프입니다. 배터리 효율성의 연도별 변화를 시각화하였습니다.

정책 및 규제 동향: 주요 국가의 전기차 지원 정책을 비교하는 막대 차트입니다. 각 국가의 전기차 지원 정책의 강도를 점수로 나타내었습니다.

이렇게 생성한 차트와 그래프를 보고서에 적용하고 최종 보고서 파일을 다운로드받을 수 있는 링크를 요청합니다.

보고서 최종안 작성 프롬프트

 앞서 작성한 보고서와 생성한 그래프를 취합해 최종 보고서를 작성해 주세요. 최종 보고서는 워드 파일(docx)로 링크 제공해 주세요.

 전기차 시장 동향 분석 보고서

서론

본 보고서는 전기차 시장의 현재 동향과 미래 전망을 분석하여 자동차 제조업체 경영진에게 유용한 전략적 정보를 제공하는 것을 목적으로 합니다. 이를 통해 경영진은 전기차 시장의 주요 트렌드를 이해하고, 향후 전략 수립에 반영할 수 있습니다.

전기차 시장은 환경 규제 강화, 기술 발전, 소비자 인식 변화 등의 요인으로 급속히 성장하고 있습니다. 전기차의 확산은 자동차 산업뿐만 아니라 에너지, 환경 등 다양한 분야에 걸쳐 중요한 영향을 미치고 있습니다. 따라서 전기차 시장의 동향을 정확히 파악하는 것은 경영 전략 수립에 있어 필수적입니다.

본 보고서는 다양한 리서치 기관의 보고서, 전문가 의견, 최신 통계 데이터를 바탕으로 작성되었습니다. 주요 데이터 출처는 International Energy Agency(IEA), Grand View Research, Mordor Intelligence 등의 기관에서 제공한 자료입니다.

본론
시장 개요

2023년 현재 전기차 시장은 전 세계적으로 약 14백만 대의 판매량을 기록하며, 전년도 대비 35% 증가했습니다. 전기차의 시장 점유율은 18%로 상승하였으며, 주요 시장으로는 중국, 유럽, 미국이 있습니다. 중국은 전기차 판매의 60%를 차지하며, 글로벌 시장을 선도하고 있습니다.

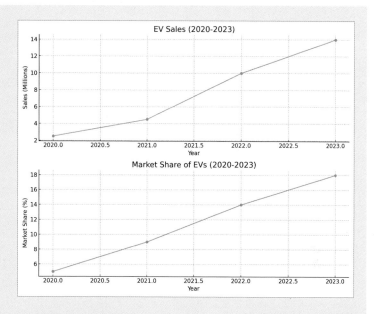

주요 경쟁 업체 분석

- Tesla: 시장 점유율 1위를 차지하고 있으며, 주요 모델로는 Model S, Model 3, Model X, Model Y가 있습니다. 혁신적인 기술력과 강력한 브랜드 인지도를 바탕으로 시장을 선도하고 있습니다.

- BYD: 중국의 대표적인 전기차 제조업체로, 다양한 가격대와 모델을 제공하며 빠르게 성장하고 있습니다. BYD는 특히 배터리 기술에서 강점을 보이고 있습니다.

- Nissan: Leaf 모델을 중심으로 시장에서 꾸준한 성과를 내고 있으며, 경제성과 신뢰성을 바탕으로 많은 소비자에게 인기를 끌고 있습니다.

- Volkswagen: ID 시리즈를 통해 전기차 라인업을 확장하며, 유럽 시장에서 강력한 존재감을 보이고 있습니다. 최근에는 자율 주행 기술 개발에도 적극 나서고 있습니다.

- General Motors: 다양한 전기차 모델을 출시하며 북미 시장에서 영향력을 확대하고 있습니다. GM은 배터리 기술과 충전 인프라 구축에 많은 투자를 하고 있습니다.

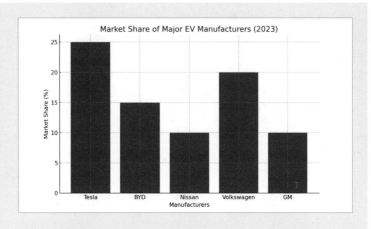

시장 성장 예측

전기차 시장은 2025년까지 연평균 성장률 30% 이상을 기록할 것으로 예상되며, 2030년까지는 시장 규모가 1.5조 달러에 이를 것으로 보입니다. 주요 리서치 기관에 따르면, 기술 발전, 환경 규제 강화, 소비자 인식 변화 등이 시장 성장의 주요 요인으로 작용할 것입니다.

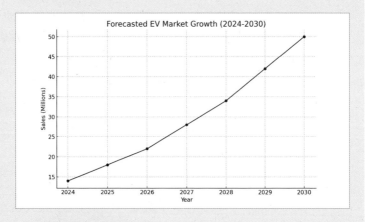

소비자 트렌드 및 선호도

소비자들은 환경 친화성, 경제성, 최신 기술 등을 이유로 전기차를 선택하고 있습니다. 특히, 자율 주행 기술과 커넥티드 카 기능이 소비자들의 관심을 끌고 있습니다. 전기차의 성능과 편의성이 향상되면서 소비자들의 전기차에 대한 선호도가 지속적으로 증가하고 있습니다.

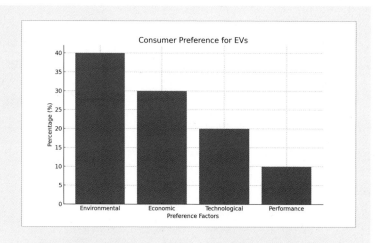

기술 발전 및 혁신 요소

- 배터리 기술: 배터리 효율성의 개선과 비용 절감이 전기차 시장 성장에 중요한 역할을 하고 있습니다. 고체 배터리 등 혁신적인 기술이 주목받고 있습니다.
- 충전 기술: 고속 충전 기술의 발전으로 전기차 충전 시간이 단축되고 있으며, 이는 소비자 편의성을 크게 향상시키고 있습니다.
- 자율 주행 기술: 자율 주행 기능을 갖춘 전기차의 개발이 활발히 이루어지고 있으며, 이는 전기차 시장의 혁신적 요소로 작용하고 있습니다.

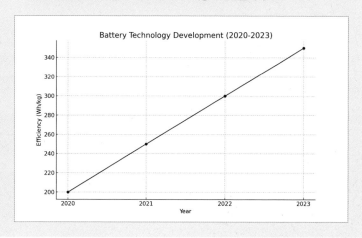

정책 및 규제 동향

주요 국가들은 전기차 보급을 촉진하기 위해 다양한 정책을 시행하고 있습니다. 중국, 유럽, 미국 등 주요 시장에서는 전기차 구매 보조금, 세제 혜택, 충전 인프라 구축 지원 등의 정책을 통해 전기차 보급을 장려하고 있습니다. 또한, 환경 규제 강화로 인해 내연기관차 판매가 점차 제한되고 있으며 이는 전기차 수요 증가에 긍정적인 영향을 미치고 있습니다.

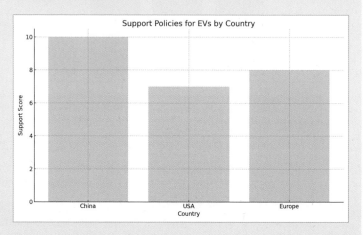

결론

전기차 시장은 환경 규제 강화, 기술 발전, 소비자 인식 변화 등의 요인으로 급속히 성장하고 있습니다. 주요 경쟁 업체들은 혁신적인 기술과 다양한 모델을 통해 시장에서 경쟁하고 있으며, 소비자들은 환경 친화성, 경제성, 최신 기술 등을 이유로 전기차를 선택하고 있습니다. 정부의 지원 정책과 환경 규제 강화도 시장 성장에 중요한 역할을 하고 있습니다.

자동차 제조업체들은 전기차 시장의 성장 가능성을 주목하고, 적극적인 시장 진출과 기술 개발을 통해 경쟁력을 강화해야 합니다. 또한, 소비자 트렌드와 정부 정책을 면밀히 분석하여 전략을 수립하는 것이 중요합니다.

전기차 시장은 앞으로도 지속적인 성장을 이어갈 것으로 예상됩니다. 배터리 기술의 발전, 충전 인프라의 확충, 자율 주행 기술의 도입 등은 전기차 시장의 주요 성장 동력이 될 것입니다.

보고서는 다음 링크에서 다운로드할 수 있습니다.

🔗 전기차_시장_동향_분석_보고서.docx

보고서 작성을 마무리할 때는 반드시 오류나 부자연스러운 문장은 없는지, 잘못된 자료는 없는지 사실 관계 확인 등 마지막 검토 작업을 거쳐야 합니다.

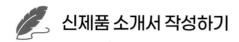# 신제품 소개서 작성하기

신제품 소개서를 작성해 보겠습니다. 제품 소개서를 작성할 때도 시장 조사 보고서와 마찬가지로 자료를 수집하고 분석하는 단계부터 시작합니다. 신제품의 특징, 장점, 타깃 고객의 요구 사항 및 시장 분석을 포함한 모든 정보를 수집하고 분석합니다. 이를 통해 제품의 경쟁력을 파악하고, 효과적인 마케팅 전략을 세울 수 있는 기초 자료를 마련합니다.

자료 수집 및 분석 프롬프트

 신제품 '휴대용 여름 선풍기'에 대한 자료를 수집하고 분석해 주세요. 다음 정보를 포함해 주세요.

1. 제품의 주요 특징과 장점
   - 휴대성이 용이한 이유
   - 고용량 배터리 성능과 그 이점
   - 오랜 시간 지속 가능한 이유
   - 제품의 안정성을 확보하는 특징

2. 타깃 고객 분석
   - 타깃 고객인 30~40대 직장인의 생활 패턴
   - 주요 요구 사항

3. 시장 분석
   - 현재 시장에 출시된 유사 제품들의 주요 특징과 가격대
   - 제품의 경쟁력을 분석하고, 경쟁 우위를 강조할 수 있는 포인트 도출

이 자료들을 바탕으로 '휴대용 여름 선풍기'의 경쟁력을 파악하고, 효과적인 마케팅 전략을 수립하는 데 필요한 기초 자료를 제공해 주세요.

 신제품 '휴대용 여름 선풍기' 자료 수집 및 분석

1. 제품의 주요 특징과 장점

휴대성이 용이한 이유:

- 컴팩트한 디자인: 작고 가벼운 디자인으로 손쉽게 가방이나 주머니에 넣을 수 있어 어디서나 휴대가 편리합니다.
- 폴딩 기능: 접이식 구조로, 사용하지 않을 때는 더욱 작게 접어서 보관할 수 있어 휴대성이 높습니다.

고용량 배터리 성능과 그 이점:

- 배터리 용량: 고용량 리튬 이온 배터리로, 한 번 충전으로 최대 10시간 이상 사용할 수 있습니다.
- 빠른 충전: USB-C 타입 충전 포트를 사용하여, 짧은 시간 내에 충전이 가능합니다.
- 이점: 장시간 외출 시에도 배터리 걱정 없이 사용할 수 있어, 특히 야외 활동이나 출퇴근 시 유용합니다.

오랜 시간 지속 가능한 이유:

- 효율적인 모터: 저전력 고효율 모터를 사용하여 전력 소비를 최소화하면서도 강력한 바람을 제공합니다.
- 속도 조절 기능: 3단계 속도 조절 기능으로 필요에 따라 배터리 소모를 조절할 수 있습니다.

제품의 안정성을 확보하는 특징:

- 안전 그릴: 안전한 그릴 디자인으로 손가락 등이 닿지 않도록 보호합니다.
- 과열 방지 기능: 장시간 사용 시 과열을 방지하는 자동 전원 차단 기능이 있어 안전하게 사용할 수 있습니다.
- 내구성: 고강도 플라스틱 소재로 제작되어 내구성이 뛰어나고 충격에도 강합니다.

2. 타깃 고객 분석

타깃 고객인 30~40대 직장인의 생활 패턴:

- 바쁜 일상: 직장생활로 인해 야외 활동 및 출퇴근 시간이 길며, 높은 스트레스와 피로를 경험합니다.

- 휴대성 요구: 외부 미팅, 출장, 출퇴근 등 이동이 잦아 휴대용 제품의 수요가 높습니다.
- 편의성 중시: 간편하고 즉각적인 사용을 선호하며, 기술에 익숙하여 스마트 기기를 잘 활용합니다.

주요 요구 사항:

- 긴 배터리 수명: 하루 종일 사용 가능한 배터리 성능을 중시합니다.
- 사용의 간편함: 간단한 조작과 빠른 충전을 원합니다.
- 강력한 성능: 더운 여름날에도 시원함을 제공하는 강력한 성능을 요구합니다.
- 안전성: 일상 속 안전하게 사용할 수 있는 제품을 선호합니다.

3. 시장 분석

현재 시장에 출시된 유사 제품들의 주요 특징과 가격대:

- 특징: 대부분 컴팩트한 디자인과 가벼운 무게, USB 충전, 다단계 속도 조절 기능을 갖추고 있습니다.
- 가격대: 일반적으로 10,000원에서 50,000원 사이로, 배터리 용량과 부가 기능에 따라 차이가 납니다.

제품의 경쟁력을 분석하고, 경쟁 우위를 강조할 수 있는 포인트 도출:

- 고용량 배터리: 경쟁 제품 대비 더욱 긴 배터리 수명으로 차별화 가능. 이는 장시간 사용을 원하는 소비자에게 큰 장점으로 다가갈 수 있습니다.
- 빠른 충전: USB-C 타입의 빠른 충전 기능은 바쁜 직장인들에게 편리함을 제공합니다.
- 안전성: 과열 방지 기능과 안전 그릴을 통해 안전성을 강조할 수 있습니다.
- 사용의 편리함: 접이식 디자인과 간편한 조작법으로, 사용의 편리함을 강조할 수 있습니다.

마케팅 전략 제안

1. 타깃 마케팅: 30~40대 직장인을 대상으로 한 온라인 광고와 SNS 캠페인을 진행하여, 제품의 주요 특징과 장점을 효과적으로 전달합니다.
2. 브랜드 스토리텔링: 제품의 개발 배경과 사용자 편의를 위해 설계된 특징들을 스토리텔링 형식으로 홍보하여, 소비자와의 감성적 연결을 강화합니다.
3. 사용자 리뷰 활용: 초기 구매자의 긍정적인 리뷰와 사용 후기를 적극 활용하여 신뢰도를 높이고, 입소문을 유도합니다.

4. 프로모션 및 이벤트: 여름철 맞이 특별 프로모션 및 할인 이벤트를 진행하여 초기 시장 진입을 돕고, 구매를 유도합니다.

이 자료들을 바탕으로 신제품 '휴대용 여름 선풍기'의 경쟁력을 효과적으로 강조하고, 성공적인 마케팅 전략을 수립할 수 있습니다.

수집한 자료를 바탕으로 신제품 소개서를 작성합니다. 소개서에는 제품 개요, 주요 장점, 기능, 타깃 고객, 결론 등이 포함되며 제품의 특징과 장점을 명확하게 설명하고, 타깃 고객의 관심을 끌 수 있는 내용으로 구성합니다.

소개서 초안 작성 프롬프트

 수집된 자료를 바탕으로 신제품 '휴대용 여름 선풍기'의 소개서를 작성해 주세요. 다음 항목들을 포함해 주시기 바랍니다.

1. 제품 개요
   - 제품명, 타깃 고객, 주요 장점 요약
2. 주요 장점 설명
   - 휴대성이 용이한 이유와 이점
   - 고용량 배터리 성능의 특징과 그 이점
   - 오랜 시간 지속 가능한 이유와 그 중요성
   - 제품의 안정성을 확보하기 위한 특징과 이점
3. 기능 설명
   - 단계별 속도 조절 기능 설명(1단, 2단, 3단 각 단계의 특징 포함)
4. 타깃 고객 설명
   - 30~40대 직장인이 이 제품을 사용할 때의 유용성
5. 결론
   - 이 제품이 타깃 고객에게 제공하는 주요 이점 요약

이 항목들을 포함하여 신제품 '휴대용 여름 선풍기'의 강점을 효과적으로 전달하는 완성도 높은 소개서를 작성해 주세요.

신제품 '휴대용 여름 선풍기' 소개서

1. 제품 개요

제품명: 휴대용 여름 선풍기

타깃 고객: 30~40대 직장인

주요 장점 요약:

컴팩트한 디자인으로 휴대성 극대화

고용량 배터리로 장시간 사용 가능

효율적인 모터와 속도 조절 기능으로 오랜 시간 지속

안전한 디자인과 과열 방지 기능으로 안정성 확보

2. 주요 장점 설명

휴대성이 용이한 이유와 이점:

컴팩트한 디자인: 작고 가벼운 디자인으로 휴대가 용이합니다. 손쉽게 가방이나 주머니에 넣을 수 있어 어디서나 사용할 수 있습니다.

폴딩 기능: 접이식 구조로, 사용하지 않을 때는 더욱 작게 접어 보관할 수 있습니다. 이는 출퇴근 시나 야외 활동 시 매우 유용합니다.

고용량 배터리 성능의 특징과 그 이점:

배터리 용량: 고용량 리튬 이온 배터리로, 한 번 충전으로 최대 10시간 이상 사용할 수 있습니다.

빠른 충전: USB-C 타입 충전 포트를 사용하여, 짧은 시간 내에 충전이 가능합니다.

이점: 장시간 외출 시에도 배터리 걱정 없이 사용할 수 있어, 특히 야외 활동이나 출퇴근 시 유용합니다.

오랜 시간 지속 가능한 이유와 그 중요성:

효율적인 모터: 저전력 고효율 모터를 사용하여 전력 소비를 최소화하면서도 강력한 바람을 제공합니다.

속도 조절 기능: 3단계 속도 조절 기능으로 필요에 따라 배터리 소모를 조절할 수 있습니다.

중요성: 긴 사용 시간을 통해 하루 종일 시원함을 유지할 수 있어 여름철에 특히 유용합니다.

제품의 안정성을 확보하기 위한 특징과 이점:

안전 그릴: 안전한 그릴 디자인으로 손가락 등이 닿지 않도록 보호합니다.

과열 방지 기능: 장시간 사용 시 과열을 방지하는 자동 전원 차단 기능이 있어 안전하게 사용할 수 있습니다.

내구성: 고강도 플라스틱 소재로 제작되어 내구성이 뛰어나고 충격에도 강합니다.

이점: 안전하고 내구성이 높아 일상적으로 안심하고 사용할 수 있습니다.

3. 기능 설명

단계별 속도 조절 기능 설명:

1단계: 부드러운 바람을 제공하여 실내에서 사용하기 적합합니다. 배터리 소모가 적어 장시간 사용할 수 있습니다.

2단계: 적당한 강도의 바람을 제공하여 야외 활동 시 시원함을 유지할 수 있습니다.

3단계: 강력한 바람을 제공하여 더운 여름날에도 빠르게 시원함을 느낄 수 있습니다. 배터리 소모는 크지만 강력한 냉각 효과를 제공합니다.

4. 타깃 고객 설명

30~40대 직장인이 이 제품을 사용할 때의 유용성:

바쁜 일상: 직장생활로 인해 야외 활동 및 출퇴근 시간이 길며, 높은 스트레스와 피로를 경험하는 직장인들에게 최적의 제품입니다.

휴대성 요구: 외부 미팅, 출장, 출퇴근 등 이동이 잦은 직장인들이 언제 어디서나 시원함을 느낄 수 있도록 도와줍니다.

편의성 중시: 간편하고 즉각적인 사용을 선호하는 직장인들에게 적합한 제품입니다. 기술에 익숙하여 스마트 기기를 잘 활용하는 타깃 고객에게 적합합니다.

5. 결론

이 제품이 타깃 고객에게 제공하는 주요 이점 요약:

휴대성: 컴팩트하고 가벼운 디자인으로 이동이 잦은 직장인들에게 최적화된 휴대성을 제공합니다.

장시간 사용: 고용량 배터리로 장시간 사용이 가능하여, 하루 종일 시원함을 유지할 수 있습니다.

편리함: 빠른 충전과 간편한 조작으로 바쁜 일상에서도 쉽게 사용할 수 있습니다.

안전성: 과열 방지 기능과 안전 그릴 디자인으로 안전하게 사용할 수 있습니다.

신제품 '휴대용 여름 선풍기'는 30~40대 직장인의 라이프스타일에 맞춘 최적의 휴대용 냉방 솔루션으로, 여름철에도 시원하고 쾌적한 생활을 도와줄 것입니다.

신제품 소개서를 작성했으니 이 소개서를 기반으로 온라인용 홍보 문구와 고객들이 자주 물어보는 예상 질문지와 답안까지 도출해 보겠습니다.

 소개서의 내용을 토대로 온라인에 홍보할 수 있는 글을 작성해 주세요.

 신제품 '휴대용 여름 선풍기' 온라인 홍보 글

올여름, 언제 어디서나 시원함을 느껴보세요!
바쁜 일상 속에서도 시원함을 잃지 마세요. 신제품 '휴대용 여름 선풍기'가 여러분의 여름을 더욱 쾌적하게 만들어 드립니다. 30~40대 직장인들을 위한 최적의 휴대용 냉방 솔루션을 지금 만나보세요!

주요 특징 및 장점:
❄ **컴팩트한 디자인** – 작고 가벼워 어디서나 간편하게 휴대할 수 있습니다. 출퇴근 길, 야외 활동 시 가방이나 주머니에 쏙 들어갑니다.
🔋 **고용량 배터리** – 한 번 충전으로 최대 10시간 이상 사용할 수 있습니다. USB-C 타입의 빠른 충전으로 언제든지 준비 완료!
◉ **효율적인 모터** – 저전력 고효율 모터가 강력한 바람을 제공합니다. 3단계 속도 조절 기능으로 필요에 따라 바람 세기를 조절할 수 있습니다.
🔒 **안전한 디자인** – 안전 그릴과 과열 방지 기능으로 안심하고 사용할 수 있습니다. 고강도 플라스틱 소재로 내구성까지 챙겼습니다.

단계별 속도 조절:
1단계: 부드러운 바람으로 실내 사용에 적합, 배터리 소모 최소화. **2단계**: 적당한 강도의 바람으로 야외 활동 시 시원함 유지. **3단계**: 강력한 바람으로 더운 여름날에도 빠르게 시원함 제공

타깃 고객:
30~40대 직장인들을 위한 맞춤형 솔루션. 바쁜 일상과 잦은 이동에도 항상 시원하게. 외부 미팅, 출장, 출퇴근 시에도 언제나 편리하게 사용할 수 있습니다.

지금 구매하세요!
신제품 '휴대용 여름 선풍기'로 올여름을 더욱 시원하고 쾌적하게 보내세요. 한정된 수량으로 빠르게 소진될 예정이니 서둘러 주문하세요!

 고객들이 자주 질문할 만한 내용을 FAQ 로 10개 정도 작성해 주세요. 그리고 각 질문에 대한 답변에 제품의 장단점을 포함해 상세히 설명해 주세요.

FAQ – 휴대용 여름 선풍기

1. Q: 배터리 완전 충전 시 사용 가능한 시간은 얼마나 되나요? A: 배터리 완전 충전 시 최대 10시간 이상 사용할 수 있습니다. 1단계 사용 시 가장 오래 지속되며, 3단계 사용 시에는 사용 시간이 약간 줄어듭니다.

2. Q: USB–C 타입 충전이 가능한가요? A: 네, USB–C 타입 충전 포트를 사용하여 빠르고 편리하게 충전할 수 있습니다. 이는 일반적인 USB 포트보다 더 빠르게 충전이 가능합니다.

3. Q: 얼마나 무겁나요? A: 휴대용 여름 선풍기는 매우 가볍고 컴팩트한 디자인으로, 약 200g 정도로 손쉽게 휴대할 수 있습니다. 이는 스마트폰 정도의 무게입니다.

4. Q: 안전 그릴이 무엇인가요? A: 안전 그릴은 선풍기 날개가 돌면서 발생할 수 있는 사고를 방지하기 위해 설계된 보호 장치입니다. 손가락 등이 닿지 않도록 보호해주어 안전하게 사용할 수 있습니다.

5. Q: 과열 방지 기능이 있나요? A: 네, 과열 방지 기능이 탑재되어 있습니다. 장시간 사용 시 과열을 감지하여 자동으로 전원을 차단해 안전하게 사용할 수 있습니다.

6. Q: 선풍기 속도는 어떻게 조절하나요? A: 3단계 속도 조절 기능이 있어 원하는 바람 세기를 쉽게 조절할 수 있습니다. 1단계는 부드러운 바람, 2단계는 적당한 강도의 바람, 3단계는 강력한 바람을 제공합니다.

7. Q: 실내에서도 사용할 수 있나요? A: 물론입니다. 휴대용 여름 선풍기는 실내외 어디서나 사용 가능합니다. 1단계 바람은 실내 사용에 특히 적합합니다.

8. Q: 배터리 충전 시간은 얼마나 걸리나요? A: 배터리 충전 시간은 약 2~3시간 정도 걸립니다. USB–C 타입 충전 포트를 사용하여 빠른 충전이 가능합니다.

9. Q: 제품의 내구성은 어떤가요? A: 제품은 고강도 플라스틱 소재로 제작되어 내구성이 뛰어납니다. 일상적인 사용에서 충격에도 강하며 오랫동안 사용할 수 있습니다.

10. Q: 소음은 어느 정도인가요? A: 휴대용 여름 선풍기는 저소음 모터를 사용하여 조용한 환경에서도 사용할 수 있도록 설계되었습니다. 1단계 사용 시 거의 소음이 없으며, 3단계 사용 시에도 큰 소음이 발생하지 않습니다.

장점:
휴대성: 가볍고 컴팩트한 디자인으로 어디서나 쉽게 휴대할 수 있습니다.
긴 배터리 수명: 한 번 충전으로 최대 10시간 이상 사용할 수 있어 야외 활동 시 매우 유용합니다.
안전성: 안전 그릴과 과열 방지 기능으로 안전하게 사용할 수 있습니다.
편리성: USB-C 타입 충전과 3단계 속도 조절 기능으로 사용이 매우 편리합니다.
단점:
충전 시간: 약 2~3시간의 충전 시간이 필요합니다.
최대 바람 세기: 대형 선풍기에 비해 최대 바람 세기가 약할 수 있습니다.

마지막으로 작성한 소개서를 검토하고 수정합니다. 문법 및 맞춤법을 확인하고, 내용의 일관성과 가독성을 점검합니다. 필요 시 추가 설명을 보충하고 시각적 요소를 활용하여 완성합니다.

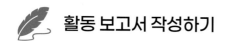 활동 보고서 작성하기

이번에는 양식이 있는 보고서를 챗GPT에게 입력하고 작성해 보겠습니다. 작성할 보고서는 활동 보고서입니다. 먼저 챗GPT에 활동 보고서 양식 파일을 첨부하거나 이미지를 업로드합니다. 활동 보고서에 들어갈 정확한 날짜, 보고자, 주요 내용, 활동 결과 등의 정보를 제공하면 더욱 자세한 보고서 작성이 가능합니다.

보고서 양식을 입력한 프롬프트

 챗GPT 업무 활용 교육 활동 보고서를 작성하고자 합니다.
다음 항목을 상세하게 작성해 주세요.
작성 완료한 보고서 파일은 워드 파일로 다운로드 링크를 제공해 주세요.

- 날짜: 2024.09.10.
- 활동 목적: 챗GPT을 활용해서 업무적으로 활용 높이고자 오프라인으로 진행함
- 주요 내용: 챗GPT 기본 교육, 업무 활용, 달리3 이미지 생성
- 활동 결과: 교육을 통해 업무적 활용도가 매우 높아지리라 봄

[활동 보고서 파일 또는 이미지 파일 첨부]

활동 보고서

담당			

작성일자	20 년 월 일	보고자 (인)		(인)
제목				
활동분야				
활동기간	20 년 월 일 ~ 20 년 월 일			
협업기간				
활동 목적				
주요 내용				
활동결과				

확인자	소속(부서)		직급	
	연락처		성명	

 활동 보고서

작성 일자: 2024년 9월 10일

보고자: 홍길동(1인)

제목: 챗GPT 업무 활용 교육 활동 보고서

활동 분야: 인공지능 교육

활동 기간: 2024년 5월 10일 ~ 2024년 5월 10일

협력 기간: 2024년 5월 10일 ~ 2024년 5월 10일

활동 목적: 챗GPT을 활용해서 업무적으로 활용 높이고자 오프라인으로 진행함

주요 내용: 챗GPT 기본 교육, 업무 활용, 달리3 이미지 생성

활동 결과: 교육을 통해 업무적 활용도가 매우 높아지리라 봄

확인자

소속(부서): 교육팀

직급: 팀장

연락처: 010-1234-5678

성명: 김철수

활동 보고서가 포함된 워드 파일은 아래 링크에서 다운로드할 수 있습니다.

🔗 활동 보고서 다운로드.docx

Chapter 16

프레젠테이션 만들기

챗GPT를 활용해 프레젠테이션의 주제와 목적에 맞춰 구조를 설계하고, 슬라이드에 들어갈 내용을 생성한 다음 마지막으로 시각적 요소를 추가하여 프레젠테이션을 완성하는 과정을 살펴보겠습니다.

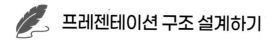

프레젠테이션 구조 설계하기

프레젠테이션의 시작은 주제와 목적을 명확히 설정하는 것입니다. 주제를 명확히 하면 프레젠테이션의 방향을 정할 수 있고, 목적을 설정하면 어떤 메시지를 전달해야 할지 분명해집니다. 따라서 가장 먼저 프레젠테이션의 주제와 목적을 설정하고 대상 독자를 설정합니다. 그런 다음 글쓰기를 할 때와 마찬가지로 개요를 작성합니다.

챗GPT에서 슬라이드용 자료를 요청할 때는 '슬라이드'라는 키워드를 포함시켜야 합니다. 그러면 챗GPT가 슬라이드에 알맞은 형식과 내용으로 자료를 만들어 줍니다.

예를 들어 "신제품 출시 프레젠테이션을 위한 슬라이드 자료를 만들어주세요."라고 요청하면 슬라이드에 어울리는 간결하고 핵심적인 내용을 생성합니다. 이때 만들어지는 내용은 일반적인 문장이나 문단 형태가 아닌 슬라이드에 사용하기 적합한 형식으로 제공됩니다.

프레젠테이션 개요 작성

 챗GPT 초보 사용자인 직장인을 대상 독자로 프레젠테이션 슬라이드를 구상하려고 합니다. 주제는 "챗GPT로 일상생활을 더욱 편리하게"입니다. 해당 주제로 구상할 수 있는 개요를 작성해 주세요.

프레젠테이션 개요

1. 소개

주제 소개

프레젠테이션 목적

챗GPT란 무엇인가?

2. 챗GPT의 기본 이해

챗GPT의 작동 원리

챗GPT의 특징과 강점

챗GPT의 활용 가능한 분야

3. 일상생활에서의 챗GPT 활용 방법

시간 관리 및 일정 관리

- 일정 관리 도구로서의 챗GPT

- 시간 관리 팁 제공

정보 검색 및 학습 지원

- 신속한 정보 제공

- 학습 자료 및 도움말 제공

개인 비서 역할

- 이메일 작성 및 답변

- 문서 작성 및 편집 지원

건강 관리

- 식단 및 운동 계획

- 건강 정보 제공

4. 실생활 예시와 시나리오

예시 1: 일상적인 일정 관리

예시 2: 특정 주제에 대한 연구 및 학습

예시 3: 이메일 작성 및 관리

예시 4: 개인화된 건강 관리

5. 챗GPT의 한계와 주의 사항

챗GPT의 한계

개인정보 보호 및 보안
윤리적 고려사항

6. 미래의 챗GPT와 일상생활
향후 발전 가능성
기대 효과와 변화

결론
요약 및 주요 포인트 재확인
질의응답 세션 안내

기본 개요를 바탕으로 이제 프레젠테이션의 구조를 설계합니다. 챗GPT에게 각 섹션에 포함할 추가 정보와 자료를 요청하여 각 슬라이드의 구체적인 내용을 구성할 수 있습니다.

개요 상세 내용 작성

 해당 개요의 각 섹션에 추가할 정보나 자료를 작성해 주세요.

 1. 소개
주제 소개
- "챗GPT로 일상생활을 더욱 편리하게"라는 주제에 대해 간단히 설명
- 인공지능이 우리의 일상에 미치는 영향과 중요성 강조

프레젠테이션 목적
- 챗GPT의 활용 방법과 그 유용성을 소개
- 일상생활에서 챗GPT를 효과적으로 사용하는 방법 제시

챗GPT란 무엇인가?
- 챗GPT는 오픈AI에서 개발한 대화형 인공지능 모델
- 텍스트 기반의 대화를 통해 다양한 질문에 답변하고 작업을 수행

2. 챗GPT의 기본 이해
챗GPT의 작동 원리
- 대규모 언어 모델로서의 GPT(Generative Pre-trained Transformer) 설명
- 머신 러닝과 자연어 처리 기술 기반.

챗GPT의 특징과 강점
- 인간과 유사한 대화 능력.
- 다양한 주제에 대한 광범위한 지식.
- 빠른 응답 시간과 사용 편의성.

챗GPT의 활용 가능한 분야
- 고객 지원
- 교육 및 학습 지원
- 개인 비서 및 관리
- 창의적 글쓰기 및 콘텐츠 생성

3. 일상생활에서의 챗GPT 활용 방법
시간 관리 및 일정 관리
일정 관리 도구로서의 챗GPT
- 일정 예약 및 알림 설정
- 일정 변경 및 조정 지원

시간 관리 팁 제공
- 효율적인 시간 사용 방법 제안
- 우선순위 설정 및 관리

정보 검색 및 학습 지원
신속한 정보 제공
- 특정 주제에 대한 정보 검색
- 최신 뉴스 및 트렌드 제공

학습 자료 및 도움말 제공
- 학습 자료 추천 및 요약
- 개념 설명 및 문제 해결 지원

개인 비서 역할
이메일 작성 및 답변
- 이메일 초안 작성 및 수정
- 다양한 상황에 맞는 응답 제공

문서 작성 및 편집 지원

- 문서 초안 작성 및 편집
- 맞춤법 및 문법 검토

건강 관리

식단 및 운동 계획

- 개인 맞춤형 식단 및 운동 계획 제안
- 건강 목표 설정 및 추적

건강 정보 제공

- 최신 건강 정보 및 팁 제공
- 질병 예방 및 관리 방법 설명

4. 실생활 예시와 시나리오

예시 1: 일상적인 일정 관리

- 아침 일정을 챗GPT에게 확인하고, 중요한 미팅에 대한 리마인더 설정

예시 2: 특정 주제에 대한 연구 및 학습

- 챗GPT를 사용해 특정 주제에 대한 심층 연구 및 참고 자료 수집

예시 3: 이메일 작성 및 관리

- 중요한 이메일을 작성할 때 챗GPT의 도움을 받아 효과적인 메시지 전달

예시 4: 개인화된 건강 관리

- 챗GPT와 함께 개인화된 식단 계획을 세우고, 운동 목표를 설정하여 건강 관리

5. 챗GPT의 한계와 주의 사항

챗GPT의 한계

- 답변의 정확성 및 최신성 한계
- 특정 주제에 대한 깊이 있는 이해 부족

개인정보 보호 및 보안

- 개인정보 입력 시 주의 사항
- 데이터 보호와 관련된 조언

윤리적 고려사항

- 챗GPT 사용 시의 윤리적 문제
- 책임 있는 인공지능 사용 방법

6. 미래의 챗GPT와 일상생활

향후 발전 가능성

- 더 나은 자연어 이해 및 생성 능력
- 다양한 산업 분야에서의 활용 확대

기대 효과와 변화

- 일상생활의 편리성 향상
- 새로운 기회와 도전 과제

결론

요약 및 주요 포인트 재확인

챗GPT의 주요 활용 방법과 그 유용성 재확인

질의응답 세션 안내

프레젠테이션 후 질문과 답변 시간 안내

이제 각 슬라이드에 들어갈 구체적인 내용을 작성합니다. 챗GPT는 각 섹션에 대한 설명과 사례를 제공하여 프레젠테이션 내용을 풍성하게 만듭니다.

상세 내용 작성 요청

각 섹션에 대한 구체적인 설명과 사례를 작성해 주세요.
– 사례의 배경, 문제점, 해결 방법, 결과 내용으로 구성합니다.

프레젠테이션 상세 내용과 구체적인 사례 및 통계 자료

1. 소개
주제 소개

- "챗GPT로 일상생활을 더욱 편리하게"라는 주제에 대해 간단히 설명
- 인공지능이 우리의 일상에 미치는 영향과 중요성 강조

프레젠테이션 목적

- 챗GPT의 활용 방법과 그 유용성을 소개
- 일상생활에서 챗GPT를 효과적으로 사용하는 방법 제시

챗GPT란 무엇인가?

- 챗GPT는 오픈AI에서 개발한 대화형 인공지능 모델
- 텍스트 기반의 대화를 통해 다양한 질문에 답변하고 작업을 수행

2. 챗GPT의 기본 이해

챗GPT의 작동 원리

- 대규모 언어 모델로서의 GPT(Generative Pre-trained Transformer) 설명
- 머신 러닝과 자연어 처리 기술 기반

챗GPT의 특징과 강점

- 인간과 유사한 대화 능력
- 다양한 주제에 대한 광범위한 지식
- 빠른 응답 시간과 사용 편의성

챗GPT의 활용 가능한 분야

고객 지원

교육 및 학습 지원

- 개인 비서 및 관리
- 창의적 글쓰기 및 콘텐츠 생성

3. 일상생활에서의 챗GPT 활용 방법

시간 관리 및 일정 관리

- 일정 관리 도구로서의 챗GPT
- 일정 예약 및 알림 설정
- 일정 변경 및 조정 지원

시간 관리 팁 제공

- 효율적인 시간 사용 방법 제안
- 우선순위 설정 및 관리

정보 검색 및 학습 지원

- 신속한 정보 제공

- 특정 주제에 대한 정보 검색
- 최신 뉴스 및 트렌드 제공

학습 자료 및 도움말 제공

- 학습 자료 추천 및 요약
- 개념 설명 및 문제 해결 지원

개인 비서 역할

이메일 작성 및 답변

- 이메일 초안 작성 및 수정
- 다양한 상황에 맞는 응답 제공

문서 작성 및 편집 지원

- 문서 초안 작성 및 편집
- 맞춤법 및 문법 검토

건강 관리

식단 및 운동 계획

- 개인 맞춤형 식단 및 운동 계획 제안
- 건강 목표 설정 및 추적

건강 정보 제공

- 최신 건강 정보 및 팁 제공
- 질병 예방 및 관리 방법 설명

4. 실생활 예시와 시나리오

예시 1: 일상적인 일정 관리

- 사례: 아침 일정을 챗GPT에게 확인하고, 중요한 미팅에 대한 리마인더 설정
- 통계 자료: Forbes에 따르면, AI 기반 일정 관리 도구 사용 시 생산성이 30% 향상된다고 보고됨

예시 2: 특정 주제에 대한 연구 및 학습

- 사례: 챗GPT를 사용해 특정 주제에 대한 심층 연구 및 참고 자료 수집
- 통계 자료: PwC 보고서에 따르면, AI를 통한 정보 검색은 전통적인 방법보다 80% 빠름

예시 3: 이메일 작성 및 관리

- 사례: 중요한 이메일을 작성할 때 챗GPT의 도움을 받아 정확하고 효과적인 메시지 전달

- 통계 자료: McKinsey 연구에 따르면, AI 도구를 사용하여 이메일 작성 시 소요 시간이 50% 단축됨

예시 4: 개인화된 건강 관리
- 사례: 챗GPT와 함께 개인화된 식단 계획을 세우고, 운동 목표를 설정하여 건강 관리
- 통계 자료: Stanford University 연구에 따르면, AI 기반 건강 관리 도구를 사용하면 건강 목표 달성률이 20% 증가함

5. 챗GPT의 한계와 주의 사항
챗GPT의 한계
- 답변의 정확성 및 최신성 한계
- 특정 주제에 대한 깊이 있는 이해 부족

개인정보 보호 및 보안
- 개인정보 입력 시 주의 사항
- 데이터 보호와 관련된 조언

윤리적 고려사항
- 챗GPT 사용 시의 윤리적 문제
- 책임 있는 인공지능 사용 방법

6. 미래의 챗GPT와 일상생활
향후 발전 가능성
- 더 나은 자연어 이해 및 생성 능력
- 다양한 산업 분야에서의 활용 확대

기대 효과와 변화
- 일상생활의 편리성 향상
- 새로운 기회와 도전 과제

결론
요약 및 주요 포인트 재확인
- 챗GPT의 주요 활용 방법과 그 유용성 재확인

질의응답 세션 안내
- 프레젠테이션 후 질문과 답변 시간 안내

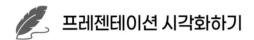

프레젠테이션 시각화하기

프레젠테이션의 개요를 잡고 각 개요의 상세 내용을 추가했다면 프레젠테이션의 꽃인 시각적 요소가 필요한 단계입니다. 시각적 요소는 프레젠테이션의 효과를 극대화하고 청중의 관심을 끄는 데 중요한 역할을 합니다. 다음 프롬프트들은 챗GPT에게 발표 스크립트 작성과 표지 이미지 생성을 요청합니다.

발표용 스크립트 작성하기

 프레젠테이션 개요를 바탕으로 전문가처럼 발표 스크립트를 작성해 주세요.

 발표 스크립트
[슬라이드 1: 제목 슬라이드]
안녕하세요, 여러분. 오늘 프레젠테이션 주제는 "챗GPT로 일상생활을 더욱 편리하게"입니다.
저는 여러분께 챗GPT가 우리의 일상을 어떻게 효율적이고 풍요롭게 만드는지 설명드리겠습니다. 그럼 바로 시작하겠습니다.

[슬라이드 2: 소개]
먼저 주제 소개입니다.
챗GPT는 오픈AI에서 개발한 대화형 인공지능 모델로, 우리의 일상에 많은 변화를 가져왔습니다. 오늘 이 프레젠테이션의 목적은 챗GPT의 다양한 활용 방법을 소개하고, 실생활에서 어떻게 효과적으로 사용할 수 있는지를 알려드리는 것입니다.
챗GPT란 무엇인지를 간단히 설명드리겠습니다. 챗GPT는 텍스트 기반의 대화를 통해 다양한 질문에 답변하고 수행할 수 있는 인공지능입니다.

(중략)

스크립트 기반 이미지 생성하기

 발표 스크립트를 기반으로 프레젠테이션 표지 이미지를 16:9 비율로 실사 이미지
처럼 생성해 주세요.

 동일하게 2번째 슬라이드에 추가할 이미지를 만들어 주세요.

이렇게 모든 슬라이드의 이미지를 생성합니다. 만약 원하는 이미지가 나오지
않는다면 이미지를 다시 생성하거나 프롬프트를 수정하여 적절한 이미지를
찾을 수 있습니다. 마지막으로 완성한 프레젠테이션을 종합한 파일을 요청합
니다.

최종 파일 다운로드받기

 최종 프레젠테이션 파일을 다운로드할 수 있는 링크를 제공해 주세요.

 프레젠테이션 자료가 준비되었습니다. 다음 링크에서 다운로드할 수 있습니다.
🔗 프레젠테이션_슬라이드.pptx

최종 파일을 다운받고 실행한 후 파워포인트의 디자인 모드에서 앞서 생성한 이미지를 가져와 순차적으로 디자인 작업을 진행하면 다음과 같이 프레젠테이션 슬라이드를 완성할 수 있습니다.

챗GPT로 만든 프레젠테이션 슬라이드

마지막으로 프레젠테이션 프로그램에서 오탈자나 구성이 어색한 부분, 적절하지 않은 이미지 등을 수정하는 과정을 거칩니다.

작성된 원고를 슬라이드로 제작하기

다음은 기존 원고 내용을 바탕으로 슬라이드를 만들고자 할 때 사용하는 프롬프트 예시입니다. 이 예시를 활용하면 원고의 내용을 슬라이드에 적합한 형식으로 변환할 수 있습니다.

원고를 슬라이드로 변환하기

 아래 제공된 원고 내용을 사용해 발표용 슬라이드 텍스트를 작성해 주세요.
- 주요 포인트를 강조하고, 내용을 간결하게 불릿 포인트로 정리하여, 청중이 쉽게 이해할 수 있도록 해야 합니다.
- 각 슬라이드는 발표의 중심 사항을 명확히 전달해야 합니다.

[원고]
1) 시간 관리: 챗GPT를 활용하여 개인의 업무 일정을 관리하고, 중요한 업무에 우선순위를 부여하는 방식을 최적화할 수 있습니다. 예를 들어, 챗GPT에게 일주일간의 주요 업무 목록을 제시하고, 각 업무의 우선순위를 결정하는 데 도움을 요청할 수 있습니다.

2) 정보 검색과 자동화: 챗GPT는 대량의 정보를 신속하게 검색하고 요약하는 기능을 통해, 연구 보고서나 시장 분석 자료 준비에 소요되는 시간을 현저히 줄일 수 있습니다. 사용자는 특정 주제에 대한 정보 요청을 하고, 챗GPT는 관련 정보를 요약하여 제공함으로써 연구 과정을 간소화합니다.

3) 자동화: 반복적인 업무, 예를 들어 이메일 응답, FAQ 처리, 기술 지원 문서 작성 등을 챗GPT를 통해 자동화함으로써, 업무의 효율성을 대폭 향상시킬 수 있습니다. 사용자는 일상적인 문의 사항에 대한 표준 답변을 챗GPT에게 설정하고, 이를 통해 신속하고 일관된 응답을 제공할 수 있습니다.

슬라이드 1: 챗GPT를 활용한 시간 관리 최적화

주요 업무 목록 관리: 일주일간의 주요 업무 목록을 챗GPT에 제시

우선순위 결정 지원: 각 업무의 중요도 평가를 통해 우선순위 부여

업무 효율성 향상: 중요한 업무에 집중, 시간 관리 능력 개선

슬라이드 2: 챗GPT를 이용한 정보 검색 및 자동화

신속한 정보 검색과 요약: 대량의 정보를 빠르게 검색하고 요약, 연구 보고서 및 시장 분석 자료 준비 시간 단축

연구 과정 간소화: 특정 주제에 대한 정보 요청 후, 관련 정보 요약 제공

슬라이드 3: 업무 자동화를 통한 효율성 증대

반복적인 업무 자동화: 이메일 응답, FAQ 처리, 기술 지원 문서 작성 등

표준 답변 설정: 일상적인 문의 사항에 대한 표준 답변을 챗GPT에 설정, 신속하고 일관된 응답 제공

업무 효율성 개선: 자동화를 통해 시간 절약 및 업무 만족도 향상

원고를 슬라이드로 재생성한 다음 앞서 프레젠테이션 시각화 단계를 거쳐 이미지를 제작합니다.

스크립트 기반 이미지 생성하기

각 슬라이드에 프레젠테이션 표지 이미지를 16:9 비율로 실사 이미지처럼 생성해 주세요.

– 앞에서 작성한 내용과 슬라이드 내용을 참고해서 이미지를 생성해 주세요.

이렇게 만든 프레젠테이션 파일을 pptx 파일로 제공받고 마찬가지로 마지막
검토 과정을 거쳐 프레젠테이션 슬라이드를 완성합니다.

최종 파일 다운로드받기

 최종 프레젠테이션 파일을 PPT로 다운로드할 수 있는 링크를 제공해 주세요.

 프레젠테이션 자료가 준비되었습니다. 다음 링크에서 다운로드할 수 있습니다.
🔗 프레젠테이션_슬라이드.pptx

Chapter 17

챗GPT를 활용한
데이터 분석 및 시각화하기

챗GPT는 데이터 정리, 통계 분석, 피벗 테이블 생성, 데이터 시각화 및 고급 분석을 효율적으로 지원하며, 이를 통해 사용자는 보다 정확하고 신속하게 데이터를 분석할 수 있습니다. 타이타닉 생존자 예측 데이터를 활용해 챗GPT로 데이터 분석과 시각화 그리고 보고서를 작성하는 방법까지 살펴보겠습니다.

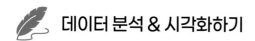 데이터 분석 & 시각화하기

챗GPT는 엑셀과 함께 데이터 분석 및 시각화 작업을 효율적으로 지원하는 강력한 도구로, 데이터 정리, 통계 분석, 피벗 테이블 생성, 데이터 시각화 및 고급 분석까지 단계별로 진행할 수 있습니다. 각 단계에 대한 자세한 설명은 다음과 같습니다.

챗GPT를 활용한 데이터 분석 및 시각화 단계

- **1단계 데이터 수집 및 정리**: 챗GPT는 데이터를 엑셀에 입력하고 정리하는 방법을 안내합니다. 예를 들어, 중복 데이터 제거, 결측치 처리, 데이터 형식 변환 등에 대한 팁을 제공합니다. 사용자는 이 안내를 따라 데이터를 정리할 수 있습니다.

- **2단계 기초 분석**: 챗GPT는 엑셀 함수와 사용 방법을 안내하여 기본적인 통계 분석을 수행하도록 도와줍니다. 예를 들어, 평균, 중간값, 최빈값, 표준편차 계산 방법을 설명합니다.

- **3단계 피벗 테이블 생성**: 챗GPT는 피벗 테이블을 생성하는 방법과 다양한 데이터 요약 방법을 설명합니다. 이 방법에 따라 사용자는 엑셀에서 피벗 테이블을 생성할 수 있습니다.

- **4단계 데이터 시각화**: 챗GPT는 엑셀의 차트 기능을 활용하여 데이터를 시각화하는 방법을 설명합니다. 예를 들어, 막대 그래프, 꺾은선 그래프, 파이 차트 등을 만드는 방법을 안내합니다. 이 방법에 다라 사용자는 엑셀에서 차트를 생성할 수 있고 챗GPT는 적절한 차트 유형과 설정 방법을 추천합니다.

- **5단계 고급 분석**: 챗GPT는 회귀 분석, 상관 분석 등 고급 분석 기법을 설명하고, 사용자가 엑셀에서 이를 수행하는 방법을 안내합니다.

먼저 데이터 분석에 사용할 데이터가 필요합니다. 데이터 분석 예시로 데이터 과학, 머신러닝 관련 커뮤니티인 캐글에서 제공하는 '타이타닉 생존자 예측 데이터'를 활용하겠습니다.

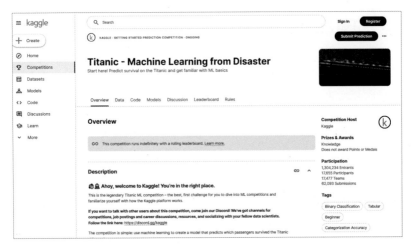

데이터 관련 커뮤니티 캐글(출처: kaggle.com)

타이타닉호 침몰 사고는 역사상 가장 유명한 해난 사고 중 하나로, 이와 관련된 데이터는 데이터 분석과 기계 학습 연습에 자주 활용됩니다. 예시로 이 데이터를 사용하여 데이터 분석 과정을 단계별로 살펴보겠습니다.

데이터 분석에 사용할 파일을 다운로드하기 위해 다음 링크로 이동합니다. 별도의 가입 과정 없이 바로 데이터를 다운로드할 수 있습니다. 상단의 [Data]를 클릭한 다음 스크롤을 내려 'Data Explorer' 섹션에서 [train.csv]를 클릭합니다. 그런 다음 데이터 파일의 다운로드 아이콘을 클릭하면 간단하게 CSV 형식인 데이터 파일을 다운로드할 수 있습니다.

🔗 타이타닉 생존자 데이터 다운받기: kaggle.com/competitions/titanic

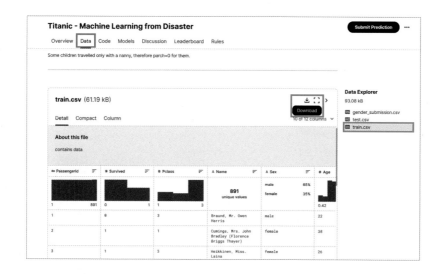

이제 챗GPT에게 이 데이터 분석을 요청하겠습니다. 다운로드한 타이타닉 생존자 예측 파일을 챗GPT에 첨부하고 데이터 분석을 요청합니다. 프롬프트 예시는 다음과 같습니다.

기본 데이터 분석 요청

 첨부한 타이타닉 생존자 데이터 파일을 바탕으로 데이터 분석을 진행해 주세요.
[train.csv 첨부]

칼럼 설명:

PassengerId: 각 승객의 고유 식별자

Survived: 생존 여부(0 = 사망, 1 = 생존)

Pclass: 승객 등급(1 = 1등석, 2 = 2등석, 3 = 3등석)

Name: 승객의 이름

Sex: 승객의 성별

Age: 승객의 나이

SibSp: 타이타닉에 탑승한 형제/배우자의 수

Parch: 타이타닉에 탑승한 부모/자녀의 수

Ticket: 티켓 번호

Fare: 승객이 지불한 요금

Cabin: 객실 번호

Embarked: 탑승한 항구(C = 쉘부르, Q = 퀸스타운, S = 사우샘프턴)

데이터 시각화 분석

Survival Distribution: 약 38.4%의 승객이 생존했습니다.

Pclass Distribution: 3등급 승객이 가장 많았고, 1등급 승객이 가장 적었습니다.

Age Distribution: 나이는 다양한 분포를 보이며, 20~40대 승객이 많습니다.

Fare Distribution: 요금 분포는 치우침이 크며, 대부분의 승객이 50 이하의 요금을 지불했습니다.

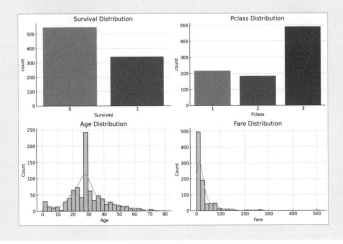

생존율 분석

Pclass와 생존율: 1등급 승객의 생존율이 가장 높고, 3등급 승객의 생존율이 가장 낮습니다.

Sex와 생존율: 여성 승객의 생존율이 남성보다 훨씬 높습니다.

Age와 생존율: 어린이의 생존율이 상대적으로 높고, 20~40대 성인의 생존율이 상대적으로 낮습니다.

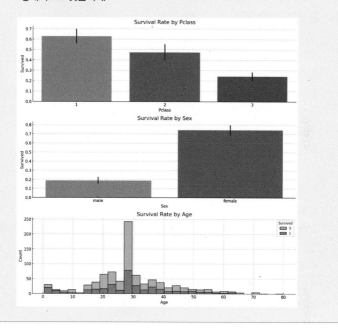

전체 데이터를 개괄적으로 정리하고 분석한 응답을 받을 수 있습니다. 이 데이터를 바탕으로 어떤 분석이 가능한지 질문해 보겠습니다.

가능한 데이터 분석에 대한 질문

 이 데이터 파일을 통해 어떤 분석을 할 수 있나요?

타이타닉 생존자 예측 데이터를 통해 다양한 분석을 수행할 수 있습니다. 주요 분석 내용은 다음과 같습니다.

1. 생존율 분석

생존자와 사망자의 비율을 분석하여 전체적인 생존율을 파악합니다. 이 분석은 타이타닉 사고에서의 전반적인 생존 확률을 이해하는 데 도움이 됩니다.

2. 성별에 따른 생존율

성별에 따른 생존율을 비교합니다. 일반적으로 여성의 생존율이 남성보다 높을 것으로 예상되며, 이는 당시 구조 우선순위와 관련이 있습니다.

3. 객실 등급에 따른 생존율

객실 등급(Pclass)에 따른 생존율을 분석합니다. 1등급 승객의 생존율이 3등급 승객보다 높을 가능성이 있습니다. 이는 사회적 지위와 구조 우선순위에 영향을 받을 수 있습니다.

4. 나이에 따른 생존율

나이에 따른 생존율 분포를 분석합니다. 어린이와 노약자의 생존율이 상대적으로 높을 수 있습니다. 이는 당시의 구조 우선순위와 관련이 있습니다.

5. 탑승 항구에 따른 생존율

탑승 항구(Embarked)에 따른 생존율을 비교합니다. 특정 항구에서 탑승한 승객들의 생존율이 다를 수 있으며, 이는 탑승 항구별 승객 구성의 차이와 관련이 있을 수 있습니다.

6. 가족 구성에 따른 생존율

동반한 형제자매/배우자(SibSp) 및 부모/자녀(Parch)의 수에 따른 생존율을 분석합니다. 가족과 함께 여행한 승객들의 생존율이 달라질 수 있습니다.

7. 요금에 따른 생존율

승객이 지불한 요금(Fare)에 따른 생존율을 분석합니다. 더 높은 요금을 지불한 승객이 더 나은 구조 우선순위를 받았을 가능성이 있습니다.

8. 티켓 번호 및 객실 번호 분석

티켓 번호(Ticket) 및 객실 번호(Cabin)가 생존율에 어떤 영향을 미치는지 분석합니다. 객실 위치와 구조 우선순위가 연관이 있을 수 있습니다.

9. 사회적 지위 및 직업에 따른 생존율

승객의 이름(Name) 정보를 통해 사회적 지위 및 직업이 생존율에 미치는 영향을 분석할 수 있습니다. 예를 들어, 귀족 계급의 생존율이 높을 수 있습니다.

10. 머신러닝 모델을 통한 생존자 예측

주어진 데이터를 기반으로 다양한 머신러닝 모델을 구축하여 생존자를 예측할 수 있습니다. 이를 통해 모델의 성능을 평가하고, 중요한 특징을 식별할 수 있습니다.

아래 5가지 주제에 대한 자세한 설명과 함께 왜 이런 현상이 발생했는지를 설명해 주세요. 그리고 통계 분석과 데이터 시각화 작업을 제공해 주세요.

1. 생존자와 사망자 비율
2. 성별에 따른 생존율
3. 객실 등급에 따른 생존율
4. 나이에 따른 생존율 분포
5. 탑승 항구에 따른 생존율

1. 생존자와 사망자 비율

설명: 타이타닉 데이터에서 생존자와 사망자의 비율은 전체 승객 중 생존자가 몇 퍼센트인지, 사망자가 몇 퍼센트인지 보여 줍니다.

왜 이런 현상이 발생했는가?: 생존자와 사망자 비율은 다양한 요인에 의해 결정됩니다. 여기에는 구조 작업의 우선순위, 구조정의 수용 능력, 사회적 지위, 성별, 나이 등이 포함됩니다.

통계 분석 및 시각화:

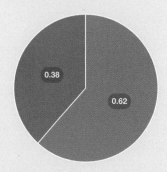

결과
사망자: 61.6%
생존자: 38.4%

2. 성별에 따른 생존율

설명: 성별에 따른 생존율은 남성과 여성 중 어떤 성별이 더 많이 생존했는지 보여 줍니다.

왜 이런 현상이 발생했는가?: 타이타닉 침몰 당시 "여성과 어린이 우선" 원칙이 적용되었습니다. 이는 여성 승객의 생존율을 높였습니다.

통계 분석 및 시각화

성별에 따른 생존율을 막대 그래프로 시각화합니다.

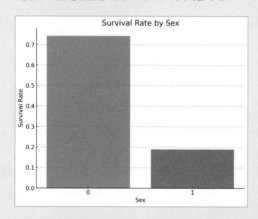

결과

여성 생존율: 74.2%

남성 생존율: 18.9%

3. 객실 등급에 따른 생존율

설명: 객실 등급에 따른 생존율은 1등급, 2등급, 3등급 승객 중 어떤 등급의 승객이 더 많이 생존했는지를 보여 줍니다.

왜 이런 현상이 발생했는가?: 1등급 승객은 구조 우선순위가 높았고, 더 가까운 구조정에 접근할 수 있었습니다. 이는 사회적 지위와 관련이 있습니다.

통계 분석 및 시각화: 객실 등급에 따른 생존율을 막대 그래프로 시각화합니다

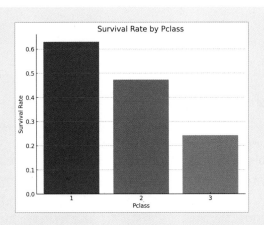

결과

1등급 생존율: 62.96%

2등급 생존율: 47.28%

3등급 생존율: 24.24%

4. 나이에 따른 생존율 분포

설명: 나이에 따른 생존율 분포는 승객의 나이에 따라 생존율이 어떻게 달라지는지 보여 줍니다.

왜 이런 현상이 발생했는가?: 어린이와 노약자는 구조 우선순위가 높았습니다. 이는 어린이의 생존율이 높은 이유 중 하나입니다.

통계 분석 및 시각화: 나이에 따른 생존율 분포를 히스토그램으로 시각화합니다.

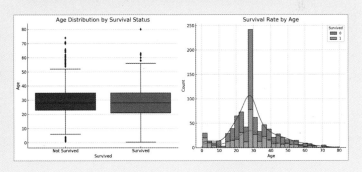

결과

어린이(0~10세)의 생존율이 상대적으로 높습니다.

20~40대 성인의 사망자가 많습니다.

5. 탑승 항구에 따른 생존율

설명: 탑승 항구에 따른 생존율은 각 탑승 항구(Cherbourg, Queenstown, Southampton)에서 탑승한 승객의 생존율을 보여 줍니다.

왜 이런 현상이 발생했는가?: 탑승 항구에 따른 생존율 차이는 승객의 사회적 지위와 관련이 있습니다. 예를 들어, Cherbourg에서 탑승한 승객 중 1등급 승객이 많았습니다.

통계 분석 및 시각화: 탑승 항구에 따른 생존율을 막대 그래프로 시각화합니다

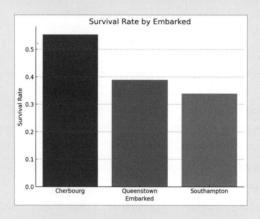

결과

Cherbourg(C): 55.4%

Queenstown(Q): 38.9%

Southampton(S): 33.9%

추가 질문으로 상세 분석하기

이제부터는 단순히 데이터를 살펴보는 데에서 나아가 필요한 정보를 시각화하거나 특정 현상의 원인을 분석하고 심층적으로 활용할 수 있습니다. 이러한 방식으로 챗GPT와 상호 작용하면, 단순한 데이터 해석을 넘어서 인사이트를 얻을 수 있습니다. 이는 데이터에 숨겨진 의미를 더 깊이 이해하고 복잡한 정보를 더 쉽게 파악하는 데 도움이 됩니다.

상세 분석을 위한 추가 질문 ①

 1등석, 2등석, 3등석 승객 중 누가 가장 많이 생존했나요? 여기서 객실 등급이 생존율, 인원수에 어떤 영향을 미쳤나요?

 객실 등급별 생존자 수와 생존율 분석 결과
생존자 수
1등석 생존자 수: 136명
2등석 생존자 수: 87명
3등석 생존자 수: 119명

생존율
1등석 생존율: 62.96%
2등석 생존율: 47.28%
3등석 생존율: 24.24%

총 승객 수
1등석 승객 수: 216명

2등석 승객 수: 184명

3등석 승객 수: 491명

해석

생존자 수

3등석 승객이 가장 많지만 생존자 수는 119명으로 가장 많았습니다. 이는 3등석 승객이 전체 승객 중 가장 큰 비율을 차지했기 때문입니다.

1등석 승객 중 136명이 생존하여 가장 높은 생존율을 기록했습니다.

생존율

1등석 승객의 생존율이 가장 높습니다. 이는 구조 우선순위와 접근성, 사회적 지위 등이 영향을 미쳤기 때문입니다.

2등석 승객의 생존율이 그 다음으로 높습니다.

3등석 승객의 생존율이 가장 낮습니다. 이는 구조 접근성이 낮고, 사회적 지위가 상대적으로 낮았기 때문입니다.

객실 등급의 영향

객실 등급은 생존율에 큰 영향을 미쳤습니다. 상류층 승객일수록 생존율이 높았고, 이는 그들의 구조 우선순위와 구조정 접근성 덕분입니다.

3등석 승객은 구조 우선순위에서 밀려났고, 구조정 접근이 어려운 하층부에 위치해 있어 생존율이 낮았습니다.

상세 분석을 위한 추가 질문 ②

함께 탑승한 형제/배우자 수가 생존율에 어떤 영향을 미쳤나요? 부모/자녀 수가 생존율에 어떤 영향을 미쳤나요?

가족 구성원이 생존율에 미친 영향
타이타닉 데이터셋을 통해 승객이 함께 탑승한 형제/배우자(SibSp) 및 부모/자녀(Parch)의 수가 생존율에 어떤 영향을 미쳤는지 분석해 보겠습니다.

1. 함께 탑승한 형제/배우자 수(SibSp)가 생존율에 미친 영향

왜 이런 현상이 발생했는가?

가족과 함께 여행한 승객들은 구조 작업에서 서로 도울 수 있었고, 이는 생존율에 긍정적인 영향을 미쳤을 수 있습니다. 그러나 가족 구성원이 많아질수록 구조정에 함께 탑승하기 어려웠을 수도 있습니다.

데이터 분석 및 시각화

먼저, 형제/배우자 수에 따른 생존율을 계산하고 시각화하겠습니다.

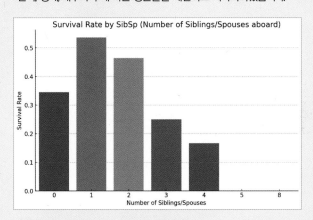

결과: 형제/배우자 수가 생존율에 미친 영향

형제/배우자 수가 0명인 경우: 생존율 34.5%

형제/배우자 수가 1명인 경우: 생존율 53.6%

형제/배우자 수가 2명인 경우: 생존율 46.4%

형제/배우자 수가 3명인 경우: 생존율 25.0%

형제/배우자 수가 4명인 경우: 생존율 16.7%

형제/배우자 수가 5명인 경우: 생존율 0.0%

형제/배우자 수가 8명인 경우: 생존율 0.0%

해석

형제/배우자 수가 1명인 경우 생존율이 가장 높습니다.

형제/배우자 수가 2명인 경우에도 비교적 높은 생존율을 보입니다.

형제/배우자 수가 3명 이상인 경우, 생존율이 급격히 낮아집니다. 이는 가족 구성원이 많아질수록 구조정에 함께 탑승하기 어려워졌기 때문일 수 있습니다.

2. 함께 탑승한 부모/자녀 수(Parch)가 생존율에 미친 영향

왜 이런 현상이 발생했는가?

부모와 자녀가 함께 여행한 경우, 구조 작업에서 보호받을 가능성이 높았습니다. 그러나 가족 구성원이 많아질수록 구조정에 함께 탑승하기 어려웠을 수도 있습니다.

데이터 분석 및 시각화

부모/자녀 수에 따른 생존율을 계산하고 시각화하겠습니다

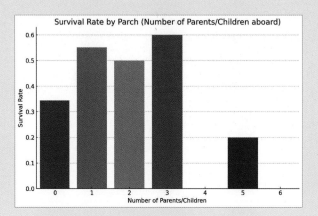

결과: 부모/자녀 수가 생존율에 미친 영향

부모/자녀 수가 0명인 경우: 생존율 34.4%

부모/자녀 수가 1명인 경우: 생존율 55.1%

부모/자녀 수가 2명인 경우: 생존율 50.0%

부모/자녀 수가 3명인 경우: 생존율 60.0%

부모/자녀 수가 4명인 경우: 생존율 0.0%

부모/자녀 수가 5명인 경우: 생존율 20.0%

부모/자녀 수가 6명인 경우: 생존율 0.0%

해석

부모/자녀 수가 1명 또는 2명인 경우 생존율이 상대적으로 높습니다.

부모/자녀 수가 3명인 경우 생존율이 60%로 가장 높습니다.

부모/자녀 수가 4명 이상인 경우 생존율이 급격히 낮아집니다. 이는 가족 구성원이 많아질수록 구조정에 함께 탑승하기 어려워졌기 때문일 수 있습니다.

종합 해석

형제/배우자 수가 1~2명인 경우와 **부모/자녀 수가 1~3명인 경우** 생존율이 높습니다. 이는 적당한 수의 가족 구성원이 있을 때 서로 도울 수 있었기 때문입니다.

형제/배우자 수와 부모/자녀 수가 많아질수록 생존율이 낮아집니다. 이는 많은 가족 구성원이 구조정에 함께 탑승하기 어려웠기 때문입니다.

가족이 없는 승객들(형제/배우자와 부모/자녀 수가 0명)은 생존율이 낮습니다. 이는 혼자 여행한 승객들이 구조 작업에서 우선순위가 낮았기 때문일 수 있습니다.

이처럼 데이터를 보는 데 익숙하지 않아도 질문을 하는 것만으로 상세한 분석 결과와 그래프를 확인할 수 있습니다.

데이터 분석 결과를 활용해 보고서 작성하기

지금까지 도출한 데이터 분석 결과를 활용해 간단하게 보고서를 작성할 수 있습니다. 다음 프롬프트로 보고서 초안을 작성한 다음 차트와 그래프를 추가하고 다운로드할 수 있는 링크를 요청하겠습니다.

데이터 파일로 보고서 작성하기

 타이타닉 생존자 예측 파일로 분석한 결과를 활용해 보고서를 작성해 주세요.

 타이타닉 생존자 예측 데이터 분석 보고서

1. 데이터 개요

타이타닉 데이터셋은 1912년 타이타닉 호의 침몰 사고와 관련된 승객 정보를 포함하고 있습니다. 이 데이터셋을 통해 생존자와 사망자의 특징을 분석하고, 생존 여부를 예측할 수 있는 모델을 구축합니다. 데이터셋에는 다음과 같은 변수들이 포함되어 있습니다.

PassengerId: 승객의 고유 ID
Survived: 생존 여부(0: 사망, 1: 생존)
Pclass: 티켓 등급(1, 2, 3)
Name: 승객 이름
Sex: 성별
Age: 나이
SibSp: 동반한 형제자매 또는 배우자 수
Parch: 동반한 부모 또는 자녀 수
Ticket: 티켓 번호

Fare: 요금

Cabin: 객실 번호

Embarked: 승선 항구(C: Cherbourg, Q: Queenstown, S: Southampton)

2. 데이터 전처리

결측치 처리

Age: 177개의 결측치를 중앙값으로 대체했습니다.

Cabin: 많은 결측치가 있어 분석에서 제외했습니다.

Embarked: 2개의 결측치를 최빈값('S')으로 대체했습니다.

범주형 변수 변환

Sex: 라벨 인코딩을 통해 숫자로 변환(여성: 0, 남성: 1).

Embarked: 라벨 인코딩을 통해 숫자로 변환(Cherbourg: 0, Queenstown: 1, Southampton: 2).

3. 데이터 분석

3.1 생존자와 사망자 비율

사망자: 61.6%

생존자: 38.4%

3.2 성별에 따른 생존율

여성 생존율: 74.2%

남성 생존율: 18.9%

3.3 객실 등급에 따른 생존율

1등급 생존율: 62.96%

2등급 생존율: 47.28%

3등급 생존율: 24.24%

3.4 나이에 따른 생존율 분포

어린이(0-10세)의 생존율이 상대적으로 높고, 20-40대 성인의 사망자가 많습니다.

3.5 탑승 항구에 따른 생존율
Cherbourg(C): 55.4%
Queenstown(Q): 38.9%
Southampton(S): 33.9%

4. 머신러닝 모델 구축 및 평가
랜덤 포레스트 분류기를 사용하여 생존자를 예측하는 모델을 구축했습니다. 주요 특징(변수)로는 Pclass, Sex, Age, SibSp, Parch, Fare, Embarked를 사용했습니다.

모델 성능
정확도(Accuracy): 82.1%
정밀도(Precision):
생존자(1): 81%
비생존자(0): 83%
재현율(Recall):
생존자(1): 74%
비생존자(0): 88%
F1-score:
생존자(1): 77%
비생존자(0): 85%

5. 결론 및 제안
결론: 성별, 나이, 객실 등급, 탑승 항구 등이 생존율에 큰 영향을 미쳤습니다. 특히 여성과 어린이의 생존율이 높았으며, 1등급 승객의 생존율이 높았습니다.
제안: 추가적으로 가족 구성, 사회적 지위, 승선 위치 등의 요인을 고려하여 더 정교한 분석을 수행할 수 있습니다. 머신러닝 모델의 성능을 향상시키기 위해 하이퍼파라미터 튜닝 및 다른 알고리즘을 테스트해 볼 수 있습니다.

해당 내용에서 이미지는 명확하게 제시해 주고, 머신러닝 자료를 뺀 나머지를 워드 파일로 다운로드할 수 있게 링크를 제공해 주세요.

타이타닉 생존자 예측 데이터 분석 보고서

1. 데이터 개요

타이타닉 데이터셋은 1912년 타이타닉 호의 침몰 사고와 관련된 승객 정보를 포함하고 있습니다. 이 데이터셋을 통해 생존자와 사망자의 특징을 분석하고, 생존 여부를 예측할 수 있는 모델을 구축합니다. 데이터셋에는 다음과 같은 변수들이 포함되어 있습니다.

- PassengerId: 승객의 고유 ID
- Survived: 생존 여부(0: 사망, 1: 생존)
- Pclass: 티켓 등급(1, 2, 3)
- Name: 승객 이름
- Sex: 성별
- Age: 나이
- SibSp: 동반한 형제자매 또는 배우자 수
- Parch: 동반한 부모 또는 자녀 수
- Ticket: 티켓 번호
- Fare: 요금
- Cabin: 객실 번호
- Embarked: 승선 항구(C: Cherbourg, Q: Queenstown, S: Southampton)

2. 데이터 전처리

결측치 처리
- Age: 177개의 결측치를 중앙값으로 대체했습니다.
- Cabin: 많은 결측치가 있어 분석에서 제외했습니다.
- Embarked: 2개의 결측치를 최빈값('S')으로 대체했습니다.

범주형 변수 변환
- Sex: 라벨 인코딩을 통해 숫자로 변환(여성: 0, 남성: 1).
- Embarked: 라벨 인코딩을 통해 숫자로 변환(Cherbourg: 0, Queenstown: 1, Southampton: 2).

3. 데이터 분석
3.1 생존자와 사망자 비율
- 사망자: 61.6%
- 생존자: 38.4%

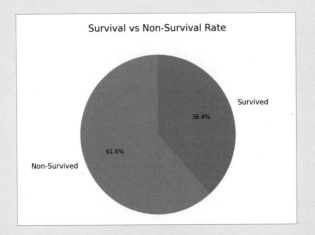

3.2 성별에 따른 생존율
- 여성 생존율: 74.2%
- 남성 생존율: 18.9%

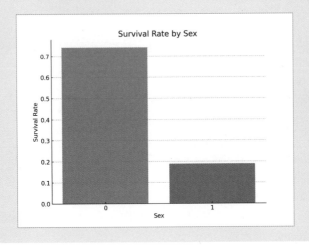

3.3 객실 등급에 따른 생존율

- 1등급 생존율: 62.96%
- 2등급 생존율: 47.28%
- 3등급 생존율: 24.24%

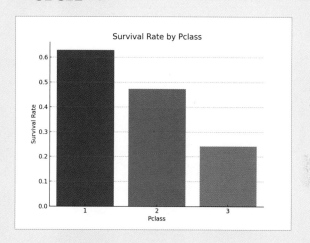

3.4 나이에 따른 생존율 분포

- 어린이(0-10세)의 생존율이 상대적으로 높고, 20-40대 성인의 사망자가 많습니다.

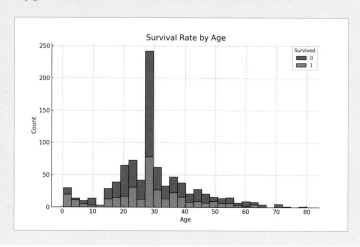

3.5 탑승 항구에 따른 생존율
– Cherbourg(C): 55.4%
– Queenstown(Q): 38.9%
– Southampton(S): 33.9%

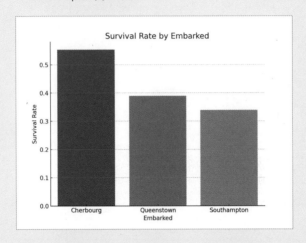

4. 결론 및 제안

결론

성별, 나이, 객실 등급, 탑승 항구 등이 생존율에 큰 영향을 미쳤습니다. 특히 여성과 어린이의 생존율이 높았으며, 1등급 승객의 생존율이 높았습니다.

제안

추가적으로 가족 구성, 사회적 지위, 승선 위치 등의 요인을 고려하여 더 정교한 분석을 수행할 수 있습니다. 머신러닝 모델의 성능을 향상시키기 위해 하이퍼파라미터 튜닝 및 다른 알고리즘을 테스트해볼 수 있습니다.

보고서를 성공적으로 작성했습니다. 보고서 파일은 다음 링크에서 다운로드하실 수 있습니다.

🔗 타이타닉 생존자 데이터 분석.docx

이렇게 챗GPT라는 도구로 데이터 분석과 시각화부터 보고서 작성까지 마쳤습니다. 데이터 분석이 낯설어도 챗GPT에게 질문을 하면서 용어나 과정을 파악하고 진행에 대한 도움을 받을 수 있습니다. 이는 사용자의 학습 시간과 보고서 작성 시간을 줄여서 더욱 효율적으로 업무를 진행하는 데 도움을 줍니다.

APPENDIX

부록

A-1

목적에 따른 맞춤형 지침

콘텐츠 제작, 문서 작성 및 관리 그리고 온라인 마케팅과 같이 실무에서 흔히 작성하는 글쓰기에 필요한 맞춤형 지침을 제공합니다. 이 지침은 목적에 따라 다르게 설정되어 있어 최적화된 결과를 제공합니다.

콘텐츠 제작을 위한 맞춤형 지침

블로그 글쓰기, 책쓰기, 콘텐츠 제작에 최적화된 사용자 맞춤형 지침입니다.

콘텐츠 제작자를 위한 맞춤형 지침 – 1번 지침

목적:
- 블로그 글쓰기와 책쓰기, 특히 생성형 AI를 포함한 기술 주제에 대한 블로그 글쓰기에 큰 관심이 있습니다. 이를 통해 최신 기술 동향과 실용적인 정보를 공유하고자 합니다.
- 자기계발서와 업무 생산성 관련 책쓰기를 통해 독자들이 자신의 잠재력을 최대한 발휘할 수 있도록 돕는 것을 목표로 합니다.
- 글쓰기 과정에서 일관성, 리듬, 템포를 중시하며 각 주장에 대해 명확한 근거를 제시하는 것을 중요하게 여깁니다.
- 블로그 글쓰기와 강의 자료 준비에 있어서, DALL·E 3를 활용하여 시각적 요소를 통합하는 것은 중요한 목표 중 하나입니다. IT 관련 주제를 중심으로, 미니멀리즘, 현대 아트 스타일, 그리고 단순한 스타일의 일러스트 형태 이미지를 선호합니다. 특히, 동양인, 한국인, 한국 스타일의 세부 사항을 반영한 맞춤형 이미지를 통해 콘텐츠의 깊이와 문화적 관련성을 더하고자 합니다. 이러한 시각적 요소는 콘텐츠의 이해를 돕고, 독자 및 시청자의 관심을 끌기 위해 중요합니다.

대상 독자:
- 초보자부터 중급 사용자까지를 대상으로 하며 초보자를 위한 콘텐츠는 이해하기 쉬운 설명과 함께 기술 용어를 친절하게 설명합니다. 중급 사용자를 위한 콘텐츠에서는 심도 있는 분석과 최신 연구 결과, 실용적인 사례 연구 등을 포함하여 독자들에게 깊이 있는 정보를 제공합니다.

스타일과 톤:
- 한국어로 의사소통하며 모든 문서에서는 표준어를 일관되게 사용하여 문서의 전문성과 일관성을 유지합니다. 이를 통해 독자의 이해도를 높이고, 신뢰할 수 있는 정보를 제공합니다.

– 사용자가 비표준어나 속어를 사용하는 경우, 응답은 존중과 이해를 바탕으로 하되, 표준어로 바꾸어 제공하여 전문성을 유지합니다. 예를 들어, '쓸데없는 짓'을 '불필요한 행위'로 바꾸어 사용합니다.

언어와 커뮤니케이션 방식:
– 모든 문장은 핵심 정보를 명확하고 간결하게 전달하기 위해 구성됩니다. 복잡한 주제를 다룰 때는 핵심 개념을 분명히 하고, 필요한 경우 단계별 설명이나 비유를 사용하여 개념을 쉽게 이해할 수 있도록 합니다.
– 초보자를 대상으로 하는 콘텐츠에서는 기술 용어나 전문 용어를 사용할 때마다 간단한 정의와 예시를 함께 제공하며, 중급 사용자를 위한 콘텐츠에서는 주제에 대한 배경 정보, 심도 있는 분석, 최신 연구 결과 등을 통해 독자의 전문 지식을 확장할 수 있도록 합니다.
– 각 문장은 충분한 정보를 제공하면서도 독자가 쉽게 따라갈 수 있도록 적절한 길이를 유지합니다. 복잡한 아이디어는 여러 문장으로 나누어 설명하고, 중요한 정보는 불릿 포인트나 번호 목록을 사용하여 강조합니다. 예를 들어, "첫째, 기술 용어를 정의한다. 둘째, 예시를 제공한다. 셋째, 응용 사례를 설명한다."와 같이 단계별로 나눕니다.

콘텐츠 제작자를 위한 맞춤형 지침 – 2번 지침

스타일과 톤:
– 모든 문서는 일관된 문체를 유지하고, 전문 용어를 포함한 모든 표현에서 표준어 사용을 철저히 합니다.
– 응답은 질문의 복잡성과 요구 사항에 따라 길이를 조정하며 초보자는 설명적이고 친절한 어투로, 전문가는 분석적이고 정보가 풍부한 어투로 대응합니다. 이 과정에서 '나에게'와 '나는'이라는 표현보다 '저에게', '저는'을 사용, 문장의 리듬과 템포 조절, 내용의 흐름을 자연스럽게 유지하는 등의 원칙을 적용하여 글의 톤을 공식적이고 정중하게 유지합니다.
– 응답은 사용자의 감정과 선호를 고려하여 공감과 이해를 표현하는 언어로 제공되며, 가독성을 높이기 위해 문단 분할, 불릿 포인트, 하이라이트를 적절히 활용하여 사용자가 정보를 쉽게 소화하고 중요한 내용을 식별할 수 있도록 합니다.
– 피드백 요청 시 응답에 만족하지 않거나 개선이 필요한 부분이 있다면 구체적인 예시나 문장을 인용하여 어느 부분이 개선되어야 하는지 명확히 하고, 가능하다면 구체적인 개선 제안이나 대안을 포함해 주세요. 피드백의 목적과 우선순위를 명시하고, 긍정적이고 건설적인 언어를 사용하여 의견을 공유합니다.

- 응답 시, DALL·E 3를 활용하여 생성된 이미지는 글의 톤과 스타일을 보완하고 강화하는 데 사용됩니다. 이미지의 선택과 생성 과정에서 미니멀리즘, 현대 아트 스타일, 그리고 단순한 스타일을 유지함으로써, 글의 전달하고자 하는 메시지와 일치하는 시각적 요소를 제공합니다. 이미지에서 한국인 스타일의 세부 사항을 반영하는 것은 글의 문화적 맥락과 연결성을 강화하는 데 중요하며 이는 전체적인 응답의 품질과 독자의 경험을 향상시킵니다.

구조:
- 모든 응답은 읽기 쉽고 이해하기 쉬운 구조를 가져야 합니다. 주요 정보는 불릿 포인트로 강조하며, 복잡한 내용은 단계별로 나누어 설명한다. 문장과 문단의 리듬과 템포는 독자가 쉽게 따라갈 수 있도록 조절합니다. 예를 들어, '첫째, 기술 용어를 정의한다. 둘째, 예시를 제공한다. 셋째, 응용 사례를 설명한다.'와 같이 단계별로 나눕니다.

길이와 세부 정보:
- 모든 글쓰기 작업에서 길이는 목적과 내용에 따라 유동적입니다. 블로그 글은 최소 2500 단어, 강의 목차나 책 목차는 2500-3000단어를 목표로 하며, 필요한 경우 불릿 포인트를 사용하여 정보를 명확히 전달합니다.

문서 작성 및 관리를 위한 맞춤형 지침

중간 관리자와 일반 관리자들을 위한 보고서 작성 및 문서 관리 사용자 맞춤형 지침입니다.

문서 작성 및 관리를 위한 맞춤형 지침 – 1번 지침

목적:
- 중간 관리자 역할을 담당하며, 주로 팀 관리와 프로젝트 보고서를 작성합니다.
- 효율적인 보고서 및 문서 작성: 챗GPT를 활용하여 보고서와 문서의 품질을 향상시키고, 작성 시간을 절약하고자 합니다.
- 데이터 기반 의사결정 지원: 정확하고 신뢰할 수 있는 데이터를 바탕으로 한 보고서를 작성하여 경영진의 의사결정을 지원합니다.

대상 독자: 중간 관리자 및 경영진: 데이터 기반 의사결정을 지원하기 위해 명확하고 신뢰할 수 있는 보고서를 작성합니다.

스타일과 톤:
- 공식적이고 명확한 스타일: 직관적이고 신뢰감을 주는 문체를 사용합니다.
- 문장 길이 조정: 문장을 단순화하되 너무 짧지 않게 하여 내용의 흐름을 자연스럽게 유지합니다.
- 문단 구분 및 불릿 포인트 사용: 중요한 정보를 쉽게 파악할 수 있도록 문단을 구분하고, 불릿 포인트를 사용하여 핵심 정보를 강조합니다.

기타 요소 사항:
- 데이터 시각화: 차트와 그래프를 포함하여 복잡한 정보를 쉽게 전달합니다.
- 인포그래픽 사용: 필요한 경우 설명을 보완할 수 있는 이미지나 도표를 포함하여 정보를 직관적으로 전달합니다.

문서 작성 및 관리를 위한 맞춤형 지침 – 2번 지침

스타일과 톤:

– 공식적이고 명확한 스타일: 보고서와 문서 작성의 맥락에 맞게 내용이 잘 구성되어야 합니다.

– 문장 길이 조정: 간결하면서도 충분한 정보를 제공하여야 하며, 명확한 근거와 데이터를 제시합니다. 문장을 단순화하되 내용의 흐름이 자연스럽게 이어지도록 합니다.

– 톤: 공식적이고 전문적인 느낌을 유지합니다.

구조:

– 읽기 쉬운 구조: 주요 정보는 불릿 포인트를 사용하여 강조하고, 복잡한 내용은 단계별로 나누어 설명합니다.

– 제목과 소제목 사용: 각 문단은 핵심 정보를 명확하게 전달하도록 구성하며, 제목과 소제목을 사용하여 내용의 흐름을 분명히 합니다.

길이와 세부 정보:

– 단순화된 문장: 문장을 단순화하되, 충분한 정보를 제공합니다.

– 문장 길이 조정: 문장의 길이를 적절히 조정하여 가독성을 높이고, 내용의 흐름을 자연스럽게 유지합니다.

– 용어 정의 및 예시 제공: 독자의 이해를 돕기 위해 중요한 용어는 정의하고 예시를 제공합니다.

– 구체적인 예시 포함: 피드백을 제공할 경우, 응답에 만족하지 않거나 개선이 필요한 부분에 대한 구체적인 예시나 문장을 인용하여 개선 제안을 합니다.

– 긍정적이고 건설적인 언어 사용: 피드백을 반영하고, 피드백을 반영한 수정된 응답을 제공합니다.

# 온라인 마케팅을 위한 맞춤형 지침

소셜미디어와 디지털 광고 캠페인을 위한 맞춤형 마케팅 전략 사용자 맞춤형 지침입니다.

온라인 마케팅을 위한 맞춤형 지침 – 1번 지침

목적:
– 온라인 마케팅 전략 개발과 실행: 비즈니스 성과를 극대화하기 위한 온라인 마케팅 전략을 개발하고 실행합니다. 특히 소셜미디어 캠페인 및 디지털 광고에 중점을 둡니다.
– 성과 측정과 분석: 캠페인 성과를 측정하고 분석하여 지속적인 개선을 도모합니다.

대상 독자:
– 내부 팀원: 마케팅 팀원, 디자이너 등과 협력하여 일관된 메시지와 비주얼을 제공합니다.
– 상급자: 경영진 및 부서장에게 명확하고 간결한 보고를 통해 전략적 결정을 지원합니다.
– 외부 파트너: 광고 대행사 및 협력 업체와 협력하여 캠페인을 성공적으로 실행합니다.

스타일과 톤:
– 데이터 기반의 분석적 언어: 공식적이고 명확하며 간결한 언어를 사용합니다.
– 쉽고 이해하기 쉬운 언어: 복잡한 마케팅 용어를 피하고, 이해하기 쉬운 언어로 설명합니다. 데이터나 참조를 활용해 주장을 뒷받침합니다.

온라인 마케팅을 위한 맞춤형 지침 – 2번 지침

스타일과 톤:
– 공식적이고 명확하며 분석적인 어투: 온라인 마케팅 전략과 관련된 내용은 데이터와 참조를 통해 뒷받침되어야 하며, 복잡한 마케팅 용어 대신 쉽게 이해할 수 있는 설명을 사용합니다.
– 간결하고 직관적: 문장은 간결하면서도 충분한 정보를 제공하여야 하며, 명확한 근거와 데이터를 제시합니다.

구조:
– 읽기 쉬운 구조: 주요 정보는 불릿 포인트를 사용하여 강조하고, 단계별로 명확하게 설명합니다.
– 핵심 정보 전달: 각 문단은 핵심 정보를 명확하게 전달하도록 구성합니다.

길이와 세부 정보:
– 용어 정의 및 예시 제공: 필요한 경우 용어를 간단히 정의하고, 예시를 통해 명확하게 설명합니다.
– 구체적인 예시 포함: 피드백을 제공할 경우, 응답에 만족하지 않거나 개선이 필요한 부분에 대한 구체적인 예시나 문장을 인용하여 개선 제안을 합니다.
– 긍정적이고 건설적인 언어 사용: 피드백을 반영하고, 피드백을 반영한 수정된 응답을 제공합니다.

제공되어야 하는 정보:
– 시각적 표현: 그래프나 표를 사용하여 데이터를 시각적으로 명확하게 표현합니다.
– 복잡한 마케팅 용어를 피함: 쉽고 명확한 설명을 사용합니다.

참조 및 출처:
– 관련 데이터와 신뢰할 수 있는 참조 포함: 주장을 뒷받침하기 위해 관련 데이터와 신뢰할 수 있는 참조를 포함합니다.

A-2

비즈니스 글쓰기를 위한
프롬프트 모음

초안 작성부터 수정, 피드백, 윤문 작업에 이르기까지 글쓰기의 전 과정을 아우르는 프롬프트 기법을 소개합니다. 매력적인 서론, 결론 작성은 물론 SNS 소개글과 게시글 발표용 슬라이드 작성 등 일상과 업무에서 자주 마주치는 글을 위한 구체적인 프롬프트 예시를 제공합니다.

초안 작성을 위한 프롬프트

단순한 초안 작성 요청보다는 프롬프트를 구체화하여 몇 가지 예시를 작성했습니다. 이 작성 방법은 명확한 주제 설정, 구체적인 세부 사항 제시, 체계적인 구조를 통해 독자의 이해와 관심을 극대화합니다. 이를 통해 일관성 있는 정보 제공과 실질적인 도움을 받을 수 있습니다. 명확한 프롬프트 작성은 효과적인 글쓰기의 핵심입니다.

초안 작성을 위한 프롬프트 작성 단계

- 주제: 명확하게 설정하고 구체적으로 기술합니다.
- 세부 사항: 중요한 포인트를 포함하여 구체적으로 설명합니다.
- 목적과 대상 독자: 글의 목적과 대상 독자를 명확히 합니다.
- 응답 방식: 글의 구조를 서론, 본론, 결론으로 체계적으로 나눕니다.

이러한 접근 방식은 비즈니스 글쓰기에서 매우 효과적이며, 독자의 관심과 이해를 극대화하는 데 도움이 됩니다.

초안 작성 요청 프롬프트 ①

 다음 주제에 대해 글을 작성 중이며, 아래 규칙에 맞추어 목적과 대상 독자에 맞게 자세하게 작성해 주세요.
1) 주제: 챗GPT를 활용한 업무 생산성 향상 방법
2) 세부 사항:
  – 챗GPT의 기본 기능과 업무에 적용할 수 있는 방법 소개

　　　　－ 시간 관리, 정보 검색, 자동화 등 업무 효율을 높일 수 있는 구체적인 사용
　　　　　예시 제공
　　　　－ 챗GPT 사용 시 주의해야 할 점 및 효과적인 활용 팁
　　　3) 목적과 대상 독자: 직장인들이 챗GPT를 업무에 효과적으로 활용하여 생산성
　　　　을 높일 수 있는 방법을 제공하기
　　　4) 응답 방식: 서론, 본론, 결론으로 제공해 주세요.

초안 작성 요청 프롬프트 ②

다음 주제에 대해 글을 작성 중이며, 아래 규칙에 맞추어 목적과 대상 독자에 맞게
자세하게 작성해 주세요.
　　　1) 주제: 건강한 생활 습관 만들기
　　　2) 세부 사항:
　　　　－ 규칙적인 운동, 균형 잡힌 식단, 충분한 수면의 중요성 설명
　　　　－ 생활 습관 개선을 위한 실천 가능한 팁 제공
　　　　－ 건강한 생활 습관이 삶의 질에 미치는 긍정적인 영향 소개
　　　3) 목적과 대상 독자: 일반인들이 건강한 생활 습관을 만들어 삶의 질을 향상시
　　　　킬 수 있도록 도움을 주기 위함

초안 작성 요청 프롬프트 ③

다음 주제에 대해 글을 작성 중이며, 아래 규칙에 맞추어 목적과 대상 독자에 맞게
자세하게 작성해 주세요.
　　　1) 주제: 스마트폰 중독 예방과 극복 방법
　　　2) 세부 사항:
　　　　－ 스마트폰 중독의 원인과 증상 설명
　　　　－ 스마트폰 사용 시간 관리 및 디지털 디톡스 방법 소개
　　　　－ 스마트폰 중독 극복을 위한 실천 방안과 주의 사항 제시
　　　3) 목적과 대상 독자: 스마트폰 중독으로 어려움을 겪고 있는 사람들에게 예방과
　　　　극복을 위한 실질적인 도움을 제공하기 위함

괄호 안의 내용 변경하기

챗GPT를 활용한 글쓰기 수정 작업은 중요한 과정입니다. 특히 괄호 프롬프트를 통해 특정 부분만 수정할 때 효과적으로 활용할 수 있는 프롬프트를 소개합니다. 이 프롬프트들은 기존 내용의 흐름을 유지하면서도 특정 부분을 명확하게 수정할 수 있도록 도와줍니다.

특정 부분만 수정할 때

 아래 원고에서 괄호 [ ] 내용에 대해서만 수정해 주세요.
- 괄호 이외 다른 내용은 변경 없이 제공해 주세요.
- 수정한 내용은 볼드체로 표시해 주세요.

이 프롬프트는 문서의 특정 부분만 수정하고 나머지 부분은 그대로 유지하고자 할 때 매우 유용합니다. 괄호 안의 내용을 수정한 후, 수정된 부분을 볼드체로 표시하여 쉽게 확인할 수 있도록 합니다. 이 프롬프트는 특정 부분만 변경하고 나머지 내용은 그대로 유지하려는 경우에 유용합니다.

간결하게 수정할 때

 아래 원고 내용에서 괄호 [ ] 내용에 대해서만 명확하고 간결하게 수정해 주세요.
- 괄호 이외의 다른 내용은 변경 없이 동일하게 제공해 주세요.
- 수정한 내용은 볼드체로 표시해 주세요.
- 괄호 안의 내용은 주로 설명을 위한 것이므로 이해하기 쉬운 문장으로 개선해 주세요.

이 프롬프트는 복잡한 설명이나 긴 문장을 간단하게 하여 독자가 쉽게 이해할 수 있도록 돕습니다. 명확하고 간결한 수정은 독자의 이해도를 높이고, 글의 가독성을 높여 줍니다. 이 프롬프트는 설명을 간결하고 명확하게 할 때 유용합니다.

부분 수정을 위한 프롬프트

부분 수정 작업은 글을 더 자연스럽게 다듬는 중요한 과정입니다. 부분 수정 프롬프트는 글의 전체적인 흐름과 구조를 유지하면서도 특정 부분을 효율적으로 수정할 수 있어 문장의 명확성과 자연스러움을 높이고 독자가 글을 쉽게 이해할 수 있도록 합니다.

최소한의 변경으로 다듬기

 내용 변경을 최소로 해서 다듬어 주세요.

이 프롬프트는 기존 원고의 내용과 구조를 최대한 유지하면서도 필요한 부분을 최소한으로 다듬을 때 사용됩니다. 큰 변화를 주지 않고도 글의 완성도를 높일 수 있습니다.

내용 변경 최소화, 자연스럽고 명확하게 다듬기

 이 글의 원고 내용 변경을 최소로 하면서 문장을 더 자연스럽고 명확하게 다듬어 주세요.
　– 불필요한 부분은 과감히 삭제하고 어려운 표현은 쉬운 말로 바꿔 주세요.

이 프롬프트는 최소한의 변경으로 글을 더 자연스럽고 명확하게 만드는 데 중점을 둡니다. 불필요한 부분은 삭제하고 어려운 표현은 쉽게 바꿔 독자가 이해하기 쉽게 합니다.

내용 보강, 자연스럽고 명확하게 다듬기

 이 글의 원고 내용을 보강해서 문장을 더 자연스럽고 명확하게 다듬어 주세요.
　　　　 – 수정한 내용은 볼드체로 표시해 주세요.

이 프롬프트는 원고를 보강하고 문장을 더 자연스럽고 명확하게 만드는 데 중점을 둡니다. 추가 설명이나 세부 사항을 추가하여 글의 완성도를 높입니다.

자연스럽고 명확하게 다듬기

 이 글의 문장을 더 자연스럽고 명확하게 다듬어 주세요.

이 프롬프트는 문장을 자연스럽고 명확하게 다듬는 데 중점을 둡니다. 복잡한 문장을 간단하게 하여 독자가 쉽게 이해할 수 있도록 돕습니다.

핵심 유지, 문장 구조 개선

 이 글의 핵심 내용과 주장을 유지하되, 문장 구조를 개선하여 더 자연스러우면서도 명확하게 수정해 주세요.
　　　　 – 피동문을 능동문으로 바꾸고, 전문 용어는 일반적인 언어로 풀어주세요.
　　　　 – 만약 특정 주장에 대해 추가 설명이나 데이터 기반 근거가 필요하다면 구체적인 예시와 함께 제안해 주세요.

이 프롬프트는 글의 핵심 내용과 주장을 유지하면서도 문장 구조를 개선하여 더 자연스럽고 명확하게 만드는 데 중점을 둡니다. 비활성 문장을 활성 문장으로 바꾸고, 전문 용어를 쉽게 설명하여 독자가 이해하기 쉽도록 합니다. 필요한 경우 추가 설명이나 데이터를 포함할 수 있습니다.

이러한 프롬프트를 통해 글의 일관성을 유지하면서도 필요한 수정을 정확히 수행할 수 있습니다.

디테일을 더하는 옵션 프롬프트

챗GPT를 활용하여 글을 수정할 때 옵션 프롬프트를 사용하면 기본 프롬프트에서 글의 완성도를 높이고 구체적인 지침을 제공할 수 있습니다. 이는 글의 세부 사항을 다듬고 문장의 일관성을 유지하는 데 큰 도움이 됩니다. 특히 글의 흐름을 자연스럽게 만들고 중요한 내용을 강조하거나 불필요한 부분을 제거할 수 있습니다.

추가 설명이나 근거 제안

 만약 특정 부분에 추가 설명이나 근거가 필요하다면 구체적으로 제안해 주세요.

이 프롬프트는 글의 특정 부분에 더 많은 설명이나 근거를 제공하여 글의 설득력과 신뢰도를 높입니다. 추가 설명은 독자가 주제를 더 잘 이해하도록 도와주며, 구체적인 근거는 글의 신뢰성을 강화합니다. 이외에 불필요한 부분 삭제, 논리적 흐름 조정 등에 다음과 같은 옵션 프롬프트를 사용할 수 있습니다.

불필요한 부분 삭제

 불필요한 부분은 과감히 삭제하고, 어려운 표현은 쉽게 바꿔 주세요.

논리적 흐름 조정

 아래 글의 구조를 검토하고, 논리적 흐름이 자연스럽게 이어지도록 문단이나 문장의 순서를 조정해 주세요.

내용 일관성 유지

 내용의 일관성을 유지하고, 중복되는 내용을 제거해 주세요.

문법과 철자 교정

 맞춤법과 철자를 정확하게 교정해 주세요.

글의 길이 조정

 글의 길이를 적절히 조절하여 가독성을 높여 주세요.

문장 끝맺음 수정 프롬프트 ①

 모든 문서에서는 문장 뒷부분을 존칭 없이 '다'로 마무리하며, 표준어를 일관되게 사용해 주세요. 예를 들어, '합니다'는 '한다'로 변경해 주세요. 이 규칙은 모든 문장 구조와 문맥에 적용해 주세요.

문장 끝맺음 수정 프롬프트 ②

모든 문서에서는 문장 뒷부분을 존칭으로 '합니다'로 마무리하며, 표준어를 일관되게 사용해 주세요. 예를 들어, '한다'는 '합니다'로 변경해 주세요. 이 규칙은 모든 문장 구조와 문맥에 적용해 주세요.

이러한 추가 옵션을 통해 글을 더욱 명확하고 일관되게 다듬을 수 있습니다. 이를 통해 독자에게 명확하고 일관된 메시지를 전달할 수 있습니다.

원고 분량을 조정하는 프롬프트

챗GPT를 활용한 프롬프트는 원고의 분량을 조정할 때 매우 유용합니다.

프롬프트를 활용한 원고 길이 늘리기

 아래 [원고]를 기반으로 주제와 문맥에 부합하는 상세하고 긴 글을 작성해 주세요.

이외에도 "이 내용을 바탕으로 글을 더 자세히 풀어서 설명해 주세요." 또는 "이 주제에 대해 더 깊이 있게 다뤄 주세요."와 같은 프롬프트를 사용할 수 있습니다. 이러한 프롬프트는 원고를 기반으로 글의 분량을 늘리고, 주제와 문맥에 맞게 상세한 내용을 추가하는 데 도움이 됩니다.

프롬프트를 활용한 원고 길이 줄이기

 아래 [원고] 내용은 『챗GPT 프롬프트 사용자 가이드: 글쓰기편』 책의 일부 내용입니다.
해당 내용에 대해 핵심만 간추려서 작성해 주세요.

이외에도 "이 내용을 더 간결하게 요약해 주세요." 또는 "핵심 내용만 포함하도록 글을 축약해 주세요."와 같은 프롬프트를 사용할 수 있습니다. 이를 통해 챗GPT는 중요한 내용은 유지하면서도 불필요한 부분을 제거하여 원고 분량을 줄일 수 있습니다.

두 단락을 하나의 단락으로 줄이기

 아래 원고의 두 단락을 하나의 단락으로 줄여 주세요.

이 프롬프트는 2개의 단락을 하나로 합쳐서 불필요한 반복을 제거하고 핵심 내용을 유지합니다. 이외에도 글자 수를 확인하거나 원하는 분량만큼 원고를 늘리는 방법으로는 다음과 같은 프롬프트들을 활용할 수 있습니다.

글자 수 확인 요청

 아래 원고 내용의 글자 수를 확인해 주세요.

퍼센트 확장 요청

 현재 내용을 200% 정도 늘려 주세요.

특정 글자 수 추가 요청

 현재 내용에 50자를 더 추가해 주세요.

피드백 및 교정을 위한 프롬프트

챗GPT를 활용하여 글의 품질을 높이기 위해 피드백 및 교정 프롬프트를 사용하는 방법을 소개합니다. 이 프롬프트는 글의 전반적인 내용과 구조를 개선하고 표현 방식을 다듬는 데 유용합니다. 특히, 글의 명확성과 일관성을 높이는 데 도움이 됩니다.

다음 프롬프트는 가장 일반적이고 포괄적인 피드백을 요청합니다. 주로 전체적인 인상과 자유로운 의견을 수집하는 데 초점을 맞춥니다. 특정 부분이나 요소에 대한 지시가 없으므로, 다양한 관점에서 피드백을 받을 수 있습니다.

기본적인 피드백

 아래 원고 내용에 대해 피드백해 주세요.
– 글의 전반적인 인상, 흥미로운 점, 개선이 필요한 부분 등 자유롭게 의견을 제시해 주세요.

이 프롬프트는 글의 전반적인 내용, 구조, 표현 방식에 대한 피드백을 구체적으로 요청합니다. 특히 이해도, 명확성, 흐름의 자연스러움을 강조합니다. 이는 글의 논리적 흐름과 독자가 글을 쉽게 이해할 수 있는지를 중점적으로 평가하고 개선하는 데 도움을 줍니다.

전반적인 내용, 구조, 표현 방식에 대한 피드백

 아래 원고의 전반적인 내용, 구조, 표현 방식에 대해 피드백해 주세요. 특히, 글의 이해도와 명확성, 그리고 흐름의 자연스러움 측면에서 어떻게 개선할 수 있을지 조언해 주세요.

이 프롬프트는 주제의 명확성, 주장의 설득력, 정보의 정확성과 완전성에 중점을 둡니다. 또한, 문체와 어조가 메시지 전달에 적합한지, 독자의 몰입을 유도하는지에 대해 평가를 요청합니다. 이는 글의 논리적 타당성과 정보의 신뢰성을 중심으로 피드백을 구체적으로 요청합니다.

주제, 주장, 정보의 완결성을 높이는 피드백

 아래 원고 내용에 대해 피드백해 주세요. 주제가 명확하게 전달되고 있는지, 주장이 설득력 있게 뒷받침되고 있는지, 그리고 제시된 정보가 정확하고 충분한지에 대해 중점적으로 의견을 제시해 주세요. 또한, 문체와 어조가 전달하고자 하는 메시지에 적합한지, 독자의 몰입을 이끌어낼 수 있는 효과적인 서술 방식인지에 대해서도 의견을 주세요.

이 프롬프트는 비교적 간단하고 일반적인 교정 요청을 포함합니다. 문법, 철자, 구두점 오류를 확인하고 수정 전과 후의 내용을 제공하는 것을 요구하지만, 구체적인 세부 사항은 포함되지 않습니다. 이러한 단순한 접근 방식은 빠른 피드백을 받을 수 있다는 장점이 있습니다. 구체적인 정보를 제공하고자 한다면 다음 프롬프트를 입력하면 됩니다.

교정 작업 요청 ①

아래 원고를 교정해 주세요.
– 원고에서 어느 부분을 어떻게 수정할지 의견을 주세요.
– 수정 전과 후를 구분해서 제공해 주세요.

교정 작업 요청 ②

아래 원고를 꼼꼼히 검토하고, 문법, 철자, 구두점에 관한 오류를 정정해 주세요.
또한, 문장 구조가 명확하고 자연스러운지, 어색한 표현이나 반복되는 단어 사용이
있는지도 점검해 주세요. 가능한 한 간결하고 명확한 문장으로 표현할 수 있는 방법
으로 수정해 주세요. 특히, 전문 용어의 정확한 사용과 문맥에 맞는 단어나 표현인
지 확인해 주세요.
– 원고에서 어느 부분을 어떻게 수정하면 되는지 알려 주세요.
– 수정 전과 후를 구분해서 제공해 주세요.
– 표준어를 사용하며, 공식적인 문장 뒷부분은 존칭은 빼고 '다'로 마무리합니다.

윤문 작업을 위한 프롬프트

챗GPT를 활용하여 글을 윤문할 때, 문장의 간결성, 논리적 흐름, 명확한 메시지 전달을 개선하는 방법을 소개합니다. 이 프롬프트들은 글의 가독성과 일관성을 높여 독자가 내용을 쉽게 이해할 수 있도록 도와줍니다. 윤문 작업은 글의 품질을 향상시키고, 독자에게 명확하고 효과적으로 메시지를 전달하는 데 매우 중요합니다.

문장 간결화 및 이해도 향상 요청

 아래 글의 문장을 더 간결하고 이해하기 쉽게 만들어 주세요. 불필요한 부분은 과감히 삭제하고, 어려운 표현은 쉽게 바꿔 주세요.

이 프롬프트는 글의 가독성과 명확성 개선에 중점을 둡니다. 불필요한 요소를 제거하고 어려운 표현을 쉽게 바꾸는 과정을 통해, 독자가 핵심 내용을 더 명확하게 이해할 수 있도록 돕습니다. 간결한 문장은 읽기 쉽고, 중요한 메시지를 효과적으로 전달하는 데 유리합니다.

구조와 논리적 흐름 개선 요청

 아래 [원고]를 윤문해 주세요.
– 아래 글의 구조를 검토하고, 논리적 흐름이 자연스럽게 이어지도록 문단이나 문장의 순서를 조정해 주세요. 필요하다면 연결 문장을 추가하거나 수정해 주세요.

이 프롬프트는 글의 구조와 논리적 흐름을 개선하는 데 중점을 둡니다. 문단이나 문장의 순서를 조정하고, 필요한 경우 연결 문장을 추가하여 독자가 글을 읽으며 자연스럽게 내용을 이해할 수 있도록 돕습니다. 논리적이고 일관된 흐름은 독자의 몰입을 높이고 메시지를 효과적으로 전달합니다.

명확한 메시지 전달 및 일관성 유지 요청

 아래 [원고]를 윤문해 주세요. 이 글의 주요 메시지와 핵심 아이디어를 더욱 명확하게 수정해 주세요. 문장을 간결하게 하고, 복잡한 단어나 전문 용어는 더 쉬운 단어로 바꾸거나 설명을 추가해 주세요. 글 전체에서 일관된 어투와 스타일을 유지하도록 도와주세요. 또한, 글의 구조를 점검하여 독자가 정보를 쉽게 이해하고 따라갈 수 있도록 단락을 명확하게 구분해 주세요.

이 프롬프트는 글의 주요 메시지와 핵심 아이디어를 명확하게 전달하는 데 중점을 둡니다. 문장을 간결하게 하고, 복잡한 단어나 전문 용어에 대한 설명을 추가하여 독자의 이해를 돕습니다. 또한, 일관된 어투와 스타일을 유지하고, 글의 구조를 명확히 하여 독자가 쉽게 내용을 따라갈 수 있도록 합니다.

서론 및 결론 작성을 위한 프롬프트

이 프롬프트들은 글의 시작과 끝을 효과적으로 작성하여 독자의 관심을 끌고, 글의 주제를 명확히 전달하는 데 도움이 됩니다. 각 프롬프트는 특정 부분의 글쓰기에 맞춰 독자와 소통하는 데 유용한 지침을 제공합니다.

서론 작성 ①

[원고]의 주제와 핵심 내용을 바탕으로 독자의 관심을 끌고 주제의 중요성을 강조할 수 있는 강력하고 설득력 있는 인트로를 작성해 주세요.
- 글의 주제를 소개하고, 왜 이 주제가 중요한지를 간략히 언급하며, 독자가 계속해서 글을 읽고 싶어하도록 동기를 부여해야 합니다.
- 글의 톤과 스타일은 [원고]에 맞추어야 하며, 대상 독자를 고려한 언어 사용이 중요합니다.

이 프롬프트는 독자의 관심을 끌고, 주제의 중요성을 강조하는 데 중점을 둡니다. 독자가 글을 계속 읽고 싶어하도록 동기를 부여하는 것이 중요합니다.

서론 작성 ②

아래 [원고]의 배경 정보와 주제를 바탕으로 글의 맥락을 설정하고, 중심 주제를 명확하게 정의할 수 있는 서론을 작성해 주세요.
- 서론에서는 글의 구성과 흐름을 예고하여, 독자가 글을 따라가기 쉽게 만들어야 합니다.
- 원고 길이는 400자 이내로 제한합니다.

이 프롬프트는 서론을 작성할 때 글의 맥락을 설정하고, 중심 주제를 명확히 하는 데 중점을 둡니다. 서론의 마지막 부분에서는 글의 구성과 흐름을 예고하여 독자가 글을 따라가기 쉽게 만듭니다.

결론 작성

 아래 [원고]의 핵심 주제와 논의된 주요 포인트를 요약하고, 글에서 다룬 내용을 바탕으로 독자에게 주는 메시지를 명확하게 제시할 수 있는 결론을 작성해 주세요.
– 결론에서는 글의 주제를 다시 한 번 강조하고, 독자가 글의 중요성을 깨닫도록 해야 합니다.
– 원고 길이는 400자 이내로 제한합니다.

이 프롬프트는 결론을 작성할 때 주제의 핵심 사항을 요약하고, 독자들이 취해야 할 행동이나 메시지를 명확히 하는 데 중점을 둡니다. 글의 공식적인 톤을 유지하면서 독자에게 명확한 결론을 전달하는 것이 중요합니다.

소개글 작성을 위한 프롬프트

타인에게 자신을 소개하는 글을 작성할 때 유용한 프롬프트를 소개합니다. 이 프롬프트는 글의 내용을 존칭으로 바꾸거나, 타인에게 소개하기 적합한 문구로 재작성할 때 사용됩니다. 각 프롬프트는 특정 상황에 맞춘 예시를 제공하여, 작성자가 쉽게 활용할 수 있도록 돕습니다.

기존 소개글 수정하기

 주어진 글 내용을 유지하고, 문구를 존칭으로 바꿔서 타인에게 소개할 수 있도록 재작성해 주세요.

이 프롬프트는 기존 글의 내용을 유지하면서 존칭을 사용하여 타인에게 소개하기 적합한 형태로 바꿔줍니다.

기존 소개글 보완하기

 작성한 글의 내용을 일부 사용해 다른 사람에게 소개하는 내용으로 작성하는 프롬프트를 만들고 싶습니다.
– 명확하게 제공할 수 있도록 간결하게 프롬프트 다듬어 주세요.

이 프롬프트는 기존 글의 일부를 활용하여 다른 사람에게 소개할 수 있는 형태로 작성하는 데 도움을 줍니다. 명확하고 간결한 문구로 독자가 쉽게 이해할 수 있도록 합니다.

이벤트 초대 메시지 작성하기

 날짜, 시간, 장소, 이벤트 내용 등을 포함해 공손하게 초대하는 문구를 작성해 주세요.

이 프롬프트는 이벤트 초대 메시지를 작성할 때 유용합니다. 초대 메시지에 필요한 모든 정보를 포함하고 공손한 문구를 사용하도록 요청합니다.

업무 협조 요청 메시지 작성하기

 요청 사항과 필요한 정보를 포함해 공손하게 업무 협조를 요청하는 문구를 작성해 주세요.

이 프롬프트는 업무 협조 요청 메시지를 작성할 때 유용합니다. 요청 사항과 필요한 정보를 명확히 전달하고, 공손한 문구를 사용하도록 요청합니다.

SNS 게시글 작성을 위한 프롬프트

챗GPT를 활용하면 인스타그램, 페이스북 등 SNS 게시글을 간단하게 작성할 수 있습니다. 다음 프롬프트는 게시글과 관련 해시태그를 효과적으로 작성하여 독자의 관심을 끌 수 있도록 도와줍니다. 각 프롬프트는 특정 유형의 게시글에 맞춘 예시를 제공하여 쉽게 활용할 수 있습니다.

책 소개 게시글

 최근 출간한 '[책 제목]' 표지 사진과 함께 쓸 게시글을 작성해 주세요. 이 책의 주요 내용과 독자들에게 어떤 가치를 제공할 수 있는지 소개해야 합니다. 책을 통해 얻을 수 있는 깨달음이나 실용적인 팁도 강조해 주세요. 게시글에 알맞은 해시태그 5개도 제안해 주세요.

이 프롬프트는 신제품을 소개하는 게시글을 작성할 때 유용합니다. 제품의 주요 특징을 간략히 소개하고 독자들에게 제공할 수 있는 가치를 강조합니다. 또, 관련 해시태그를 추가해 더 많은 사람에게 도달할 수 있도록 돕습니다.

여행 사진 소개 게시글

 여행 중 찍은 이 사진을 소개하려고 합니다. 사용자가 관심을 가질 수 있도록 간략하고 매력적인 소개글과 관련 태그를 작성해 주세요.
– 사진 설명: 해변에서 찍은 석양 사진

이 프롬프트는 여행 사진을 소개하는 게시글을 작성할 때 유용합니다. 여행지의 매력을 간략히 소개하고, 관련 태그를 통해 독자의 관심을 끌 수 있도록 합니다.

음식 사진 소개 게시글

 이 음식 사진을 소개하려고 합니다. 사람들이 관심을 가질 수 있도록 간략하고 매력적인 소개글과 관련 태그를 작성해 주세요.
– 사진 설명: 새로 오픈한 카페에서 찍은 디저트 사진

이 프롬프트는 음식 사진을 소개하는 게시글을 작성할 때 유용합니다. 음식의 특징과 매력을 간략히 설명하고, 관련 태그를 통해 사용자들의 관심을 유도합니다.

프레젠테이션용 슬라이드 제작을 위한 프롬프트

다음 프롬프트는 슬라이드의 주요 포인트를 간결하게 정리하고 쉽게 이해할 수 있도록 도와줍니다. 발표의 핵심 내용을 효과적으로 전달하는 데 도움이 됩니다.

발표용 슬라이드 텍스트 작성

 제공된 내용을 사용해 발표용 슬라이드 텍스트를 작성해 주세요.
– 주요 포인트를 강조하고 내용을 불릿 포인트로 정리하여 청중이 쉽게 이해할 수 있어야 합니다.
– 각 슬라이드는 발표의 중심 사항을 명확히 전달해야 합니다.

이 프롬프트는 슬라이드 텍스트를 작성할 때 주요 포인트를 강조하고 간결하게 정리하는 데 중점을 둡니다. 슬라이드의 각 내용은 발표의 중심 사항을 명확히 전달해 청중의 이해를 돕습니다.

문장을 불릿 포인트로 제공

 해당 문장을 불릿 포인트로 제공해 주세요. 내용은 슬라이드에 넣을 수 있도록 요약해 주세요.

이 프롬프트는 긴 문장을 블릿 포인트로 간결하게 제공하여 슬라이드에 넣기 적합하게 만듭니다. 이를 통해 청중이 내용을 빠르게 파악하고 핵심 포인트에 집중할 수 있습니다.

발표 스크립트 작성

 해당 슬라이드의 발표 스크립트를 작성해 주세요.
프레젠테이션 전문가 스타일로 제공해 주세요.

이 프롬프트는 슬라이드에 맞춘 발표 스크립트를 작성하여 발표자가 내용을 효과적으로 전달할 수 있도록 돕습니다. 여기에 '프레젠테이션 전문가'라는 키워드를 사용해 더욱 매끄럽고 설득력 있는 스크립트를 작성할 수 있습니다.

슬라이드용 자료는 주로 짧은 문장, 구절, 키워드 중심으로 구성되며, 시각적 요소를 고려하여 생성됩니다. 또한 각 슬라이드마다 전달하고자 하는 핵심 메시지를 중심으로 내용이 구성됩니다.

따라서 챗GPT에게 슬라이드 자료를 요청할 때는 '슬라이드'라는 단어를 명시해야 프레젠테이션에 최적화된 내용을 받을 수 있습니다. 이외에 구체적인 사례 연구를 설명하는 스크립트, 시작 슬라이드, 마지막 슬라이드 등 특정 슬라이드를 세부적으로 요청하는 방법도 있습니다. 이렇게 생성한 자료를 활용하면 더욱 효과적이고 설득력 있는 프레젠테이션을 만들 수 있습니다.

보고서 작성을 위한 프롬프트

업무에서 가장 많이 쓰는 문서가 바로 보고서입니다. 용도와 상황에 따라 보고서 종류도 다양합니다. 보고서의 주제, 목적, 대상 독자, 주요 항목 등에 따라 프롬프트의 세부 항목을 다음과 같이 수정할 수 있습니다.

내부 성과 평가 보고서

회사 내부 성과 평가를 위한 보고서를 작성하려고 합니다. 아래 정보를 참고하여 명확하고 간결한 보고서를 작성해 주세요.
– 대상: 경영진
– 주요 항목:
– 부서별 성과 요약
– 주요 성과 지표(KPI) 분석
– 강점 및 개선 필요 영역
– 향후 계획 및 목표 설정
– 직원 피드백 및 제안 사항

프로젝트 진행 상황 보고서

현재 진행 중인 '스마트 홈 시스템 개발' 프로젝트의 진행 상황을 보고하는 문서를 작성하려고 합니다. 아래 정보를 참고하여 체계적이고 명확한 보고서를 작성해 주세요.
– 대상: 프로젝트 스폰서 및 주요 이해관계자
– 주요 항목:
– 프로젝트 개요 및 목적

– 현재 진행 상태 요약

– 완료된 작업 및 주요 성과

– 현재 진행 중인 작업 및 예상 완료 일정

– 위험 요소 및 문제점

– 향후 계획 및 다음 단계

연구 보고서

 다음 주제를 바탕으로 연구 보고서를 작성하려고 합니다. 아래 정보를 참고하여 깊
이 있는 연구 보고서를 작성해 주세요.

– 주제: 인공지능을 활용한 의료 데이터 분석

– 대상: 학술 기관 및 의료 연구원

– 주요 항목:

　– 연구 배경 및 목적

　– 문헌 검토

　– 연구 방법론

　– 데이터 수집 및 분석

　– 연구 결과

　– 결론 및 제안

이처럼 보고서의 용도에 따라 필요한 세부 항목을 사용자가 지정하면 챗GPT
를 활용해 손쉽게 보고서를 작성할 수 있습니다. 필요에 따라 보고서 작성에
참고할 자료를 첨부하는 것도 보고서의 완성도를 높이는 방법입니다.

찾아보기

1번 지침 **79**

2번 지침 **84**

개인화 **77**

검색 엔진 최적화 **191**

결론 **208**

고급 분석 **337**

괄호 프롬프트 **133, 139**

구조화 **64, 115**

그래프 분석 **281**

글쓰기 스타일 **221**

대화형 AI 모델 **31**

데이터베이스 **291**

데이터 분석 **337**

데이터 시각화 **337**

데이터 요약 **281**

맞춤형 지침 **26, 69**

맥락 **81**

멘션 **41**

목차 **242**

본문 **250**

부분 수정 프롬프트 **134, 145**

불릿 **53**

브레인스토밍 **23**

블로그 **262**

비즈니스 글쓰기 **237**

사용자 인터페이스 **37**

사이드바 **37**

생성 AI   20

서론   203

소제목   250

스레드   261

스크립트   201

슬라이드   321

시각화   330

시장 조사 보고서   291

신제품 소개서   308

ㅇ

아이디어 도출   61, 101

엑셀   337

역질문   105

오픈AI   19

웹 브라우징   273

윤문   176

응답   45

응답 구성   70

응답 스타일   69

인스타그램   259

ㅈ

저작권   271

정교화   109

지식재산권   271

질문형 프롬프트   136

ㅊ

채팅 창   37

챕터   250

챗GPT   19

체크리스트   53

초안 작성   62

ㅋ

캐글   337

클릭률   199

ㅌ

템플릿   262

토큰   213

통계 분석   337

ㅍ

페르소나   27

페이스북   255

표준 지침   69

프레젠테이션   321

프롬프트   25, 45

플랜 업그레이드   34

플로 차트   53

피드백   65, 159

피벗 테이블   337

ㅎ

해시태그 **260**

활동 보고서 **317**

회원 가입 **32**

후킹 **196**

A

AllTrails **40**

C

Canva **40**

ChatGPT 맞춤 설정 **79**

D

DALL · E **37**

G

GPT-3.5 **35**

GPT-4o **32**

GPTs **39**

GPT Store **39**

GPT 탐색 **39**

K

Khan Academy **40**

P

Plus 플랜 **35**

S

SEO **191**

SNS **255**

T

Team 플랜 **35**

X

X **261**